Tanja Schurkus

Schwester Melisse

Die Klosterfrau von Köln

Verlag Giessen · Basel

© 2014 Brunnen Verlag Gießen
www.brunnen-verlag.de
Lektorat: Eva-Maria Busch
Umschlagmotiv: Panthermedia; dieKleinert
Umschlaggestaltung: Sabine Schweda
Satz: DTP Brunnen
Herstellung: GGP Media GmbH, Pößneck
ISBN 978-3-7655-1804-1

Zwischen Kreuz und Adler

I

Die drei Jungen drängten sich dicht aneinander, jeder fasste den anderen am Ärmel, an der Weste. Sie bestärkten sich so darin, dass sie das Bevorstehende nur gemeinsam tun würden. Die Angst teilten sie ebenso wie den Mut.

Sie nutzten den Schutz der Hausecke an der Olivengasse, ihre Blicke auf das Kasernentor gerichtet. Die Kompanie, die auf dem Neumarkt exerziert hatte, trampelte mit genagelten Stiefeln über das Pflaster, übertönt vom Spiel der Regimentsmusiker. Die Soldaten erhielten den Befehl zu einem Schwenk und passierten das Tor.

„Jetzt!", feuerte einer der Jungen seine Freunde an.

„Nein, noch nicht!" Der Älteste hielt die beiden anderen mit einer Geste zurück.

Schaulustige waren am Kasernentor stehen geblieben, manche wippten im Takt der Marschmusik. Zwei Hunde bellten. Nun hatten alle Soldaten dem Platz den Rücken zugedreht.

„Los!" Die drei stürmten hinter der Hausecke hervor und riefen lauthals im Chor, der selbst die Musik übertönte: „Rote Kragen, nix im Magen! Goldne Tressen, nix zu fressen! Stinkpreußen!"

Und dann warfen sie die Pferdeäpfel, die sie gesammelt hatten.

Markus schleuderte den ersten ziellos. Er wollte sich beweisen, dass er es wagte; doch dann sah er, dass Gustav sich einen Moment Zeit ließ, Maß nahm. Der Pferdeapfel, den er warf, traf einen der Marschierenden am Stiefel.

Noch einmal riefen sie: „Rote Kragen, nix im Magen! Goldne Tressen, nix zu fressen! Stinkpreußen!" Einige Kinder, die der Musik gefolgt waren, fielen in den Spottvers ein, sprangen übermütig hinter den Soldaten herum.

„Ihr Janhagels!", mahnte einer der Zuschauer, aber es klang gutmütig. Die Kinder sprachen aus, was die Erwachsenen nicht zu sagen wagten.

Gustav hatte sein zweites Geschoss geworfen und das Scheppern eines Metallteils vermeldete seinen Erfolg. Markus wollte ihn noch übertreffen. Also begnügte er sich nicht damit, aus der Entfernung auf gut Glück zu werfen, sondern näherte sich dem Kasernentor. Die Hand, in der er den getrockneten Pferdeapfel hielt, war vor Aufregung eiskalt. Er hatte den Unteroffizier ins Auge gefasst, der den Vorbeimarsch seiner Soldaten begutachtete. Wie nah musste er ihm kommen, um die Hand zu treffen, die am Seitschwert lag?

„Markus, komm!", riefen die anderen, die ihre Munition schon verschossen hatten.

Seine Holzschuhe schienen plötzlich unförmig geworden zu sein, bei jedem Schritt stießen sie gegeneinander. Es fiel ihm schwer, sie zu heben, aber er war entschlossen. Der Unteroffizier wandte sich plötzlich in seine Richtung. Markus nutzte diesen letzten Moment und warf. Er traf nicht die Hand – der Pferdeapfel zerplatzte an der Schulter, am Schulterstück, zersprang in viele braune Teile, die Hals und Gesicht trafen.

„Habt ihr's gesehen? Dem Preußen mitten ins Gesicht!" Markus war stolz auf seinen Erfolg. Aber von seinen Kameraden kam keine Antwort, sie hatten das Weite gesucht. Der Unteroffizier klopfte sich unwillig über den Ärmel und warf einen drohenden Blick auf ihn. Markus fuhr herum, wollte weglaufen, prallte aber gegen einen menschlichen Berg.

Durch die Sonne in seinem Rücken wurde der Offizier über-
groß. Er fasste ihn roh am Arm. „Na, warte, Bürschchen! Dir
fütter ich heut noch Pferdeäppel!"

Markus versuchte sich loszureißen, aber er war gepackt wie
eine Holzpuppe. Er schrie. Der Offizier schüttelte ihn. Markus
schrie lauter. Leute murrten. Dass den Preußen das Recht zu
prügeln gegeben war, sorgte in den Gassen Kölns immer
wieder für Schreckgeschichten. „Lass den Kleinen doch", sagte
einer und wurde zurechtgewiesen.

„Packt euch!", befahl der Offizier. „Und du kommst mit!"

„Hier find ich dich also, du nutzloser Bengel!" Markus wurde plötzlich am anderen Arm gefasst und dem Offizier entris-
sen. „Solltest du nicht am Rhein beim Netzeflicken sein?"

Markus erkannte die Frau sofort, die ihn gepackt hatte. Er
wusste, sie war seine Rettung. Er wagte ein Grinsen, wurde
aber gleich wieder geschüttelt und von Maria am Ohr gezogen.

„Au, au!"

Der Offizier ließ einen zufriedenen Laut hören. „Ist das Ihr
Bengel?"

„Nein, aber ich weiß, wo er hingehört. – Bürschchen, wenn
ich deinem Vater erzähle, was für Flausen du im Kopf hast,
dann setzt es was!"

„Recht so!", kommentierte der Offizier.

Markus ließ sich mitziehen, wusste er doch, dass ihn keine
der angedrohten Strafen erwartete. Erst als sie in der Cäcilienstraße den Blicken des Offiziers entzogen waren, lockerte Maria ihren Griff.

„Was sollte der Unfug?", fragte sie streng. Markus jedoch
fand, dass die Sache nicht besser hätte laufen können. Davon
würden sich die Jungs in den Gassen noch lange erzählen. Besser noch: Sie würden *ihn* von seiner Heldentat erzählen lassen.

„Gab heut keine Netze zu flicken."

An drei Tagen in der Woche musste er zur Schule, das war
bei den Preußen Pflicht. An den anderen Tagen ging er morgens zum Rhein und verdiente ein paar Pfennige damit, Netze

auszubessern, Fische auszunehmen und in Körbe zu sortieren. An besseren Tagen konnte er den Holländern auf ihren Schiffen helfen. Die Bootsleute hatten immer etwas zu erzählen, manche waren sogar zur See gefahren. Markus wollte diese Länder sehen, in denen die Menschen Felle und Federn trugen; er wollte in einem Land leben, in dem nicht an jeder Hausecke ein Uniformierter stand.

„Dir kann man wohl nicht damit drohen, dass ich's deinem Vater sage. Wahrscheinlich hat der dich dazu angestiftet!"

Maria kam nicht oft in das Haus seiner Eltern und war doch immer auf irgendeine Weise anwesend. Ihr Rat galt etwas im Haus eines jeden guten Katholiken. Manchmal allerdings wurde über sie im gesenkten Tonfall gesprochen. Es ging dann um Dinge, die eine Nonne nicht tun sollte, oder darum, ob sie überhaupt noch eine Nonne war. Sie hatte zwar ihre Haare verschleiert, trug aber keine Ordenstracht. Einen Mann hatte sie auch nicht, das wusste Markus, stattdessen stellte sie *Kölnisch Wasser* her und Wundertränke. Sein Freund Gustav hatte einmal mit eigenen Augen gesehen, wie sie eine Kröte aus dem Bauch einer Frau herausholte. Die Kröte war dann nach St. Severin gesprungen und zu Wachs geworden. Für Markus war sie eine der abenteuerlichsten Personen in Köln. Er war sich daher sicher, dass sie für das Husarenstück Verständnis haben würde.

„Angestiftet hat mich der Vater nicht", sagte er, „aber er sagt ja, dass man es den Preußen ungemütlich machen muss …"

Maria fasste ihn noch einmal beim Ärmel und beugte sich zu ihm, damit sie ihm in die Augen sehen konnte. Markus wusste, dass Frauen mit diesen Fähigkeiten auch den bösen Blick hatten, aber Schwester Maria hatte einmal die ewigen Gelübde abgelegt. Flüche verhängte sie bestimmt nicht.

„Es könnte vor allem für deinen Vater ungemütlich werden", sagte sie. „Hätten die Preußen dich dabehalten, hätte er dich auslösen müssen! Du weißt ja, was das bedeutet!"

Markus nickte. Dafür gab es ein Wort: Spießrutenlaufen. Jeder, der mit der preußischen Armee zu tun gehabt hatte, erzählte davon. Deswegen wollte Markus auch fort aus dem, was sich *preußische Rheinprovinz* nannte, bevor er alt genug war, um verpflichtet zu werden.

Maria richtete sich wieder auf. „Dein Vater und die Preußen werden das also ungeahndet lassen. Aber beim Herrgott musst du dafür in der Beichte einstehen!"

„Aber welche Sünde habe ich denn gemacht?", fragte Markus mit ehrlicher Verwunderung und wartete einige Schritte lang ehrfürchtig auf die Antwort, die Maria von höchster Stelle einzuholen schien.

„Du hast gegen eins der Zehn Gebote verstoßen. Weißt du, gegen welches?"

Zumindest hatte sie nicht wie der Pfarrer den Rohrstock in der Hand, als sie das fragte.

„Du sollst Vater und Mutter ehren?"

„Jawohl ... damit du lange leben wirst in dem Lande, das Gott, der Herr, dir gab. Und Gott, dem Herrn, hat es nun einmal gefallen, dieses Land an den preußischen König zu geben." Markus hörte aus diesen Worten heraus, dass es *ihr* Gefallen nicht war; wie sollte eine fromme Nonne auch Gefallen an einem nichtkatholischen Herrscher finden? Sie sprach also etwa so wie der Pfarrer in der Schule, der ein wenig eilig leierte, wenn es darum ging, den König von Preußen als Beschützer aller Gottesfürchtigen darzustellen.

„Ein König ist der Vater seiner Untertanen. Und wenn man seine Soldaten mit Schmutz bewirft, so hat man den König, also den Landesvater, mit Schmutz beworfen. Und er straft es nicht selten damit, dass er solche Leute des Landes verweist."

Will ja weg, dachte Markus; der Vater hatte noch aus der Zeit des Krieges gegen die Preußen einen Kameraden, der nach Kanada gegangen war. Zweimal im Jahr kam von ihm ein Brief, der der Familie vorgelesen wurde. Die Mutter aber wollte vom Auswandern nichts wissen.

„Aber Schwester Maria! Der König von Preußen ist doch nicht katholisch, der kann nicht unser Vater sein."

Maria fasste die Ledertasche nach, die sie unter dem Arm hielt. Vor ihnen lag das ehemalige Cäcilienkloster, in dem die Franzosen vor fünfzehn Jahren ein Bürgerhospiz in Köln eingerichtet hatten. „Es ist eben die Art des Allmächtigen, unser Vertrauen zu prüfen."

„Der Theodor sagt, wenn wir den Dom vollenden, verschwinden die Preußen von selbst."

„Ja, das klingt so recht nach Theodor."

„Waren Sie denn schon bei Johann? Der ist sterbenskrank!" Markus war stolz auf diese aufregende Neuigkeit.

Maria hielt ihn kurz bei der Schulter, denn über die Cäcilienstraße schaukelten Fuhrwerke und Kutschen. Köln war zu eng für eine eilige Fahrt und immer gefährlich für alle, die zu Fuß unterwegs waren.

„Was fehlt Johann denn?"

„Er hat's in der Lunge. Seit zwei Tagen liegt er mit Fieber."

„War ein Arzt bei ihm?"

„Zu teuer."

„Der Amtsarzt verlangt gar nichts." Amtsarzt – allein das Wort war für Markus derart Ehrfurcht gebietend, dass er darauf nichts sagte. „Ich werde gleich nachher bei Johann vorbeisehen", meinte Maria.

Markus sah, dass Gustav sich in einem nahen Torbogen herumdrückte. Anscheinend fürchtete er sich vor Marias Ermahnungen, aber sie winkte ihn heran. Er nahm die Filzmütze ab.

„Und du, Gustav, solltest deine Freunde nicht zu solchem Unfug anstiften! Du bist der Älteste, also benimm dich auch so!"

Bei dem Vierzehnjährigen schien die Schelte Eindruck zu machen. Er sah auf das kotbeschmierte Pflaster herab. „Ja, Madame, ich hab ihn aber nicht angestiftet."

„Das war mein Einfall!", verkündete Markus. „Und letzte Woche haben wir dem Struensee einen *Drisspott* an die Tür gekippt – das war auch mein Einfall!"

„Dem Polizeipräsidenten Struensee?" Dieser war in Köln

denkbar unbeliebt, daher war sich Markus sicher gewesen, allen damit einen Gefallen zu tun. „Gustav, wenn's auch nicht dein Einfall war: Du solltest so etwas nicht zulassen!"

„Ja, Madame." Peter Gustav stammte aus der alteingesessenen Brennereifamilie Schaeben. Er war alt genug, um zu verstehen, dass seine Familie es sich mit den neuen Herren nicht verderben durfte, wenn die Geschäfte weiter gut laufen sollten.

„Und sag deinem Vater, dass ich einen neuen großen Kolben brauche."

„Für das Melissenwasser? Hat es denn nun die Amtsprüfung?"

„Musst nicht alles wissen, Gustav!" Sie stupste den Jungen an die Wange. Gustav gab recht oft damit an, dass er Schwester Maria dabei half, ihre Heil- und Wunderwasser zu brauen, und dass er eine Menge von dem *Spiritus* wusste, der aus jedem Kraut die Heilkräfte herausholen konnte.

Weil Markus nicht wollte, dass sein älterer Freund so ganz den angehenden Destillateur herauskehrte, unterbrach er das Gespräch: „Gusti, guck mal!" Er deutete auf eine Reisekutsche aus edlem Ebenholz mit Messingbeschlägen, die auf hohen gefederten Rädern vorüberrollte, offenbar dem Rheinberg entgegen. Der war zwar längst von den Preußen abgetragen worden, um einen Zugang für die neue ständige Brücke zu schaffen, aber in den älteren Reiseberichten wurde dieser Ort immer noch der Aussicht wegen empfohlen.

„Da bleib ich dran!", rief Markus. „Mesdames et Messieurs: Bienvenue dans la bonne ville …" Dabei streckte er lachend die Hand aus und lief los.

Gustav zögerte noch, schien sich mit einem Blick die Erlaubnis von Maria holen zu wollen, entschuldigte sich mit einem: „Ich geb schon auf ihn acht!", doch das Aufblitzen in seinen Augen verriet, dass auch ihn die wohlhabenden Reisenden reizten. Dann lief er seinem Freund hinterher.

Maria hörte noch einen Wortwechsel zwischen den beiden. „Du kannst doch nicht *Madame* zu Schwester Maria sagen", beschwerte sich Markus.

„Ja, wie denn sonst? Sie ist doch keine Nonne mehr."

„Ist sie wohl …" Dabei verschwanden die beiden in abenteu-
erlicher Unachtsamkeit zwischen Zugochsen und Handkarren,
zwischen Mägden mit großen Weidenkörben und Pfeife rau-
chenden Handwerksgesellen.

Maria war unzufrieden mit sich, weil sie die beiden Jungen
nicht schärfer ermahnt hatte. Sie kamen in ein Alter, in dem
man ihre Streiche nicht mehr für harmlos hielt, sondern als Majestätsbeleidigung einstufte. Es verging kein Tag, an dem nicht
irgendein eifriger preußischer Beamter über die *schwierigen
Kölner Verhältnisse* nach Berlin berichtete und Härte empfahl.

Doch die Kinder wiederholten nur das Gerede, das sie in den
Gassen hörten. Es war eine Leidenschaft der Kölner, in den unteren Fenstern ihrer Häuser zu liegen und die Vorübergehenden
in ein Gespräch zu verwickeln, in dem es um das Wohl und
Weh – meistens das Weh – der Nachbarn ging: um das schlim-
me Auge, einen missratenen Sohn … und natürlich um die
Preußen. Wie hatte es nur dazu kommen können, dass das
„Heilige Köln", die Stadt der Heiligen Drei Könige im Jahr
1815 zur gemeinsten preußischen Provinz wurde, die von Koblenz und Düsseldorf aus verwaltet wurde? Die Kinder, die in
den Gassen umherstreiften, hörten diese Worte und wiederholten sie. Es war Teil des großen Spiels, in dem sie lebten, so
wie das Hungern ein Spiel war, das Arbeiten, das Kranksein,
das Beten und Lernen – etwas, das man nicht hinterfragte. Die
Kinder spielten nie Amtsstube, deswegen konnten sie nicht er-
messen, welche Gefahr für sie daraus hervorging: Dort wurde
entschieden, ob es nur ein Dummerjungenstreich war, wenn
man Pferdeäpfel nach den Soldaten des Königs warf, oder ob es
der Beginn eines Aufruhrs war.

Als Maria 1825 nach Köln gekommen war, hatten die Kinder
Waterloo gespielt, denn in den zehn Jahren seit jener Schlacht
war nicht mehr viel geschehen. Alle wollten bei den Franzosen
sein, auch wenn sie die Schlacht verloren hatten. Aber ihre Väter
waren eben die Soldaten des Kaisers gewesen, dessen Namen

man hier immer noch mit Wohlgefallen nannte – oder eher: wieder mit Wohlgefallen nannte. Erst vor Kurzem hatte sie Boisserée sagen hören: *„Was die Franzosen in zwanzig Jahren nicht geschafft haben, haben die Preußen in einem halben Jahr hingekriegt: dass wir die Franzosen gern zu haben gelernt haben!"*

Maria überquerte die Cäcilienstraße. Eine der Frauen, die Maria in den letzten Wochen in ihrem Heim gepflegt hatte, war nun dorthin gebracht worden. Es gab nicht mehr viel zu tun für sie; die Entzündungen, die ihre Gelenke entstellt hatten, hatten nun auch die Organe befallen. Um diese Uhrzeit öffnete das Bürgerhospiz seine Tore für Besucher. Der Pförtner kannte sie, auch wenn sie keine staatlich bestellte und entlohnte Wartsnonne war, und grüßte freundlich: „Gott zum Gruße, Schwester Maria!"

Sie trug nicht die Tracht des Annunziaten-Ordens, dem sie einst angehört hatte, sondern ein einfaches braunes Wollkleid mit einer Schürze darüber. Das Haar hatte sie unter einem dunklen Schleier verborgen, den sie im Nacken zusammengebunden trug. Der Schleier hinderte sonst in der Arbeit mit den Kranken, wenn er in offene Wunden oder nässende Geschwüre fiel. Sie hatte sich für diese zweckmäßige Kleidung entschieden, als sie die Verwundeten der Schlachten gepflegt hatte.

Zweien davon war sie wieder begegnet, als sie vor vier Jahren nach Köln gekommen war: Gottfried, dem Vater von Markus, und Theodor. Zwei, denen sie das Leben gerettet hatte in einem Moment, der aus dem glühenden Sterben jenes Tages bei Waterloo herausragte wie ein Nagel, an dem sie sich immer wieder ritzte. Mitunter fragte sie sich, ob sie nicht deswegen nach Köln gekommen war – und nicht nur, weil es einen alten Domvikar zu pflegen gab. Diese beiden waren für sie wie eine Aufgabe, die sie noch nicht gelöst hatte, oder sogar wie ein Unheil, das sein Ende noch nicht erreicht hatte. Und nun, da Theodors jüngerer Bruder Johann offenbar schwer erkrankt war, wuchs in ihr die Befürchtung, dass das schlafende Unheil jener zurückliegenden Ereignisse wieder erwacht war.

2

Maria hob den Rock an, um sich hinter Johann auf das Bett zu knien. Die ausgebesserten Laken waren ebenso gelb wie das durchgeschwitzte Hemd, das der Kranke trug, und seine Haut, die zum Vorschein kam, als sie den Stoff hochschob.

Durch das Fenster über dem Bett fiel graues Licht: Der Winter war eingeschlafen, aber der Frühling hatte noch nicht die Kraft, die Welt wieder aufzuwecken. Maria holte das kleine Holzrohr hervor, das neuerdings von einem französischen Arzt für die Untersuchung der Lungen empfohlen wurde, und setzte es auf die blasse, blau geäderte Haut. Ein Film von Fieberschweiß lag darauf, die Rückenwirbel zeichneten sich ab. Sie forderte ihn auf, tief zu atmen, dann zu husten. Es wurde ein Anfall daraus. Dumpf dröhnte es in dem Rohr. Sie musste es absetzen, dann klopfte sie auf die Bereiche der Lunge, hörte den Widerhall, wie sie es schon Hunderte Male in ihrem Leben getan hatte.

Sie hatte gelernt, durch den Klang zu unterscheiden, ob sie es mit einer gesunden oder kranken Lunge zu tun hatte. Sie schloss die Augen, um dem Klang ein Bild zu geben. Sie sah die Illustrationen in den Büchern: die Lungen, sorgsam von einer Feder vor vielen Hundert Jahren gezeichnet und als Kupferstich gedruckt. Die Äste und die kleinen Beeren daran, Bronchus und Bronchiole.

„Und jetzt die Brust", sagte sie und setzte das Rohr auf die Rippenbögen. Da waren kaum Haare, als wäre es Johann seiner Bestimmung als jüngster Bruder schuldig, auch ewig ein Knabe zu bleiben. Johann war gut zwanzig Jahre alt, das letzte Kind aus einer langen Kette von Geburten und Wiegentoden, schwächlich, wie die letzten Bemühungen seiner ausgelaugten Mutter.

Anna stand in der Tür, auf den Armen ein wimmerndes Kind. Sie war Johanns Frau und hegte doch eine Fürsorge für ihn wie eine Mutter oder eine ältere Schwester. Johann war eben jene Art von Mensch, die in den Augen aller immer ein Kind blieb.

Maria richtete sich wieder auf und beendete ihre Untersuchung mit einem Lächeln, um zu zeigen, dass die Sache nicht übermäßig ernst stand. „Es ist eine Lungenentzündung", sagte sie. „Das lässt sich auskurieren. Du kannst wieder gesund werden." Nur wer sie sehr gut kannte, wusste, dass sie einen bewussten Unterschied machte zwischen „Du kannst wieder gesund werden" und „Du *wirst* wieder gesund werden." Um Johann würden Leben und Tod noch viele Tage und Nächte kämpfen.

„Gegen die hitzigen Körpersäfte braucht es eine Quecksilbersalbe, auf die Lungen aufzutragen, Bilsenkrautextrakt löst den Schleim. Die katarrhalischen Krankheiten kommen aus der Überreiztheit, daher brauchst du viel Bettruhe." Mit Handgriffen, die keinen Widerstand duldeten, streckte sie Johann auf das Lager, zog eine Wolldecke über das Laken, drückte diese sehr eng an den ausgemergelten Körper des jungen Mannes und öffnete das Fenster. „Und saubere Luft muss in die Lungen." Das war jedoch in Köln nicht einfach. Unweit der Severinstraße lag das Gerbereiviertel; stinkende Abwasserbäche flossen durch die Hinterhöfe.

„Habt Ihr denn diese Salben bei Euch?", fragte Anna, die sich stets der sehr formellen Anrede bediente, weil Maria eine Geborene *von* Martin war.

„Nein, es sind Arzneien, die zu vertreiben ich kein Recht habe. Du musst zu einem Apotheker gehen."

„Dazu haben wir nicht das Geld."

„Dann geh in die Apotheke im Bürgerhospiz." Maria vermied das Wort „Armenapotheke".

„Dazu brauch ich einen Schein vom Arzt."

„Ja, wenn es Johann besser gehen soll, musst du einen Arzt rufen."

Anna nickte, aber Maria wusste, dass sie es nicht tun würde –

einen Arzt ließ man nicht ins Haus. „*Der luurt einem ne Stund hinten in dat Föttchen und sagt einem dann, dat man krank ist!*", spotteten viele. Aber hinter dem Spott steckte das Unbehagen mit der unergründlichen Kunst der Ärzte.

Das Kind auf Annas Arm begann zu schreien. „Was ist denn mit dem Weckelditzche?", murmelte Johann mit einer fahrigen, vom Fieber gelenkten Bewegung.

„Nur das übliche Bauchweh …"

„Wir gehen hinunter", sagte Maria. „Johann braucht Schlaf."

„Es ist also eine Lungenentzündung? Nicht das Zehrfieber?", vergewisserte sich Anna, während sie Maria die schmale Stiege hinunter folgte. Maria hielt sich bei jedem Schritt an dem Seil fest, das neben der Treppe gespannt war. In solchen Momenten konnte sie das nahe Alter spüren.

„Ich bin mir recht sicher, dass es nicht die Schwindsucht ist."

„Es heißt ja nur … von der Schwindsucht bei den Männern …" Durch das Weinen des Kindes konnte Maria nicht jedes Wort verstehen, aber vielleicht hatte Anna diesen Einblick in ihr Eheleben auch nur geflüstert. Trotz der ernsten Sorge musste Maria lächeln, als sie entgegnete: „Bis zu seiner Genesung ist aber vom Beischlaf abzusehen."

Die Küche im unteren Stockwerk war der einzige weitere Raum in dem schmalen Haus, das sich wie viele Gebäude in Köln nur aufrecht halten konnte, weil es zwischen anderen eingepfercht war. Aus der Küche fiel Lichtschein, es war das Feuer in dem gusseisernen Herd. Der Ruß hatte immer wieder einen Weg aus dem Ofenrohr gefunden, sodass die Wand hinter dem Ofen geschwärzt war. Da an den Quer- und Tragbalken allerlei Küchengerät hing, hatte sich der Ruß ungleich verteilt. Ein überreizter Verstand hätte in dem willkürlichen Niederschlag des Rußes allerlei Fratzen und Gestalten erkennen können, Unheilsboten, die aus der Wand herauszutreten suchten. Der Schein des Feuers tat ein Übriges dazu, sie lebendig erscheinen zu lassen.

Maria schlug ein Kreuz – sie wusste aus ihren Jahren im Kloster, dass manche Gemüter für solche Schrecken empfänglich waren. Die Visionen und Eingebungen des Himmels und der Hölle waren nie ihre Sache gewesen. Durch die Arbeit in der Apotheke hatte sie gelernt, die Natur vorurteilsfrei zu betrachten. Die Gärung, die Salzbildung, das Verschwefeln waren in sich weder Hexenwerk noch Heilkunst, es waren *Gesetze*: Prozesse, deren Ablauf und deren Ergebnisse unter bestimmten Bedingungen immer die gleichen waren. In der Philosophie war es nur ein kleiner Schritt gewesen zu der Annahme, dass auch der Mensch als Teil der Natur nach solchen Gesetzen funktionierte. Sie hatte nie recht verstanden, warum man solchen Gedanken vorwarf, gottlos zu sein. In den letzten Jahren waren zahlreiche Systematiken der Pflanzenwelt erschienen. Diese ließen ohne Zweifel erkennen, dass allem in der Natur ein Gesetz zugrunde lag. Es ermutigte sie immer wieder: Mochte auch mit der Cholera etwa wieder eine neue Geißel über Europa gekommen sein – Gott bot für jede Gefährdung auch eine Rettung. Maria sah es als ihre Aufgabe an, unermüdlich danach zu suchen.

Als sie ihre Tasche auf den Tisch stellte, bemerkte sie in der dunkelsten Ecke der Küche eine Bewegung. Sie musste den Besucher nicht erkennen, um zu wissen, wer es war: Theodor saß dort, vor sich die Wiege mit dem älteren Kind. Er wirkte wie ein ausgedientes Möbel, von dem man sich aus sentimentalen Gründen nicht trennen mochte. Sie nickte ihm zu, konnte aber nicht sagen, ob er den Gruß erwiderte. Er ließ die kleine Wiege schaukeln, aber Maria war, als hätte man das Kind darin gegen einen Holzscheit austauschen können, ohne dass er es bemerkt hätte.

„Johann wird es bald besser gehen", sagte sie und bekam auch darauf keine Antwort. Sein Schweigen schleuderte ihr entgegen: *Keinem von uns wird es besser gehen.* Ihr fiel es schwer, für die Melancholie dieses Mannes Verständnis aufzubringen. Er verbreitete ein schwarzes Fluidum, das sich über alles und jeden in seiner Umgebung legte und an dem sich jedes Licht brach. Maria drehte ihm den Rücken zu, schob das schmutzige Geschirr auf dem Tisch beiseite und öffnete ihre Tasche.

„Ich lasse dir Melissenwasser hier, das gibst du ihm dreimal am Tag in heißem Wasser zu trinken, es löst den Schleim. Außerdem tropfst du etwas auf warme Umschläge, die du ihm auf die Brust legst." Maria stellte die Phiole auf den Tisch. „Hier hast du schon eine Salbe, aber du musst dir beim Apotheker eine aus Quecksilber machen lassen."

Anna nickte und wiegte das Kind in der Hüfte, dessen Weinen zu einem kleinen Sturm anwuchs.

„Falls sein Fieber aber steigt, musst du ihm kalte Umschläge machen – und du musst einen Arzt rufen!"

Anna schob sich die Haarsträhnen unter die weiße Haube und nickte, wie man nickte, wenn man sich etwas anhören musste, während man sich eine ganz andere Frage stellte.

„Eine gute Hühnerbrühe lässt ihn schnell wieder zu Kräften kommen."

„Ich habe das da", sagte Anna und deutete auf einen Steinguttopf. Darin lag ein Stück Hammel, das vom vielen Auskochen ganz grau geworden war. Was Anna noch sagte, verlor sich im Geschrei des Kindes. Nun kam Bewegung in Theodor. Er nahm ihr das Kind aus dem Arm. Sobald es in die stille Welt dieses Mannes eingetreten war, beruhigte es sich.

„Soll ich nicht ein Wachsbild stiften? So steht es im Christoffelsbüchlein!", sagte Anna endlich. „Welches wär denn eine Fürbitte für eine gesunde Lunge?"

Auch wenn das Christoffelsbüchlein von der Frömmigkeit der einfachen Leute zeugte und ihnen für die Nöte des Alltags Rat und Trost gab, so wusste Maria doch, dass man sich in diesem Haus ein Wachsbild vom Munde hätte absparen müssen. Also sagte sie: „Eine Kerze ist das Rechte. Hol dir eine geweihte in St. Severin; eine Flamme nimmt ihre Kraft aus der Luft und gibt sie dahin zurück. Du brennst sie in eurer Stube ab und betest dabei am Morgen und am Abend den Rosenkranz."

Anna nickte verstehend. Man hörte Schritte über den kleinen Flur und Gottfried trat in die Küche, den Hut in der Hand.

„Du kommst gerade recht", sagte Theodor. „Wir werden eben über den Rosenkranz belehrt von einer Nonne, die alle ihre Gelübde gebrochen hat."

„Ich habe keines meiner Gelübde gebrochen!", antwortete Maria gereizt. Sie fing Gottfrieds Blick auf, der sagte: Lass dich von ihm nicht herausfordern! Maria griff in die Tasche und legte zwei Münzen auf den Tisch. „Da, Anna, das ist für das Huhn und für den Apotheker." Als Anna sich fragend zu Theodor umsah, nahm Maria das Geld und drückte es ihr in die Hand.

„Wie geht es Johann?", wollte Gottfried wissen.

Es gab keine Blutsbande, die ihn in diesen Haushalt führten. Er war Theodors Stimme, er war das, was Theodor von der Welt geblieben war. Sie beide waren in den Krieg gezogen, aber nur Gottfried war zurückgekehrt. Und Maria wusste, dass er sich für Theodor verantwortlich fühlte. Die Zeit des Krieges hatte sie wie mit Eisenketten aneinandergeschmiedet. Wenn der Krieg auch vorüber war, diese Ketten konnte kein Friedensschluss von ihnen lösen – und es schien Maria, dass die beiden das auch gar nicht wollten.

„Er wird wieder gesund", sagte Maria zu Gottfried und schloss ihre Tasche. „Aber um das Wohl deines Sohnes mache ich mir ebensolche Sorgen: Ich erwischte ihn heute dabei, wie er mit Pferdedreck nach den Preußen warf!" Wie nicht anders zu erwarten, lachten die beiden Männer leise. „Und wäre ich nicht dazwischengegangen, hätten sie den Markus festgehalten. – Wenn es dich auch amüsiert, du solltest ihn zurechtweisen, denn sonst werden seine Streiche toller!"

„Natürlich werde ich ihn bestrafen", sagte Gottfried und sein belustigter Tonfall ließ einen Schluss auf die Art der Strafe zu.

„Wahrscheinlich muss er eine Stunde lang Zuckerwerk essen", versetzte Maria und gab sich an der Tasche beschäftigt, damit sie ihr Lächeln verbergen konnte. Es gelang ihr einfach nicht, Gottfried etwas übel zu nehmen, nicht einmal seine Loyalität zu Theodor. Dennoch sagte sie: „Ob es dir nun gefällt oder nicht: Markus wird als preußischer Bürger leben müssen. Und es ist deine Aufgabe, ihn dazu anzuhalten!"

„Du solltest auf sie hören", sagte Theodor, seinen kleinen Neffen liebkosend. „Bei dem Lebensweg, den sie gewählt hat, versteht sie gewiss mehr als wir vom Wesen der Kinder."

„Ob ich genug vom Wesen der Kinder verstehe, weiß ich nicht. Aber ich weiß, dass die Preußen die Schmähung ihrer Soldaten nicht dulden, denn ich verstehe etwas vom Wesen der Preußen!"

„Ja, deswegen hat sie auch eine Tasche voller Geld und wir sind arm."

Maria verstand sehr wohl, dass sich dies auf die jährliche Zuwendung bezog, die sie vom preußischen König erhielt.

„Die Leute hier waren schon immer arm, aber seit einigen Jahren sind sie auch noch verstockt!"

„Das liegt daran, dass man mit dem Stock nach uns schlägt."

Nun kam Gottfried ihrer Erwiderung zuvor: „Schwester Maria, in Johanns Namen darf ich Ihnen dafür danken, dass Sie sich um ihn sorgen!" Er legte die Hand an ihren Ellenbogen.

Sie begriff, dass sie sich von Theodor in törichter Weise hatte aufstacheln lassen. „Ich werde bald wieder nach euch sehen", versprach sie.

Anna verabschiedete sie mit einem Knicks.

„Du darfst es ihm nicht übel nehmen", sagte Gottfried, der ihr bis zur Tür folgte. „Johann ist alles, was er noch hat …"

„Warum beschimpft er mich deswegen?" Sie fasste die Tasche, als sollte sie ihr zum Schild dienen. „Was macht er mir zum Vorwurf? Dass ich ihn damals gerettet habe?"

„Dass du ihn dazu in die Uniform eines Preußen gesteckt hast."

„Sie hätten euch sonst hingerichtet! Ihr wart zu den Franzosen übergelaufen!"

„An die Revolution band uns der ältere Schwur, aber *ich* beschwere mich ja auch gar nicht – Gott sei es geklagt, ich beschwere mich nicht."

„Wollte er lieber sterben? Ich verstehe ihn nicht! Käme der König von Preußen mit einer Truhe voll Gold zu ihm, er würde eher alle in diesem Haus Hungers sterben lassen, als es anzunehmen! Ich verstehe ihn nicht. Es ist Sünde, sich dem Leben so zu verweigern!"

„Wenn er sich dem Leben verweigern würde, wäre er in den Rhein gegangen. Aber weil das Sünde ist, quält er sich tagaus, tagein zum Lobe Gottes …"

Sie runzelte die Stirn. „Und dein Spott ist nicht minder Sünde!"

„Aber es ist keine Sünde, dass du Theodor sein Unglück zum Vorwurf machst? Lass ihn, er tut niemandem etwas zuleide."

Maria sah Gottfried ins Gesicht. „Bist du dir da sicher?"

Auch Gottfried hatte die vierzig lange überschritten, und Falten hatten sich um seine Mundwinkel und seine Augen eingegraben. Die Falten eines Spötters, aber Maria wusste: Er hatte ein warmes Herz, das lieber über die Welt lächelte, als über sie zu Gericht zu sitzen und dabei zu verbittern.

Er wich ihrem Blick aus und schaute zur Severinstraße hinaus. Hühner scharrten dort zwischen den Füßen der Passanten und den Rädern der Fuhrwerke. Frauen mit kräftigen, rosigen Armen trugen Körbe und diejenigen, die in gutes Tuch gekleidet waren, blieben vor den Auslagen der Läden stehen. Über allem lag der Duft der Garnisonsbäckerei. Die Straße davor war mit einem weißen Flor bedeckt, denn täglich wurden dort Karren mit Mehl entladen und Wagen mit Brot beladen.

Maria wusste, dass sie über Theodor nie zu einem Einvernehmen finden würden. Außerdem gab es wichtigere Dinge, um die sie sich kümmern musste. Tatsächlich hatte sie Gottfried heute noch in seiner Buchhandlung aufsuchen wollen. So war er ihr zuvorgekommen.

„Du musst mir ein paar Bücher beschaffen." Sie zog einen Zettel aus der Ledertasche hervor. „Warum lächelst du jetzt?"

19

„Weil du nie fragst oder bittest. Du kannst es nicht verleugnen, dass dein Vater ein Offizier war."

„Es ist nicht erst Ignatius von Loyola aufgefallen, dass der fromme Dienst am Nächsten von der militärischen Disziplin profitiert", erwiderte sie. Ihr Vater, der Offizier! Er war ihr immer Vorbild und Bürde zugleich gewesen. Das Leben in dem Orden, in den sie mit sechzehn Jahren eingetreten war, unterschied sich in der Strenge der Regeln nicht vom Militärdienst, den ihr Vater für verschiedene Herren geleistet hatte. Aber wenn die Armeen ihr Zerstörungswerk begannen, begann sie zu retten – als müsste sie vor Gott einen Ausgleich leisten für das Tun ihres Vaters.

„Und welchen frommen Dienst will Schwester Maria nun am Nächsten tun?", fragte Gottfried und nahm die Liste.

„Ich will mehr aus dem Melissenwasser machen", sagte sie.

„Warum ‚mehr'?"

„Weil Gott, der Herr, nun einmal will, dass wir mehr aus dem machen, was er uns anvertraut hat. Man darf seine Talente nicht vergraben!" Auch das hatte sie in einem spaßhaften Tonfall gesagt. Doch es war ihr ernst damit, mehr noch: ein Bedürfnis. Darum zog es sie immer wieder in ihr kleines Laboratorium. Und dabei entstanden nicht nur Heilträne. Ein Schnupfpulver und Duftwässer vertrieb sie ebenso in ihrem kleinen Geschäft auf der Litsch – und nun wollte sie dieses Geschäft vergrößern. „Das Rezept für den Melissengeist ist viele Hundert Jahre alt", fuhr sie fort. „Aber in den letzten Jahren haben wir so vieles über die Grundelemente erfahren. Ich will sehen, wie ich das Carmeliter-Wasser verbessern kann."

Gottfried sah auf die Liste. „Verbessern? Mit einer Prise Ketzerei?"

„Zunächst einmal durch einen besonders reinen Spiritus. Ein Destillat ist immer nur so gut wie sein Branntwein, verstehst du?"

Gottfried ließ es sich nicht anmerken, aber er verstand nicht. Maria wusste, dass Männer nicht gerne belehrt wurden. Aber es

20

hätte schon viele Leben gekostet, wenn sie darauf Rücksicht genommen hätte, daher sagte sie: „Der Spiritus ist in der Destillation wie eine Kutsche, ein Reisegefährt. Die Passagiere können noch so sauber gekleidet einsteigen, wenn sie in einem schmutzigen Wagen reisen, sind sie am Ende verdreckt. Ich brauche also einen besonders reinen Branntwein, um die Wirkstoffe der Pflanzen in bester Weise aufzubereiten. Deswegen muss ich selber destillieren."

„Das wird dir wenig Freunde machen unter den Branntweinbrennern und den *Eau-de-Cologne*-Fabrikanten."

„Es hat Gott, dem Herrn, gefallen, mich vor Revolutionen und der Soldateska zu beschützen, da wird er mir gegen die Kölner Unternehmer seine Hilfe kaum versagen." Sie zeigte auf das Papier. „Kannst du mir diese Bücher besorgen? Ich brauche alles bis zum Sommer, im Juli steht die Melissenernte an."

„Burbachs System der Arzneimittellehre – das dürfte kein Problem sein; Magendie? *Vorschriften zur Bereitung und Anwendung einiger Arzneimittel …*"

„Es darf auch das französische Original sein."

„Und einen streunenden Hund gleich dazu?" – Magendie hatte dadurch von sich reden gemacht, dass er die isolierten Wirkstoffe an Hunden erprobte, für die das nicht selten einen qualvollen Tod bedeutete.

„Ich will sein Wissen, nicht seine Methoden", erwiderte Maria knapp.

„Du hast einen Weg gefunden, das zu trennen?"

„Ja, ich kann in meinem Kopf destillieren." Maria tippte sich daran.

Gottfried sah wieder auf den Zettel, und dann mit gespieltem Tadel zu ihr: „La Mettrie? Verehrte *Schwester Melisse*, dieses Buch fällt auf dem Gebiet der Heiligen Allianz", er deutete mit der freien Hand nach oben, „unter die Zensur! Ein Arzt, der den Menschen als Maschine beschreibt, die mit der Dampfmaschine mehr gemein hat als mit Gottes Krone der Schöpfung!"

21

„Deswegen sollst *du* es mir ja auch besorgen", entgegnete Maria mit zugespitztem Lächeln.

„Nun, dann wird es ein wenig dauern. Ich muss auf einen vertrauenswürdigen Holländer warten." Es gab etwa ein halbes Dutzend Flussschiffer, die für Gottfried verbotene Schriften aus Amsterdam beschafften. Dort holte man sie meist aus England, denn in diesem Land hatte man eine Schwäche für verfemte Franzosen.

Maria griff noch einmal in ihre Tasche und gab ihm fünf Taler in die Hand. „Mehr habe ich nicht bei mir, aber als Wegegeld für deinen Holländer müsste es reichen."

„Mehr als das. Ich werde dir die Bücher in dein Geschäft auf der Litsch …"

„Nein, bring es in den Domhof Nummer 19, dort werde ich meine eigene Destillerie einrichten und auch verkaufen."

„Im Haus des verstorbenen Domvikars?"

„Ja, ich habe ihn jahrelang gepflegt, und vor seinem Tode hat er sich noch beim Bischof darum verwendet, dass ich es kaufen kann."

„In was für Zeiten wir nur leben!", sagte Gottfried scherzhaft. „Da kauft eine säkularisierte Nonne mit dem Geld des Königs von Preußen dem Erzbischof ein Haus am Dom ab, um dort La Mettrie zu lesen!"

„Ist alles Napoleons Schuld. Da siehst du, dass er doch ein Schlimmer war!" Maria wusste um Gottfrieds Anhänglichkeit an den gestürzten und verstorbenen Kaiser von Frankreich und schloss daher ihre Worte mit einem kleinen Augenzwinkern.

Was die Bücher betraf, konnte sie nun einen Haken auf ihre innere Liste machen. „Anzeigen" – das war das Nächste, was es zu erledigen gab. Die neuen Texte hatte sie in den vergangenen Tagen öfter im Kopf bewegt als das Stundengebet.

„Gib nur weiter gut auf dich und die Deinen acht", sagte sie etwas fahrig zum Abschied. Was sie damit meinte, war: Halte dich von Theodor fern! Dann fasste sie die Tasche enger und schlug den Weg in Richtung Dom ein. Gottfried sah ihr nach, bis sie hinter den Karren, Reitern und Fußgängern verschwunden war, dabei wog er die Münzen in seiner Hand und dachte: Wenn das alte Mädchen sich da mal nicht Ärger einhandelt!

Er kehrte in die Küche zurück, wo Theodor seinen Neffen auf einem Knie sitzen hatte. Er hielt ihn an den Ärmchen fest und ließ ihn dabei nach hinten fallen: „Dann macht der Reiter plumps!" Der Kleine strampelte mit den Beinen und lachte.

„Du darfst es der Maria nicht übel nehmen", begann Gottfried und legte seinen Hut ab. „Sie meint es nur gut."

„Das sind die Schlimmsten!", gab er zurück, ohne aufzusehen.

„Ich sollte von dem Geld doch ein Wachsbild machen lassen", sagte Anna, die immer noch die Münzen betrachtete. „Aber was für eins? Vom Sankt Blasius vielleicht?"

„Kauf das Huhn, wie Maria es gesagt hat", meinte Gottfried.

„Dann lass ich aber eins ganz frisch schlachten! So haben wir auch die Federn und können für die Kleinen ein Kissen damit füllen!" Sie legte ihre Schürze ab, öffnete die Truhe, nahm eine weiß gestärkte Haube hervor und ein schlichtes Ohreisen, das sie jedoch wieder fortlegte. Dann griff sie zu einem anderen, das mit geschliffenem Buntglas besetzt war und das sie sonst nur an Sonntagen trug.

„Gebt mir auf die Kinder acht!" Mit unternehmungslustigen Schritten verließ sie das Haus.

„Die Anna!", kommentierte Theodor diesen Abgang. „Die kommt uns noch mit einem Huhn aus Marzipan zurück."

Anna hatte, das wusste jeder im Schatten von St. Severin, eine Schwäche fürs Geldausgeben – vor allem für Zuckerzeug, und deswegen hatte sie auch den Beinamen „Et Zückersche". Ihr Mann Johann verdingte sich als Maurergehilfe, dadurch kam nicht viel herein. Theodor war immerhin Maurergeselle, aber seit Wiedereinführung der Zünfte hatte er sich nicht mehr um einen Meister bemüht. Er hatte nie geheiratet und war von der Familie seines Bruders Johann aufgenommen worden. Er gab vieles von seinem Verdienst an sie ab. Sein Schlaflager war in der Küche, mehr Platz gab es nicht.

Theodor bettete seinen Neffen neben seinen schlafenden Bruder in die Wiege. „Da können jetzt nur zwei Dinge geschehen: Der eine weckt den anderen auf, oder …" Aber das unausgesprochene Letztere schien einzutreten: Nach der Kolik und dem kleinen Spiel war der Junge müde, schmiegte sich an seinen Bruder und schlief ein.

Gottfried zog sich einen Schemel heran. „Hast du gelesen, was heute in der *Kölnischen Zeitung* stand?"

Theodor beantwortete die Frage nur mit einem Murren: Seit die Zeitung unter der preußischen Zensur stand, verweigerte sich Theodor ihren Nachrichten von den Segnungen der neuen Herrschaft.

Gottfried griff in seine Westentasche und zog eine gefaltete Seite hervor. Er öffnete das Blatt, legte es auf den Tisch und tippte auf eine Anzeige. Theodor warf einen Blick darauf, tief gebeugt, weil es wenig Licht gab. „Ein Wunderkind?"

„Lies weiter."

„*Herr Louis zeigt dem hiesigen und auswärtigem Publikum ergebenst an, dass seine kleine Tochter, die mit einem außerordentlichen Naturwunder versehen ist, seit dem Tage dieser Anzeige in der Stadt weilt. Er ladet daher diejenigen verehrlichen Personen ein, welche dieses Wunderkind zu sehen wünschen, ihn mit ihrem Besuche zu beehren und sich daselbst davon zu überzeugen, dass in den Augen des Mädchens …*" Theodor las stumm weiter und sah auf.

„Ich denke, das ist die Nachricht, auf die wir so lange gewartet haben. Wir sollten Herrn Louis aufsuchen", meinte Gottfried.

„Ja. Aber warum in der Zeitung? Da lesen es auch die Preußen!"

„Die geschickteste Verschwörung ist doch die, die nicht heimlich ist", antwortete Gottfried. „Und unser Vorteil ist, dass die Preußen glauben, wir hätten es aufgegeben und unsere Sache taugte nur noch für Jahrmarktsattraktionen."

„Da werden wir sie bald eines Besseren belehren!"

3

Vom Neumarkt her klang das Rufen der Befehle. Es wurde exerziert, wie beinahe an jedem Tag. Daraus sollten nicht nur die Soldaten etwas lernen, sondern auch das Volk, das an diesem größten Platz vorüberkam. Der Gleichschritt war der neue Herzschlag der Stadt. Sie beherbergte nicht einfach eine Garnison – die stetig zunehmende Zahl von Kasernen und Festungswerken hielt sich vielmehr eine Stadt. Man legte ihr ein Geschirr an, jeden Tag wurden die Riemen enger gezogen und ein Eisenteil angefügt.

Eines Tages würde man das Geschirr in einen Wagen hängen, und in diesem Wagen saß der Krieg. Vielleicht war es ein Krieg gegen Österreich, wahrscheinlicher war es ein Krieg gegen Frankreich. Gewiss war es auch ein Krieg gegen einen anderen deutschen Staat: Hessen lag recht störend zwischen dem preußischen Stammland im Ostelbischen und der neuen Provinz am Rhein. Man musste die Rheinländer also dazu bringen, sich nach einer Vereinigung mit dem großen Preußen zu sehnen, und schon würden sie den Wagen willig ziehen. Daher begann und endete das Exerzieren immer mit Musik. Dann blieben die Kölner mit fröhlichen Gesichtern stehen, und die Kinder folgten den Kapellen, bis diese in den Kasernen verschwunden waren.

Die Klänge eines Marsches vermischten sich mit dem Glockengeläut von St. Aposteln. Es war dieser Schlagabtausch der Geräusche, der Major von Pregnitz zu diesen Gedanken über die Kölner Verhältnisse brachte. Er saß in einem Separee des Kasinos am Neumarkt, ihm gegenüber in Ziviluniform Dr. Elkendorf. Jeden Dienstag nahmen sie gemeinsam ein spätes Frühstück ein. Pregnitz nahm dabei Rücksicht auf die Empfindlichkeit seiner Standesgenossen und blieb mit dem bürgerlichen Zivilisten in diesem abgelegenen Raum. Die Kölner hatten sich daran gewöhnen müssen, dass nun jeder wieder nach seinem Stande Umgang pflegte. Eines aber verband den Major mit dem Arzt: der Kampf gegen die Schwerfälligkeit des einfachen Volkes.

Ihre Dienstbereiche hatten scheinbar nichts miteinander zu tun: Elkendorf war der Stadtphysikus und von Pregnitz war der stellvertretende Festungsingenieur. Doch Elkendorf hatte mit seiner *Medizinischen Topographie der Stadt Köln* einen sehr umfassenden Bericht über die Gemütslage der neuen rheinischen Untertanen nach Berlin geliefert. Pregnitz wiederum stand in enger Verbindung mit jenen Ministern, die es für klüger hielten, am Rhein ein gewisses Fingerspitzengefühl walten zu lassen. Es war kein Geheimnis, dass die Menschen hier mit den Franzosen mehr verband als mit den Preußen. In Köln gab es wenig Menschen mit Grundsätzen, dafür viele, die den frivolen Genüssen zugeneigt waren. Und natürlich war man katholisch. Pregnitz war daher der Ansicht, dass man die Rheinländer nur in die Arme der Franzosen oder zumindest der Habsburger trieb, sollte man versuchen, mit der Überheblichkeit der Sieger Preußen aus ihnen zu machen. Es musste den Rheinländern erstrebenswert erscheinen.

Preußen würde wachsen und alle anderen Staaten des deutschen Bundes überflügeln. Dazu brauchte es Festigkeit in der Gesinnung und Geschick im Umgang mit den Wankelmütigen. Und davon gab es im Rheinland viele. Wie es also in dem schillernden Sinn derer aussah, die ihre kleinen persönlichen Wünsche stets über das große Ganze setzten, das erfuhr Pregnitz von Leuten wie Elkendorf. Er berichtete es nach Berlin, meist mit einer diebischen Freude, denn seine Berichte unterschieden sich deutlich von denen des Polizeipräsidenten Struensee, der überall Verschwörung und französische Agenten sah und immerzu Härte und Exempel forderte.

„Seit Jahresbeginn habe ich wieder zwei Fälle von Scharlatanerie zur Anzeige bringen müssen", sagte Elkendorf, während er die Messerklinge am Brot säuberte. „Man hätte es nicht mit dieser Anzahl von Betrügern zu tun, wenn man härter durchgreifen würde. Eine Geldstrafe ist nicht genug."

„Und was haben Sie sich vorgestellt? Eine öffentliche Geißelung?" Von Pregnitz überspielte seine Belustigung, um Elkendorf ein wenig zum Narren zu halten. Er wusste, dass man von den preußischen Strafmaßnahmen allerlei drakonischen Schrecken erwartete.

„Wenn man die Dienste der Scharlatane nicht nachfragen würde, kämen von ihnen nicht stets neue in die Stadt", fuhr Elkendorf fort, ohne auf die Bemerkung einzugehen. „Man muss das Volk darüber aufklären, dass es von einem Arzt bessere Hilfe zu erwarten hat als von dem Wunderwasser eines Nachbarn! Man sollte schon bei den Kindern mit einer medizinischen Erziehung beginnen! Die preußische Regierung hat in den Schulen so viel Gutes bewirkt. Nach dem Abzug der Franzosen waren sie doch in einem jämmerlichen Zustand …"

„Es ist in katholischen Ländern üblich, die Bildung zu vernachlässigen", sagte von Pregnitz wie zu sich selbst, denn Elkendorf, der aus dem Rheinland stammte, war natürlich katholisch. Doch der schenkte diesen Worten keine Beachtung.

„Wie viel Gutes könnte ein Schulfach bewirken, in dem schon die Kinder darüber belehrt werden, wie wichtig eine reinliche Kleidung ist, eine saubere Stube und eine gute Ernährung! Man sollte ihnen schon früh beibringen, zwischen Heilmitteln und Quacksalberei zu unterscheiden. Sie müssen wissen, dass ein Eberzahn unter dem Kopfkissen nicht von Zahnschmerzen heilt!"

„Bei mir hat es geholfen", widersprach von Pregnitz. Elkendorf, der den Hang des Majors zu Spötteleien kannte, hielt im Griff nach der Kaffeekanne inne und sah sein Gegenüber stirnrunzelnd an.

„Als bei mir als Knabe die Zähne des Erwachsenen durchbrachen, legte meine Kinderfrau einen solchen Zahn unter mein Kopfkissen. Und siehe da, die Schmerzen vergingen immer wieder und waren schließlich ganz fort!"

„Aber das liegt doch in der Natur der Dinge!", sagte Elkendorf unwillig.

„Es liegt in der Natur der Dinge, dass die Menschen sich in Sachen Gesundheit und Krankheit vieles nicht erklären können. Sie sollten diesen Unterricht in Ihrem nächsten Sanitätsbericht empfehlen – ich werde mich bei den zuständigen Beamten dafür einsetzen."

Elkendorf goss sich sichtlich zufrieden Kaffee nach. „Dann können Sie bei der Gelegenheit auch nachhören, was aus meinen anderen Vorschlägen geworden ist. In französischer Zeit war ich es gewöhnt, dass freundlich gesprochen wurde, aber nichts geschah. Wir sehen, was daher aus dem französischen Kaiserreich wurde, und wir sehen, dass das preußische Königreich solche Fehler nicht begeht."

Von Pregnitz lächelte ein feines Lächeln. Ihn amüsierte die gekonnte Mischung von Lob und Mahnung, die Elkendorf vorbrachte. Elkendorf hatte seinen medizinischen Grad in Paris erworben und war von der französischen Verwaltung zum Armenarzt in Köln bestimmt worden, später zum Stadtphysikus. Er gehörte zu der großen Schar der Beamten, die vom preußischen Staat in ihrer Funktion übernommen worden waren, denn eines hatte man aus den hitzigen Zeiten gelernt: Es war unklug, die Garanten der öffentlichen Ordnung aus ideologischen Gründen auszutauschen. Wenn die Wirren der vergangenen Jahrzehnte einen Sieger hatten hervortreten lassen, dann war es die Beamtenschaft. Dynastien und Herrscherhäuser gingen unter, die fähigen Beamten aber – und zu denen zählte sich auch Pregnitz als höherer Offizier – waren der Nährboden künftiger Größe.

„Drei Jahre liegt nun mein großer topografischer Bericht zurück", fuhr Elkendorf fort, „und ich bin darin auch auf einen Punkt eingegangen, der mir sehr am Herzen liegt: Es gibt unter den Katholischen eine auffallend hohe Zahl an früh versterbenden Wiegenkindern …"

„Sie setzen ja auch mehr Kinder in die Welt, das gleicht die Sache wieder aus."

Elkendorf überging auch diese boshafte Bemerkung. „…

und ich habe dargelegt, dass dies an der Sitte liegt, das Neugeborene zur Taufe in die Kirche zu tragen. Nur dürftig bekleidet muss es in zugigen Mauern eine lange Zeremonie durchstehen – und dann muss es ein wahres Wunder genannt werden, wenn es nicht erkrankt! Ich habe empfohlen, auch die Katholischen zur Haustaufe anzuhalten, wie man es bei den Protestanten kennt. Die preußische Verwaltung hat aber nichts unternommen, dies durchzusetzen!"

Pregnitz hatte sein Frühstück beendet – er aß in Gesellschaft stets nur wenig, denn es lenkte ihn von seinen Gedankengängen ab – und lehnte sich zurück. „Man kann wohl davon ausgehen", sagte er, die Serviette faltend, „dass dem gläubigen Katholiken das Überleben der Seele wichtiger ist als das Überleben des Körpers. Das getaufte Kind mag also sein Leben verlieren, aber es gewinnt das Himmelreich."

„Der Staat ist aber nicht für das Himmelreich zuständig, sondern für seine Bürger in dieser Welt – auch und besonders für jene, die wir ‚die stummen Patienten' nennen! Dazu gehören die Wiegenkinder, die Blöden, Irren und Greise – all jene, die man vor den Lehren der Aufklärung ihrem Schicksal, oder eben Gottes Schutz, überlassen hat."

„Mein lieber Elkendorf", Pregnitz spielte an den Falten der Serviette, „wollen Sie denn tatsächlich vorschlagen, dass man die Katholiken zwingt, ihre Kinder zu Hause taufen zu lassen, statt im geweihten Raum der Kirche im Angesicht all dieser … *Dinge?*" Für von Pregnitz war der Katholizismus tief verstrickt in schwülstige Rituale, in Flitterwerk und Bildnisfrömmelei, für die er kein anderes Wort fand als *Dinge*. Es war eine Religion für kindliche Gemüter, die den ständigen Reiz der Sinne brauchten. Dennoch – oder eben deswegen – sah Pregnitz keinen Grund, dagegen einzuschreiten.

„Die Flut der französischen Revolution hat uns einen Spülsaum hinterlassen." Pregnitz malte diesen in die Luft. „Und darin finden wir etwa, dass die Religion eine private Angelegenheit geworden ist. Die Menschen hierzulande sind nicht sonderlich politisch. Wenn man sich aber in ihr Privates mischt, dann werden sie aufbegehren und das ist zweifellos politisch. Elkendorf, ich denke, die Zahl der Wickelkinder, die durch die Taufe in einer zugigen Kirche ihr Leben verloren haben, ist sehr gering: Ein Aufruhr aber könnte viele Opfer mit sich ziehen. Meinen Sie nicht?"

Elkendorf mied den belehrenden Blick. „Meine Aufgabe ist die Medizin und nicht die Politik", sagte er ausweichend.

„Aber die Medizin berührt sich oft mit dem Glauben und die Politik natürlich auch. Wer weiß: Hätte Napoleon nicht versucht, den Spaniern ihre geliebte Inquisition zu nehmen, wäre er vielleicht heute noch der Herrscher Europas. Wir wollen seine Fehler nicht wiederholen, nur weil wir auch nichts von der Inquisition halten, oder?" Und damit hatte Pregnitz das Gespräch zu dem Thema gebracht, für das er Elkendorf tatsächlich einbestellt hatte: „Was hat es eigentlich mit dieser wundertätigen Nonne auf sich?"

Elkendorf hielt in der Bewegung inne: „Wundertätig? Meinen Sie Frau von Martin?"

Pregnitz durchschaute den Versuch, mit dem Hinweis auf den Adelstitel jeden Verdacht zu zerstreuen. „Es kursieren Geschichten", sagte er, den Blick auf die eigenen Finger gerichtet, die über die Serviettenfalten strichen. Er mochte seine Hände und sah ihnen gerne bei feinsinnigen Arbeiten wie dem Klavierspiel oder dem Schreiben zu.

Elkendorf schob den letzten Bissen Brot in den Mund, kaute, nahm einen Schluck Kaffee, wie um zu zeigen, dass es keine Eile geben konnte, auf solch eine Bemerkung zu antworten. Dann tupfte er sich den Mund. „Sie wissen doch, wie diese Geschichten entstehen. Am Montag lässt der Arzt den Patienten zu Ader, am Mittwoch kommt die Nonne und betet einen Rosenkranz, am Donnerstag geht es dem Patienten besser – also sagen die Leute: Ein Wunder, der Rosenkranz hat geheilt! Man kann niemandem die Gerüchte zum Vorwurf machen, die über diese Person kursieren."

Pregnitz ließ zu diesen Worten weder Zustimmung noch Widerspruch erkennen.

„Sie vertreibt auch Medizin", sagte er, „ohne dass sie eine Approbation als Apothekerin besitzt. Ich bin überrascht, Elkendorf, wo Sie doch sonst in diesen Dingen so genau sind und sich über Scharlatane beklagen!"

„Frau von Martin hat jahrelang in einer Klosterapotheke gelernt und gearbeitet – sie besitzt vermutlich gründlichere Kenntnisse über das Arzneimittelwesen als so mancher Apotheker in dieser Stadt!"

„Dennoch würden die Herren sich zu Recht beschweren, dass man ihr gewisse Freiheiten gewährt." Pregnitz schob sein Messer beiseite. „Der preußische Staat misst niemals mit zweierlei Maß!"

„Der preußische Staat hat Frau von Martin bereits eine seiner höchsten Anerkennungen zukommen lassen für ihren Einsatz in der Verwundetenpflege …"

„Eben deswegen darf sie nicht im Verdacht der Quacksalberei stehen! Der König selbst hat seine Unterschrift unter das Würdigungsschreiben gesetzt. Erinnern Sie sich an diese Geschichte mit der Nonne aus dem Münsterland vor einigen Jahren?"

„Sie meinen Katharina von Emmerich?"

„Berlin hat eine Kommission von Ärzten geschickt und etliche seiner Beamten – Brentano konvertierte zum Katholizismus und hat die Berliner Salons mit mystischem Gefasel überschwemmt. So etwas will ich hier in Köln nicht haben!"

Elkendorf lachte kurz auf. „Maria von Martin hat weder Stigmata, noch hat sie Visionen. Sie hat auch nicht vom Erzengel Michael den Auftrag bekommen, das Rheinland von den Preußen zu befreien, noch hat sie …"

„Noch hat Sie eine Approbation für das, was sie tut oder verabreicht", beendete Pregnitz den Satz.

„Schon der französische Staat ließ eine Ausnahme zu für Ordensleute und klösterliche …"

„Es wird euch noch ausgetrieben werden, sich immerzu auf das französische Recht zu berufen! Ja, das kannte für jede Regel eine Ausnahme – ich kenne das nicht!" Pregnitz war laut geworden. Die Kölner sollten sich nicht dazu versteigen, ein gewisses Entgegenkommen aus Berlin als Nachsicht oder gar Schwäche zu verstehen. Sie hatten nichts zu verlangen – man *gewährte* ihnen.

Elkendorf lenkte ein. „Sie wünschen also, dass ich diese Angelegenheit einer näheren Überprüfung zuführe?" Elkendorf wählte Beamtenworte, sie klangen bedeutend, pflichtbewusst.

Von Pregnitz hatte seine Taschenuhr hervorgeholt und den Deckel geöffnet. „Nicht ich wünsche das, sondern der preußische Staat."

Elkendorf flüchtete sich ins Private: „Wie geht es Ihrer Gemahlin? Sollte es erforderlich sein, werde ich gerne noch einmal nach ihr sehen!"

4

„Beehren Sie uns bald wieder, gnädige Frau Merrem! Einen Gruß an den Herrn Medizinalrat!" Sehlmeyer ließ es sich nicht nehmen, dieser Frau selbst die Tür seiner Apotheke zu öffnen. Er verabschiedete sie mit einer Verbeugung, war sie doch die Ehefrau des von den Preußen eingesetzten Oberrates für die medizinischen Angelegenheiten der Stadt, der damit über dem Stadtphysikus Elkendorf stand, der wiederum über die Zulassung der Apotheken und der Apotheker wachte.

Frau Merrem nahm die Ehrbezeugung mit einem beiläufigen Nicken entgegen und vergrub ihre Hände in dem seidenbezogenen Muff. Es war nicht kalt, aber sie schien damit bekunden zu wollen, dass sie es nicht nötig hatte, etwas anzufassen, sondern stets dienstbare Geister um sich hatte, die ihr dies abnahmen.

In dem Moment, als sie den Laden verlassen wollte, schickte sich eine andere Frau an, die Apotheke zu betreten. Mit gesenktem Blick wich sie sogleich zurück und ließ die Frau Medizinalrätin passieren. Auch die neue Besucherin, die ein funkelndes Ohreisen trug wie an einem Sonntag, war dem Apotheker nicht unbekannt, doch der Nachname wollte ihm nicht einfallen.

„Ach, die Anna …" Da sie nur eine einfache Frau aus der Severinstraße war, musste das genügen. „Was kann ich für dich tun?"

Sehlmeyer kehrte hinter die Theke zurück, wo er sich in Pose stellte wie ein Feldherr, der seine „Truppen" hinter sich wusste: eine Regalwand mit kleinen Schubfächern, vergilbte Schilder daran, aber er wusste, wo alles zu finden war; ein weiteres Regal mit Flaschen und Phiolen, darunter aufgereiht die Mörser in verschiedenen Größen und eine Anzahl Porzellanbehälter für die Teekräuter. Auf der Theke stand das wichtigste Werkzeug: drei verschiedene Waagen und allerlei Gewichte. Auf einigen stand die Bezeichnung „Gramm" noch aus der französischen Zeit, dann gab es das Gran, das Lot und die Unze sowie einige auswärtige, für die er jedoch keine Eichbescheinigung hatte. Die Holländer, Schweizer, Bayern, Österreicher, Engländer und Sachsen fragten jedoch nicht danach.

„Mein Mann hat eine Lungenentzündung", sagte Anna. Sie stand da, als hätte sie Angst, etwas zu berühren. „Und ich brauche eine Salbe mit Quecksilber."

„Jaja! Denn eine katarrhalische Krankheit ist trocken und heiß und das Quecksilber kühlt und ist ja an sich flüssig." Wenn er wichtige Dinge erklärte, spannte Sehlmeyer die Wangenmuskeln an, sodass sein grauer Backenbart imposant hervorstand.

Anna musste bei seinem Anblick an ein Äffchen denken, das ein fahrender Musikant auf dem Neumarkt vorgeführt hatte. Sie mied den Blick des Apothekers, um nicht zu lachen.

„Was hat der Arzt denn gesagt, wie oft sie aufgetragen werden soll?"

„Einmal über fünf Tage immer am Abend, hat die Schwester Maria gesagt."

„So, die Schwester Maria. Hat sie deinen Mann untersucht?"

„Ja, und eine Salbe für die Brust hat sie auch dagelassen."

„Soso – Jacob, bring mir eine halbe Unze von der satten Quecksilbersalbe!", rief Sehlmeyer seinem Gehilfen zu. Satt bedeutete, dass der Anteil an Fett sehr hoch war und er also mehr daran verdiente. „Was ist denn das für eine Salbe, die Maria euch dagelassen hat?"

„Eine mit Minze und Kiefernnadelsaft, wenn ich's recht verstanden habe."

„Das macht sie auch alles selbst, die Schwester Maria, nicht wahr? Jaja. Und untersucht hat sie deinen Mann? Wie hat sie denn das gemacht?"

„Sie hatte so einen Trichter dabei. Mit dem kann sie wohl hören, wo er innen krank ist."

„Das ist ein Perkussionsrohr, gute Anna." Sehlmeyer spannte seine Wangenmuskeln. „Ja, die Schwester Maria kennt sich da aus!" Jacob kam aus den hinteren Räumen und stellte den Tiegel auf die Theke. Sehlmeyer nahm Wachspapier und Spatel und wog die Salbe ab.

„Meinem Johann geht es jedenfalls schon besser. Fieber hat er nur noch am Abend. Da hat die geweihte Kerze viel geholfen."

„Und mit der Salbe wird es sicher bald noch besser." Sehlmeyer faltete das Papier, Anna zahlte, und sobald sie den Laden verlassen hatte, stützte sich Sehlmeyer mit beiden Händen auf die Theke. „Soso, die Schwester Maria!"

„Was ist mit der?" Seine Frau war aus den hinteren Räumen gekommen. Sie trug einen Kasten, in dem sich die ausgewaschenen Phiolen verschiedener Größen reihten.

„Die geht rum, gibt Arzneien und spielt Arzt! Einen von uns käme das teuer zu stehen!"

Seine Frau stellte den Kasten ab, die Flaschen darin klapperten laut. „Die kann's eben mit den Preußen."

„Jaja, über die Pfaffen schimpften sie alldieweil, aber für die Nonnen haben die Herren aus Berlin eine Schwäche!"

„Schreib doch mal einen Brief an den Elkendorf oder besser gleich an den Merrem." Seine Frau hatte begonnen, die Fläschchen einzuräumen.

„Ja, das sollte ich tun!" Sehlmeyer zupfte die Haare seines Backenbarts; ihm war nicht wohl bei dem Gedanken, eine Nonne anzuzeigen. „Sie lebt ja auch gar nicht mehr wie eine Nonne!", sagte er sich selbst. „Vielleicht sollte ich mich besser an den Erzbischof wenden. Es gibt doch nun wieder Klöster für die Annunziaten ... Jaja, in der Franzosenzeit, da musste die Martin schauen, wie sie rumkommt, doch das ist ja vorbei ..."

„Die verdient mit ihrem Laden auf der Litsch ganz gut: Schnupftabak, Räuberessig, ein eigenes *Eau de Cologne* mischt sie, das Carmeliterinnen-Wasser – Frau von Groote hat mir erzählt, dass sie in dem Haus, das sie am Domhof gekauft hat, eine eigene Destillerie einrichten will!"

„Das darf sie gar nicht! Sie ist doch kein Brennereimeister!"

„Von den Schaebens hat sie ja bisher den Spiritus, und jetzt will sie denen gleich eine große Destillierapparatur abkaufen."

„Ach, mit eurem Weibergerede ist es wirklich schlimm!", sagte Sehlmeyer, weil er die Pflicht hatte, so etwas zu sagen. In Wirklichkeit staunte er über die Fähigkeit der Frauen, aus Tatsachen Gerüchte zu machen und aus Gerüchten Tatsachen. Und auch wenn er gewisse Vorbehalte gegenüber Klatsch hatte, so war er es doch dem wirtschaftlichen Wohlergehen seines Geschäfts schuldig, nachzufragen. „Wovon will sie denn das alles bezahlen? So viel Geld verdient sie mit ihrem Laden doch gar nicht ... Oder hat sie von der preußischen Rente so viel beiseite gelegt?"

„Das ist wohl schon alles in dem Haus angelegt. Und für die Destillerie gibt der Schaeben ihr Kredit. Wer würde denn einer Nonne nicht vertrauen?"

In diesem Moment kündete die Ladenglocke einen weiteren

Kunden an. Es war ein preußischer Offizier und der Anlass seines Besuches war offensichtlich: Seine linke Wange war geschwollen und die ermatteten Augen des Mannes ließen keinen Zweifel daran, dass die Schmerzen ihn schon viele Tage peinigten.

„Mein Herr Offizier, wie können wir Ihnen helfen?", fragte Sehlmeyer. Selbst das Ertönen der Stimme schien ein schmerzhaftes Echo in dem kranken Zahn hervorzurufen, denn der Mann verzog das Gesicht. „Nelkenöl!" Mehr brachte er nicht hervor.

„Jaja, das betäubt den Zahnschmerz", sagte Sehlmeyer, doch war der geschwollenen Wange anzusehen, dass der Zahn herausgerissen werden musste. „Das Öl ist ein sehr seltenes ... und lässt sich auch nicht gut aufbewahren ..." Das Wort, das Sehlmeyer vermied, war „kostbar".

Seine Frau warf ihm einen mahnenden Blick zu. Es war zu befürchten, dass sich der Leutnant das Öl auf Kredit geben ließ und nie zahlte, denn man wusste ja, dass die Preußen – ob von Adel oder nicht – stets wenig Geld zur Verfügung hatten. Allerdings hätte Sehlmeyer es sich nicht erlauben können, ihn wegzuschicken. „Ich habe ein Pulver aus Nelken, schwarzem Pfeffer und Eichenrinde, das hervorragende Wirkung tut!", bot er dem Kunden an.

„Hm!" Dieser Laut konnte Einverständnis sein oder die Bereitschaft sich in alles zu fügen, was Abhilfe schaffte.

Sehlmeyer nahm den Topf mit dem Pulver zur Hand und erklärte, während er das Maß abwog: „Er gibt es in ein feuchtes Tuch und lässt es noch ein wenig quellen, dann legt Er es gleich auf den Zahn."

Mit einer Miene, die ganz im Kampf gegen den Schmerz gefangen war, zahlte der Preuße, nahm die Droge und ging.

Sehlmeyer stellte sich wieder mit beiden Händen auf die Theke gestützt hin. Seine Frau war ins Hinterzimmer gegangen, aber er war sich sicher, dass sie ihn hörte. „Was bezweckt denn diese Nonne damit? Wozu will sie Geld verdienen? Sie hat keine Familie, die sie ernähren muss, noch nicht einmal alte Verwandte, die sie durchbringen müsste. Und ich? Ein ganzes Haus voller Mäuler und eine verwitwete Schwester dazu. Ist das recht, dass mir eine Nonne Konkurrenz macht? Soll sie uns unsere Familien ernähren lassen und für unser Seelenheil beten."

Seine Frau kam mit einer weiteren Kiste nach vorne. „Na, der Frau von Groote hat sie wohl gesagt: Für sie sei es wie ein Gebet, wenn sie aus der Natur, die Gott uns zur Hilfe gegeben hat, etwas hervorbringen kann, das zu heilen vermag."

„Jaja, mit solchen Sprüchen lässt sich's gut verkaufen – Schnupftabak und Duftwässer!"

„Nein, vom Melissenwasser hat sie gesprochen. Ich nehme es auch bei ... nun ja, *Frauenbeschwerden*. Es ist nun einmal so, dass Frauen sich darin lieber einer anderen Frau anvertrauen als einem Apotheker."

Dagegen war kein Kraut gewachsen, das sah auch Sehlmeyer ein. Gegen ein bisschen Hebammen-Brimborium hatte er auch nichts einzuwenden. Aber eine eigene Destillerie? Das war ein Unternehmen im großen Stil! Dafür galten, auch wenn die Inhaberin eine ehemalige Nonne war, dieselben Gesetze wie für alle Unternehmen: Solvenz, Gewinnerwartungen, Kosten und Nutzen, Angebot und Nachfrage. Was wusste denn eine Ordensschwester davon, die die meiste Zeit ihres Lebens für Gottes Lohn gearbeitet hatte? Dazu war der Brennereimeister Schaeben sicher nicht bereit. Sehlmeyer beschloss, ihn aufzusuchen und sich zu erkundigen, ob er sich der Solvenz seiner neuen Geschäftspartnerin sicher sein konnte.

5

„Ich will mit dieser Nonne sprechen!" Clara von Pregnitz ließ sich in die Kissen zurücksinken, die das Stubenmädchen aufgeschüttelt hatte. Clara versuchte, ihren Körper zu entspannen und ihr Herz zu beruhigen, doch es hämmerte und nahm ihr den Atem. Heute war einer der besonders schlimmen Tage; sie hatte einige Zeit außerhalb des Bettes verbracht, damit dieses frisch bezogen werden konnte. Immer wieder musste sie das Personal daran erinnern, diese grundlegenden Dinge der Reinlichkeit nicht zu vernachlässigen: Das Ausfegen, das Ausklopfen der Vorhänge und Teppiche, das Lüften der Matratzen und Wäschetruhen und natürlich das Auflegen frischer Bettbezüge.

Seit fünf Jahren waren sie nun in Köln, und sie hatte schon die dritte Mamsell, doch schienen sie alle vom selben Schlag: Ein gehöriges Gewicht auf den Hüften machte sie gemütlich und die rheinische Derbheit machte sie frech. Sie musste sich Bemerkungen anhören wie: „Wenn Madame wünscht, dass die Treppe täglich mit Sand jescheuert wird, dann soll Madame dem Herrn Jemahl mal sagen, dass der die Stiefel unten im Flur auszieht, sonst war die janze Scheuerei nämlich für der Abtritt!"

Im ersten Jahr hatte sie die Dienstboten nach solch frechen Reden entlassen. Schließlich hatte sie ein Hausmädchen aus Berlin geholt, die Tochter eines pietistischen Predigers, still, fromm, folgsam. Nach einem halben Jahr war die mit einem Bäckerlehrling durchgebrannt, der ihr von der Neuen Welt vorgeschwärmt hatte. Clara hatte aufgegeben. Sie hatte hier nicht den Gesindezwang der preußischen Landordnung hinter sich stehen, stattdessen gab es hier Anwälte für alles und jeden, selbst für Dienstboten. Also hatte Clara sich an die Fliegen im Salon gewöhnt, an schmutzige Fensterscheiben und an frivole Arbeitslieder, in denen es meistens um einen französischen Soldaten namens Jean ging. Sie war kurzatmig geworden und

38

Elkendorf hatte bei ihr eine Herzschwäche festgestellt. Er hatte ihr Digitalispulver verabreicht und den Rat gegeben, jede Aufregung zu meiden. Das war im vergangenen Herbst gewesen. Seitdem verließ Clara ihr Zimmer nur noch selten. Hier zumindest konnte sie das Personal dazu bringen, alles so herzurichten, wie sie es haben wollte.

Clara war wieder zu Atem gekommen. Es war bereits dunkel geworden, das Mädchen hatte die Vorhänge zur Glockengasse geschlossen und einen Kerzenleuchter auf dem Beistelltisch entzündet. Der Schein der Flammen holte das Gesicht ihres Mannes aus dem Dunkeln. Er sah sie nicht an. Überhaupt sah er anderen ungern in die Augen und hielt den Blick oft nach unten gerichtet, was seinem Gesicht den Ausdruck wehmütiger Überlegenheit gab.

Er hatte sie nicht einmal angesehen, als sie einander bei den Hardenbergs vorgestellt worden waren. Sie wussten, dass ihre Vermählung bereits beschlossen war, und Clara hatte beim Anblick seiner gesenkten Augenlider – wäre es nicht an ihr gewesen diese Geste der Schüchternheit zur Schau zu tragen? – eine Neugier auf diesen Mann gespürt. Inzwischen waren sie seit mehr als zehn Jahren verheiratet und hatten drei Kinder. Was aber sein Geheimnis war, wusste sie immer noch nicht. Sie wusste nicht einmal, ob er eines hatte. Ihr gegenüber war er vor allem tadellos.

„Elkendorf und Merrem geben mir Digitalis und können sich nicht darauf einigen, ob man mein Herz dadurch stärken könnte, indem man mich schröpft." Sie überprüfte den Sitz der Schleife, die ihre Chemise am Hals schloss. „Einer steht links am Bett, der andere rechts, und sie versichern sich ihrer Hochachtung. Damit ist mir nicht geholfen. Ich will diese Nonne sehen!"

„Dein Wunsch ist verständlich, aber unklug", entgegnete Pregnitz.

Da seine Frau nun wieder manierlich gebettet war, trat er näher. Das Dienstmädchen stand noch beim Kerzenleuchter, die

Hände vor der Schürze gefaltet, und wartete darauf, entlassen zu werden.

„Du kannst gehen", sagte er. Sie machte einen Knicks und huschte ins Dunkel davon.

Da sie nun allein waren, zog Pregnitz sich einen Sessel heran und setzte sich neben das Bett. Eine Innigkeit, die nicht für die Augen von Dienstboten bestimmt war. „Um diese Nonne gibt es im Moment allerlei Gerede. Die Leute fragen sich, warum sie die Bevorzugung durch die preußischen Behörden besitzt. Es wäre ein sehr ungünstiges Signal, sollte ich sie in dieses Haus bitten. Es wird in naher Zukunft über meine Beförderung zu entscheiden sein. Und wenn ich für den Rang eines Generals infrage komme, der mir von Vaters wegen zusteht, hätte ich auch Aussicht auf den Posten des Zweiten Stadtkommandanten. Das Liebäugeln mit den Papisten ist dabei nicht ratsam."

Den durchdachten Erwägungen ihres Mannes hatte Clara selten etwas entgegenzusetzen. Er leitete den Ausbau eines gesamten Forts, des Forts IV, ihr gelang es kaum, diesen Haushalt zu führen. Wie hätte sie ihm da widersprechen können?

Ihr Blick flüchtete sich zu dem Leuchter. Die Flammen waren nun sehr ruhig, es waren drei. Sie hatte drei Kinder. Der Älteste war zur Erziehung nach Berlin gegangen, die beiden jüngeren, ein Mädchen und ein Junge, waren in Köln geblieben. Elkendorf hatte ihr gesagt, dass eine weitere Schwangerschaft ihren Tod bedeuten würde. Dass sie keine weiteren Kinder haben würde, hatte bei ihr kein Gefühl ausgelöst. Ihr war dabei, als hätte er von einer anderen gesprochen. Manchmal schien ihr, als würde es noch eine zweite Clara von Pregnitz geben, eine gesunde Clara, die ihr Leben gestohlen hatte und es gedankenlos lebte. Sie fragte sich, ob es allen schwer Erkrankten so ging, ob sie alle das Gefühl hatten, es gäbe noch eine gesunde Version von ihnen, von der sie im Stich gelassen worden waren …

Von Pregnitz fühlte sich gerührt durch den Anblick, den seine Frau ihm bot: Sie blickte gleichsam entrückt in den Kerzenschein, scheinbar nur in dieser Welt gehalten von dem bauschigen Federbett, die Hände darauf so weiß wie das gebleichte Leinen. Alles sprach von ihrer Bereitschaft zur Selbstaufopferung. So wie sie dort lag, empfand er eine Nähe zu ihr, die nicht in den geteilten Tugenden ihrer Herkunft lag. Er wechselte zur persönlichen Anrede, als er wieder sprach: „Clara, Liebste, welche Hilfe könnte dir denn auch diese Nonne zukommen lassen, zu der Elkendorf und Merrem nicht in der Lage wären? Natürlich ist sie in den alten Heilkünsten der Klöster ausgebildet, aber wir leben in den Zeiten galvanischer Kräfte …“

„Meinem Körper ist nicht mehr zu helfen, wenn ich den Elkendorf recht verstanden habe. Aber dem Gemüt …“ Es regte sie auf, darüber sprechen zu müssen, wieder jagte ihr Herz. „Ich habe einmal gelesen, dass das Gemüt für den Körper das ist, was die Segel für ein Schiff sind. – Ich will mit dieser Nonne sprechen!“

„Wenn es dir um das Wohl deiner Seele geht, werde ich nach unserem Herrn Pfarrer schicken.“

„Der kommt noch früh genug. – Diese Menschen hier hassen uns“, sagte sie scheinbar unvermittelt, aber es war das, was auf ihrem Gemüt lastete, tagaus, tagein: die Angst vor diesen Leuten da draußen, vor diesem Gemisch aus Aufsässigkeit und Aberglaube, aus Armut und Trotz, aus Genügsamkeit und Frivolität.

„Aber Clara!“ Pregnitz schlug die Beine übereinander und faltete die Hände auf den Knien, um sie betrachten zu können. „Nun übertreibst du aber! Die Leute hier sind doch eigentlich von ganz und gar kindlicher Natur: Ein wenig Spaß an ihrem Karneval und ein scharfes Wort, wenn sie es zu wild treiben, dann ist mit ihnen gut auskommen.“

„Sie würden uns in unseren Betten ermorden, wenn sie könnten!“

„Du willst unsere braven Rheinländer doch nicht mit den Wilden vergleichen, die morgens den Choral singen und abends die Trommel schlagen?“

„Sie werden einen Aufstand machen – und dann wehe uns!"

„Clara, mit Verlaub, du hast seit einem halben Jahr das Haus nicht mehr verlassen. Wie kannst du da wissen, was die Menschen in dieser Stadt umtreibt?"

„Vielleicht weiß ich es durch die Dienstboten sogar besser … Und dir berichtet man nur, was du hören willst!"

„Du bist ja schlimmer als unser Polizeipräsident Struensee, der überall Verschwörung wittert!", meinte Pregnitz. „Du bist überreizt und brauchst Ruhe."

Er beugte sich zu Clara und küsste ihre Stirn. Sie war überraschend warm. Für einen kurzen Moment kam ihm eine Erinnerung an das Begehren. Nach dem, was Elkendorf ihm über den Zustand seiner Frau gesagt hatte, hatte er auf dieses Begehren verzichten müssen. Er hatte es geopfert; und das Opfer war natürlich nur dann eine Tugend, wenn es ein vollständiges war. Sein Naturell war nicht so liederlich, als dass er seiner Frau nicht bis zu ihrem Tode die Treue hätte halten können. Er fragte sich jedoch, wie lange Clara bereit war, sich zu opfern; wann sie beginnen würde, ihm Vorwürfe zu machen, dass er sich nach Köln hatte versetzen lassen; wann sie sich über seine Entscheidungen hinwegsetzen würde. Sie hatte nicht noch einmal nach der Nonne gefragt.

„Soll ich dir die Kerzen lassen?", fragte er, die Hand am Leuchter.

„Nein, geh und sieh nach den Kindern!"

„Ich wünsche dir eine gute Nacht."

Sie antwortete nicht und sah ihn nicht an.

Pregnitz ging nicht gleich in die Kinderstube. Er stellte den Leuchter im Salon ab und setzte sich vor das fast verglühte Feuer im Kamin. Er erinnerte sich an eine seiner liebsten Knabenbeschäftigungen: Er fing eine Grille, eine Spinne oder einen Käfer und gab sie in eine leere Flasche. Er entschied jeden Tag aufs Neue, wie er mit dem Tier verfahren wollte: Mal gab er ihnen Zuckerwasser, mal nichts; mal warf er ihnen Blätter hinein, mal ließ er die Flasche voll Wasser laufen, um zu sehen, ob sie schwimmen konnten; manchmal ließ er sie frei, manchmal lagen sie eines Morgens tot am Boden der Flasche. Es war nicht das Experiment mit dem Tier, das ihn reizte, sondern das Experiment mit sich selbst: Wie war ihm zumute, wenn er für das Wohlbefinden des Gefangenen sorgte? Und wie, wenn er es getötet hatte?

Auch Clara war ein solches Experiment an ihm. Er würde es sehr bedauern, sie zu verlieren. Ihr Hilfe suchender Blick löste in ihm Gefühle aus, die allzu leicht an den Wächtern vorüberkamen, die er dort aufgestellt hatte. Ihr Wunsch, diese Nonne zu sehen, hatte keinen vernünftigen Grund. Er war neugierig auf die Folgen. Warum also nicht ein zweites Tier in die Flasche geben und sehen, was geschah?

6

„Ich bin nur eine arme alte Nonne, aber ich bin nicht einfältig." Für den Besuch beim Brennereimeister Schaeben hatte sie ihren Habit angelegt: das schwarz-blaue Obergewand mit dem roten Unterkleid, das vom adligen Stand der Annunziatinnen kündete. Die Revolution hatte der Ehrfurcht vor diesen Gewändern nur vorübergehend geschadet. Wenn sie heute in dieser Kleidung durch die Stadt ging, blieben die Leute stehen und schlugen ein Kreuz. Selbst die derben Arbeiter, die im Sternenberger Hof Branntweinfässer aufluden, hatten innegehalten und die Hüte abgenommen.

Auch auf den Brennereimeister machte es Eindruck. Maria gestand sich, dass sie aus Berechnung die Kleidung der Ordensfrau angelegt hatte. Sie gestand es Gott – aber sie spürte sein Einverständnis, denn er wusste, dass ihre Absichten gut waren.

Schaeben hatte sie in sein Arbeitszimmer gebeten. Durch die Butzenglasscheiben drang der Arbeitslärm der Brennerei. Es war noch Fastenzeit, daher wurde auf das bei solchen Besprechungen in Köln übliche Schnäpschen verzichtet. Ein Dienstmädchen brachte stattdessen eine Karaffe mit Limonade. Maria hatte Platz genommen und strich sich die Röcke glatt.

Am Vortag war Gustav Schaeben zu ihr gekommen, der Sohn des Brennereimeisters, und hatte ihr verlegen erzählt, sein Vater habe beim Mittagstisch plötzlich Zweifel an dem Geschäft mit Maria geäußert. Wovon sie die Apparatur denn wohl bezahlen wollte, die sie bei ihm bestellt hatte. „Diese Klosterschwestern erwarten vielleicht, dass ihnen die Handwerker für den himmlischen Lohn arbeiten", hatte er gesagt.

Maria hatte noch am selben Abend alle Unterlagen zusammengesucht, die Aussicht auf geschäftlichen Erfolg versprachen. Nun öffnete sie ihre abgegriffene Ledermappe und legte die Dokumente auf den Tisch. Ohne Umschweife hatte sie Schaeben auf seine Bedenken angesprochen und hatte ihm keine Gelegenheit gegeben nachzufragen, woher sie davon wusste.

„In den vier Jahren, da ich Branntwein für meine Produkte von Ihnen beziehe, bin ich Ihnen nie die Bezahlung schuldig geblieben, Meister Schaeben."

„Verehrte Schwester: Ein paar Fässer Branntwein sind etwas anderes als eine ganze Apparatur, vor allem wenn der Kessel solch eine Dimension haben soll. Das Kupfer allein kostet mich eine gehörige Summe! Ihre Anzahlung deckt das nicht."

„Hätten meine Produkte nicht eine so gute Nachfrage in Köln, wäre ich ja gar nicht auf den Gedanken gekommen, mein Geschäft zu vergrößern. Diese Nachfrage hat zwar eine bedauerliche Ursache: die Enge in dieser Stadt und die Armut, die so groß ist wie in keiner anderen Stadt Preußens … Es braucht einfache und nicht zu teure Mittel, mit denen die Leute sich ihre Gesundheit erhalten können. Ich möchte selber destillieren, um einen besonders hochwertigen Melissengeist herzustellen."

„Ich zweifle nicht an Ihren edlen Absichten, Schwester Maria ..."

„Aber mit edlen Absichten kann man keine Rechnungen bezahlen", beendete sie seinen Satz, zweifellos deutlicher, als er es
beabsichtigt hatte. Dann zog sie die Vorbestellungen hervor:
„Ich habe bereits Vertreter mit einer Probe des Carmeliterinnen-Wassers nach Bonn und Aachen geschickt. Sie sehen die
Größe der Bestellungen. Ohne eine eigene Destillerie könnte
ich nicht liefern."

Schaeben sah nur kurz auf die Papiere: „Ja ... verehrte
Schwester, ich sehe, dass das Interesse an Ihrem Melissenwasser
groß ist. Aber es hängt nicht nur von Ihrer Kapazität in der
Destillerie ab: Wenn nun etwas die nächste Ernte verdirbt?"

„Es könnte auch der Blitz in unsere Häuser einschlagen, sicher! Aber etwas sagt mir, dass Gott, der Herr, seine Hand über
eine Unternehmung wie die meine halten wird."

Schaeben lächelte. Er durchschaute wohl, dass sie ihm einen
Mangel an Gottvertrauen unterstellen wollte, wenn er weiterhin an ihrem geschäftlichen Erfolg zweifelte.

„Gestatten Sie mir dennoch die Frage: Man hört immer wieder davon, dass Klöster der Annunziatinnen neu begründet
werden ... Wenn Gott vielleicht der Ansicht sein sollte, dass Sie
dort besser aufgehoben sind und der geschäftliche Erfolg aus-
bleibt, was wird dann aus meiner Investition? Aus dem Kredit,
den ich Ihnen mit der Destillierapparatur gegeben habe? Immerhin sind Sie den Klostertod gestorben ..."

„Sie wissen, dass das rechtlich belanglos ist. Ich muss für
meine Schulden einstehen wie jeder andere Mensch auch."

Schaeben zauderte immer noch. Maria ahnte, dass jemand
ihre Kreditwürdigkeit in Verruf gebracht hatte. Warum aber
war selbst Meister Schaeben bereit, dies zu glauben, mit dem sie
seit Jahren eine für beide Seiten zufriedenstellende Geschäfts-
beziehung unterhielt?

Die Antwort kam ihr wie eine Eingebung: „Sie fragen sich,
warum Sie mich dabei unterstützen sollen, Ihnen und allen an-

deren Brennereimeistern Konkurrenz zu machen?" Seine Gesten ließen abwiegelnde Worte erwarten, aber Maria kam ihm zuvor: „Sie wissen, dass ich den Spiritus nur für medizinische Zwecke brauche. Ich könnte Ihren Peter Gustav darin anlernen. Er würde dadurch ein Wissen gewinnen, das über Jahrhunderte nur hinter Klostermauern weitergegeben wurde." Maria gab ihren Worten den gebotenen geheimnisvollen Klang. Sie war sich bewusst, dass sie mit dem Melissenwasser nicht nur ein Produkt verkaufte. Warum wohl beriefen sich alle Kölnisch-Wasser-Hersteller auf alte Klosterrezepturen? Weil die Menschen eine Sehnsucht nach dem heiligen Geheimnis hatten. Die Revolution hatte diese Sehnsucht nicht auslöschen können. Mit ihrer Vernunftherrschaft hatte sie es nur dem Glauben schwerer gemacht.

Die Menschen fanden sich umzingelt von unbenennbaren Leiden auf einem kleinen alltäglichen Flecken, der bedroht war von Krankheit und Tod, von Armut und Bedrückungen jeder Art. Und jedes körperliche Anzeichen, jeder Kopfschmerz, jedes Leibgrimmen, jede Abgeschlagenheit, jede schlaflose Nacht und jeder Ausschlag wurde aus dem menschlichen Instinkt als Spur des großen Ringens zwischen Gut und Böse verstanden. Die Ärzte mochten von Miasmen sprechen oder von fauliger Luft – die Betroffenen, die einfache Bäuerin ebenso wie der Kunsthändler mit Universitätsprofessur, spürten, dass jede Krankheit aus einer größeren Finsternis kam, die den Menschen immerzu bedrohte. Aber wer die Finsternis erlebte, wer sie erlitt, wusste auch um das Licht.

Sie hatte so manchen Vernunftphilosophen getroffen, den die Gicht wieder das Beten gelehrt hatte. Die Haudegen, die erkrankten Marketenderinnen, die Handelsherren, die Katholiken, die Lutheraner und die Juden – sie alle hatten sich bereitwillig ihrem Klosterwissen anvertraut, manchmal nicht ohne Spott. Aber wenn die Krankheit grundlos, unvorbereitet, ungerecht ihre Krallen in den menschlichen Körper schlug, so suchte man jene Orte und Menschen auf, in denen der Glaube an ein

höheres Erbarmen lebte. Die Klosterrezepturen, nach denen sie
die Heilwässer zusammenstellte, waren selbst Gebete: Ausdruck des Vertrauens in Gottes Erbarmen mit den leidenden
Menschen. Aber die große Zeit der Klöster war vorbei. Sie
würde auch nicht wiederkehren, außer in den Köpfen der Ro-
mantiker. Maria musste andere Wege finden, um das Wissen
und das Wirken der alten Lehren weiterzugeben.

Sie merkte Meister Schaeben an, dass er von ihrem Angebot,
Gustav in die Lehre zu nehmen, erfreut war. Er mochte weniger an eine heilige Mission denken, seinen Augenbewegungen
glaubte sie eher das Aufaddieren von Zahlenkolonnen anzusehen.

Maria hatte dieses Angebot zuvor nicht durchdacht. Es
schien ihr eine Eingebung zu sein – und sie hatte gelernt, diesen
zu vertrauen. Also fuhr sie fort: „Ich habe keine Kinder, Meister Schaeben, also keine Erben. Der Gustav ist ein vielverspre-
chender Junge. Wenn Sie mir die Destillerie bis zum Sommer
einrichten, bekommen Sie nicht nur von der ersten Ernte Ihr
Geld: Für die Zukunft des Jungen wäre gesorgt."

„Schwester Maria, das ist ein sehr großzügiges Angebot von
Ihnen!" Aus der Gewohnheit heraus wollte Meister Schaeben
ihr die Hand reichen, denn so wurden üblicherweise Geschäfte
besiegelt. Er schien aber für einen Moment zu zweifeln, ob das
auch für Geschäfte mit Klosterfrauen galt. Maria aber nahm
seine Hand mit einem Lächeln: „Die besten Geschäfte sind
eben jene, in denen beide ihren dauerhaften Vorteil finden!"

Nach einigen Höflichkeiten machte sie sich auf den Heimweg. Kaum hatte sie den Hof verlassen, erschien Gustav neben
ihr, der offenbar in einem Torwinkel auf sie gewartet hatte. Bei
der Besprechung hatte er es nicht gewagt sich sehen zu lassen,
vielleicht weil er befürchtete, als Informant der Schwester Maria erkannt zu werden. Nun aber fragte er ungeduldig, was das
Treffen ergeben hatte.

„Ich bekomme meine Destillerie", sagte Maria, „und dich
gleich dazu!"

Gustav zeigte eine fiebrige Vorfreude, als sie ihm darlegte, dass er als ihr Lehrjunge anfangen würde, sobald die neue Destillerie eingerichtet war. Maria konnte sich darauf verlassen, dass sie in ihm weiterhin den eifrigsten Fürsprecher haben würde. Er hatte bereits allerlei Pläne, insbesondere für das Melissenwasser, doch war in seinem Alter alles noch zu sehr Spiel. Dennoch wusste Maria, dass sie gut daran getan hatte, sich solch einen jungen Gehilfen ins Haus zu holen.

War es aber auch eine kluge Entscheidung gewesen, ihre erste Ernte für den Kredit zu verpfänden? Hätte sie sich im ersten Jahr nicht mit einer kleineren Apparatur begnügen sollen, um sich nicht zu verschulden? Diese Gedanken gingen ihr durch den Kopf, nachdem sie sich von Gustav getrennt hatte. Die Ehrerbietungen der Vorübergehenden erschienen ihr dabei fast störend – viel lieber wäre sie im Straßenbild zwischen Schürzen tragenden Mägden und Bürgerinnen im Schnürleib unerkannt geblieben. Sie ahnte wohl, dass die Leute bei einer Ordensschwester stets nur fromme und mildtätige Gedanken erwarteten und dass ihr Grüßen dieser Gottesfurcht galt. Beinahe kam sie sich wie eine Betrügerin vor, weil sie im Kopf vor allem rechnete und unternehmerische Herausforderungen durchdachte.

Hatte sie zu viel gewagt? Sie hatte sich in ihrem Leben in viel größere Gefahren begeben, begeben müssen: Gefahren für ihr Leben auf den Schlachtfeldern, Gefahren für ihre Gesundheit und ihre Unversehrtheit in den Lagern der Armeen, in den Jahren der Wanderschaft. Was war da schon ein finanzielles Risiko? Warum diese Unruhe?

Warum wünschte sie sich, dass es schon Juli wäre und sie die Melissenernte ihrer Vertragsbauern verarbeiten konnte? Weil es ihr endlich die Frage beantworten würde, ob Gott einen Plan für sie hatte, ob er *diesen* Plan für sie hatte. Gott hatte für jeden Menschen einen Plan, aber war es nicht vermessen von ihr zu glauben, dass es für sie keinen gewöhnlichen Plan gab? Nicht den der Ehefrau und Mutter, nicht den der einfachen und bescheidenen Nonne; war es Überheblichkeit, wenn sie sich sagte, dass Gott ihr besondere Talente gegeben hatte, die sie nutzen musste? Das Gleichnis mit den Talenten, das sie sich selbst zur Ermutigung gab, hatte eine Gegengeschichte, die ihr eine Warnung sein sollte: die Säuberung des Tempels, die Wut des Heilands auf diejenigen, die aus dem Glauben ein Geschäft machten, die Geldwechsler und Wucherer, die ihren Profit daraus machten, dass es die Menschen nach der Begegnung mit dem Höheren sehnte. War es nicht auch das, was sie mit der Vermarktung der Klosterrezepturen tat? Sie suchte nicht den Profit, aber sie spürte die Versuchung, in dem geschäftlichen Erfolg ihre Auserwähltheit zu sehen. Im Sommer würde sie wissen, ob sie dafür belohnt oder bestraft werden würde.

7

Maria kehrte von der Frühmesse zurück. Das erste Tageslicht fiel in die Räume *Auf der Litsch* und holte allerlei Gegenstände aus der Unkenntlichkeit. Keiner von ihnen war mehr an seinem Platz: Die Regale und Schränke waren leer, die Glaskolben, Dosen, Bücher, Gerätschaften hatten sich auf den Tischen versammelt. Fast glaubte Maria, ihr aufgeregtes Flüstern zu hören, als sie den Umhang ablegte. Es war der Tag des Aufbruchs.

Sie war schon sehr oft in ihrem Leben umgezogen, schon als Kind, wenn die Versetzungen ihres Vaters es erforderlich machten. So hatte sie sich daran gewöhnt, ihr Leben als eine Wanderschaft zu betrachten. Der Weg, den sie heute zurücklegen musste, war dabei so kurz, dass sie sich wunderte, wie tief dennoch das Gefühl bevorstehender Veränderungen in ihr war.

Sie verlegte ihre Wohnung und auch ihren kleinen Handel mit Heil- und Duftwässern aus dem Gässchen *Auf der Litsch* an der Westseite des Doms in das Haus Domhof Nr. 19 am

Längsschiff der Kathedrale. Der Schatten des großen Baukrans auf einem der unvollendeten Türme würde ihr an klaren Tagen eine Sonnenuhr bleiben. In dem neuen Haus würde sie eine eigene Destillerie einrichten können. Sie machte sich schon Gedanken darüber, wie sie die neue Adresse in ihren Werbeanzeigen nutzen konnte. Sie musste sich eingestehen, dass ihre Gedanken beim Gebet oft zu den Anzeigetexten abschweiften: *„Die Unterzeichnete, des hohen Domes nächste Nachbarin, empfiehlt einem verehrlichen Publicum und zugleich den unsere weltberühmte Metropole besuchenden Gästen …"*

Diese Zeilen hatte sie sogar in ihr Kölnisches Brevier geschrieben, weil sie ihr während der Messe eingefallen waren. Danach hatte sie sofort um Vergebung gebeten. Aber Gott hatte wahrscheinlich schon vor ihr erkannt, dass es nicht allein die Sorge um die Kranken war, die sie antrieb. Sie gefiel sich als Geschäftsfrau.

Vor vier Jahren war sie aus Münster nach Köln gekommen, um den betagten Domvikar Gumpertz zu pflegen. Inzwischen war er gestorben. Sie hatte das fünfzigste Lebensjahr hinter sich gelassen und im Totengebet für den Greis, der ihr ein guter Freund und Ratgeber gewesen war, hatte sie sich gefragt, ob das nächste bedeutende Ereignis in ihrem Leben ihr Tod sein würde. Sie hatte auch Gott danach gefragt. Und wie so oft bei seinen Antworten musste man mit viel Geduld sehr genau hinhören.

Es gab Neugründungen ihres Ordens, der in der Revolution aufgelöst worden war. Bisweilen überfiel sie die Sehnsucht, alle Verantwortung, alle Notwendigkeit zu Entscheidungen wieder an eine Ordensgemeinschaft abzugeben. Die Entsagung von der Welt war einladend. Nicht etwa, weil die Welt sündhaft war, sondern weil sie laut war. Vielleicht war der Lärm die größte Sünde von allen, weil der innere Lärm dazu führte, dass man die falschen Dinge tat. Sie hatte einmal von einem Mann gehört, dem ein Insekt ins Ohr gekrochen war. Der Lärm hatte ihn derart rasend gemacht, dass er schließlich zur Pistole griff und sich erschoss. War er ein Sünder, ein Selbstmörder?

Aber wenn sie diese Welt des äußeren Lärms wieder verließ, wenn sie zurückkehrte in die Stille des Klosters, würde der innere Lärm doch bleiben … ein ständiges Reden und Fragen, Gesprächsfetzen, Dinge, die gesagt worden waren oder die sie vorhatte zu sagen. Sie würde an die erblindende Mutter von sieben Kindern denken, im Geiste immer wieder die Heilbücher aufschlagen, neue Rezepturen für Augentropfen suchen; sie würde an den Handwerker denken müssen, dessen sechsköpfige Familie auf zwei Zimmern lebte und die nun den Bruder mit seinen Kindern aufnahmen, ein Weber, der wie so viele seiner Zunft die Arbeit verloren hatte, seit das billige englische Kolonialtuch ins Land kam; sie würde an die Dirne denken, die jedes Mal, wenn Maria durch die Kammgasse kam, an der Tür des ruchbaren Hauses kniete und sie bat, ihr die Hand aufzulegen; an den einbeinigen Invaliden, der jeden mit einem trotzigen „*Vive l'Empéreur!*" grüßte und dem sie schon Dutzende Holzlöffel abgekauft hatte.

Sie würde an Gottfried denken müssen …

Als sie nach Köln gekommen war, hatte sie sich nach ihm erkundigt, doch sie hatte Monate verstreichen lassen, bevor sie seine Buchhandlung aufsuchte. Warum hatte sie so lange gezögert? Sie hatte Angst davor, in Gottfrieds Gesellschaft das wiederzutreffen, was sie vergessen wollte.

Als sie den Laden betrat, hatte er sie sogleich erkannt. Er sagte nichts, sondern sah sie an, als wäre sie gekommen, um etwas einzufordern. Wie belanglos war ihr Gespräch gegenüber den Erinnerungen und den Blicken!

Er stellte ihr seine Frau Marianne vor. Die war argwöhnisch, witterte vergangenes Unheil, das in den Jahren gereift war und nun ausgeschenkt werden sollte. Es gab zwei Kinder, Markus und Pauline. Seitdem habe Gott es nicht mehr gut mit ihnen gemeint, sagte Marianne und sah Maria an, als solle sie das bitte ausrichten.

Dann hatte Gottfried von Theodor gesprochen. Es gab über

ihn nicht viel zu sagen: Er lebte in einem Haus mit seinem Bruder und dessen Frau und war Maurer. Und dennoch sprach Gottfried sehr lange über ihn, so wie man über eine Krankheit sprach, deren Ursache man sich nicht erklären konnte. Der Vergleich war Maria in den Sinn gekommen, und sie hatte sich dessen geschämt, denn so durfte man nicht über einen Menschen denken. Und doch kam es ihr seitdem immer wieder: dass Gottfried, den sie gerettet hatte, sich bei Theodor angesteckt hatte. Dass er daran zugrunde gehen würde. Und dass sie in den Heilbüchern keine Hilfe finden konnte.

Sie legte einige der Bücher in einen Korb. Es waren ihre wertvollsten Bücher, die sie bis zuletzt auf dem Tisch hatte liegen lassen: Eine Ausgabe von *Die wahre Kunst zu destillieren*, von Lebensteins Buch über die gebrannten Wässer, *Das chymische Lustgärtlein* und natürlich eine Zusammenstellung der Schriften von Hildegard von Bingen. Diese Bücher waren ihre besonderen Gefährten geworden. Sie hatten sich ihr in den Jahren ihrer Wanderschaft angeschlossen. Auch sie waren Vertriebene: Aus fürstlichen Bibliotheken, aus Klosterbüchereien, aus geheimen Kammern veräußert, geraubt, „säkularisiert". Maria hatte sich nicht darüber empört, sondern ihren Vorteil darin gefunden. Sie hatte dadurch die Möglichkeit bekommen, Bücher einzusehen oder gar zu besitzen, deren Wissen nach den strengen Regeln der klösterlichen Ordnung nur einigen wenigen vorbehalten war. Sie hatte diese Bücher unter ihren Schutz genommen: Ob in Brüssel, Münster oder Köln, sie hatten immer ihren bevorzugten Platz gehabt, und so würde es auch im neuen Haus am Domhof sein.

Die Bücher hatten sie in allerlei Rätselhaftes eingeweiht, hatten ihre Fragen beantwortet und ihre Neugierde immer aufs Neue angeregt. Das Destillieren hatte sie im Kloster zu Coesfeld gelernt, aber erst durch die Bücher hatte sie verstanden, was da in der Hitze des Kolbens eigentlich geschah. Das Destillieren war einst eine fragwürdige Kunst gewesen und stand im

Ruch der Alchemie, die das „brennende Wasser" das fünfte Element nannte – eine Gottlosigkeit, da die Bibel nur vier Elemente kannte: Feuer, Erde, Luft und Wasser.

In den Schriften der Hildegard von Bingen ging es nicht um das Destillieren: Sie gruppierte die Pflanzen nach ihrem Äußeren, nach ihrem Duft, ihrem Standort und nach der Wirkung, die sie in der Natur entfalteten. Die Melisse etwa lockte Bienen in großer Zahl an, die Nektar an ihr saugten. Diese Eigenschaft übernahm die Melisse gewissermaßen von den Insekten: Sie saugte Gifte aus dem Körper, Gifte von Insektenstichen und Schlangenbissen, aber auch das *Phlegma*, jene Ansammlung träger Säfte, die das Gemüt des Menschen bedrückten.

„Bienensaug ist warm, und wenn man ihn isst, lacht man gerne, da ihre Wärme die Milz berührt und daher das Herz erfreut wird", hieß es in der *Physica*. Bienensaug oder Melisse gehörte zu den nützlichen Kräutern, die Gott zum Dienste am Menschen in die Welt gesetzt hatte.

In den Stuben der Alchemisten kam der Gedanke auf, dass man den Pflanzen und Mineralien ihren reinen Geist entziehen müsse, um die Wirksamkeit zu verbessern. Das Aufkochen, Mischen, Trennen begann – und aus dem Wein wurde der Weingeist oder *Spiritus* gewonnen. Er besaß die wundersame Eigenschaft, den Pflanzen ihr Wesen zu entziehen. Ein fragwürdiger Geist wie Paracelsus war es, der die Forderung aufstellte, Pflanzen müssten auf diese Weise veredelt werden. Er stellte das Königswasser her und das Laudanum. Fortan begaben sich viele auf die Suche nach der einen Droge, die alles zu heilen vermochte, die alles zusammenführte.

Maria hatte in einem Kloster gelernt, einen Destillierkolben zu bedienen. Die Destillation der Melisse im Dampf verlangte besonderes Geschick, denn die in ihr enthaltenen Öle lösten sich bei unterschiedlichen Temperaturen. Sie hatte in den vergangenen Jahren, wo immer sie auch hinkam, Melisse gesammelt, getrocknet, ihren Gehalt an Ölen bestimmt, Tageszeit der Ernte notiert, sie hatte ihren eigenen Spiritus gewonnen. Die

Melisse war seit Jahrhunderten Bestandteil zahlreicher Rezepturen, die meist unter dem Begriff „Carmeliterwasser" zusammengefasst wurden.

In Köln war das zur Grundlage eines ganzen Gewerbes geworden: Seit mehr als fünfzig Jahren war das *Eau de Cologne* in ganz Europa bekannt, nicht nur als Duftwasser, sondern auch wegen seiner heilenden Eigenschaften. In der Beschreibung dieser Eigenschaften wurde nicht selten übertrieben, kein Wehwechen blieb darin unerwähnt. Nicht zuletzt deswegen verlangte ein Dekret Napoleons, dass die Bestandteile aller als „Heilmittel" angebotenen Substanzen bei einer zuständigen Behörde offengelegt werden mussten: „*So haben wir erkannt, dass, wenn solche Heilmittel für die Pflege der Armen nützlich sind, unsere beständige Sorgfalt für das Wohl unserer Untertanen uns bewegen müsse, dieselben allgemein bekannt und anwenden zu machen ...*"

Diese Vorschrift trat 1811 in Kraft, in dem Jahr, als das Kloster, dem Maria angehörte, endgültig aufgelöst wurde. Maria war geneigt, das als Zeichen zu nehmen. Alle anderen *Eau-de-Cologne*-Fabrikanten zogen sich daraufhin ins Duftwasser-Geschäft zurück, damit sie ihre Rezepturen geheim halten konnten. Sie wurden zu Hoflieferanten, verteidigten argwöhnisch ihre Privilegien, denunzierten sich gegenseitig in Zeitungen, verklagten sich wegen Produktnachahmung. Maria hatte daraufhin beschlossen, dass sie dieses frei gewordene Feld besetzten würde. Es war nicht der Duft des Adels, den sie feilbieten wollte, sondern ein Mittel, das Herz und Gemüt stärkte.

Auch die Gesetze der Preußen verlangten, dass Arzneien ihre Wirksamkeit vor einem Ausschuss unter Beweis stellen mussten. Der Stadtphysikus Elkendorf war einer der Bevollmächtigten. Sobald sie in das größere Haus umgezogen war, würde sie einen großen Dampfkolben in Betrieb nehmen und ein verbessertes Melissenwasser anbieten. Sie brauchte eine neue Approbation für dieses Wasser. Sie hatte bereits ein Empfehlungsschreiben des Bonner Professors Harless für das Melissenwasser: „*Ich befinde es sowohl hinsichtlich des hierzu gebrauchten reinen Weingeistes, als auch der zur Destillation angewendeten Ingredienzien aus der Klasse der aromatischätherischen Heilpflanzen von bewährten Heilkräften sowie hinsichtlich der Bereitung, von sehr vorzüglicher Güte und Zweckmäßigkeit.*"

Was sie aber vor allen Dingen brauchte, war etwas, das ihr Wasser unverwechselbar machte. Etwas, das für die Jahre der Versuche, des Sichtens, des Forschens stand …

Sie wollte wissen: *Warum* besaß die Pflanze diese Heilkräfte? *Warum* wirkte sie stärkend auf das Herz und belebend auf das Gemüt, wie es die Mönche und Alchemisten, die Ärzte und Apotheker seit Jahrhunderten beschrieben? Sie stellte sich diese Frage, seit sie die Aufsätze des französischen Forschers Antoine Lavoisier gelesen hatte. Vor fast fünfzig Jahren schon hatte er nachgewiesen, dass weder das Wasser noch die Luft unteilbare Elemente waren, wie man früher glaubte. Ehedem hätte ihn solch eine Behauptung auf den Scheiterhaufen gebracht. Er kam auf die Guillotine – nicht wegen seiner Forschung, sondern weil er königlicher Steuereintreiber gewesen war. Er hatte mit dieser Erkenntnis alle alten Lehren geköpft: Das Wasser ließ sich zerlegen.

Was bedeutete dies für ihr Melissenwasser? Sie fragte sich das, wenn sie sah, wie aus den im Spiritus angesetzten Melissenblättern Dampf aufstieg, der sich wieder als Flüssigkeit am Glasrohr niederschlug. Was sie dort sah, bestand – woraus? Es hatte jemand das Morphin aus dem Opium gelöst, das Nikotin aus dem Tabak und das Strychnin aus der Brechnuss. Was war in den Melissenblättern?

Die Lehre von den Wirkstoffen, die Pharmazeutik, war die neue Wissenschaft. Es wurde nicht mehr nach dem Allheilmittel gesucht, nicht mehr nach der Formel, die alles zusammenbrachte. Es wurde nach dem Kleinsten gesucht, es wurde geteilt und noch mal geteilt. Man wollte das finden, das nicht mehr teilbar war, das, was die Griechen *Atom* genannt hatten.

Maria besaß ein Mikroskop. Sie lernte aus den Abhandlungen des Botanikers Robert Brown den Nukleus, den Zellkern zu finden, machte sich Zeichnungen von den Zellwänden. Sie war verzaubert von der Schönheit dieser für das Auge unsichtbaren Strukturen. So schlossen sich für sie ein Mikroskop und das Stundengebet nicht aus. Für sie war es ein Gebet, eine Pflanzenzelle zu zeichnen. Sie hatte eine neue Stille gefunden, wenn sie die Flammen unter dem Destillierkolben lodern ließ, das Thermometer beobachtete und schließlich die Essenz der Melisse schwenkte. Und das war die Antwort auf die Gebete, die sie am Totenbett des Domvikars gesprochen hatte ...

Nein, das nächste große Ereignis in ihrem Leben würde nicht ihr Tod sein. Es würde die Gründung ihrer Firma sein. Sobald die Approbation erteilt war, würde sie ihre Firma in das Handelsregister der Stadt Köln eintragen lassen – sie, die Nonne, die einst Armut und Besitzlosigkeit gelobt hatte; sie, die einst den Klostertod gestorben war und aller Welt entsagt hatte; sie, die sich um diesen entscheidenden Schritt in ihrem Leben betrogen gefühlt hatte, als die Franzosen den Klostertod aufhoben und die Preußen dieses Gesetz übernahmen. Für sie würde es kein Zurück mehr geben in die Stille.

Im vorderen Raum klopfte es an der Tür.

„Es ist offen!", rief sie, denn sie erwartete Gustav Schaeben, der ihr dabei helfen wollte, die verbliebenen Dinge zum Domhof hinüberzuschaffen. Doch im Vorraum erwartete sie nicht Gustav, sondern ein Mann, den der Schnitt seines dunklen Rocks als Domestiken auswies.

„Madame de Martin? Major von Pregnitz wünscht Sie zu sehen."

„Das wird heute nicht möglich sein. Wie Sie sehen, sind wir im Umzug begriffen ..."

„Madame, der Major ..." Doch der Diener wusste wohl nicht, wie fortfahren, da man das Ansinnen seines Herrn gewöhnlich nicht ablehnte.

„Wenn es eilt, soll der Major in den Domhof kommen. Aber

außer für einen Nierenstein werde ich heute für kaum etwas Zeit haben."

„Es geht um die Frau Majorin … Sie ist sehr krank und hat schon mehrmals nach Ihnen gefragt."

„Nach mir? Warum?"

„Sie ist sterbenskrank", fügte der Diener hinzu.

Noch in der Frühmesse hatte Maria den Herrn Jesus Christus um Verständnis dafür gebeten, dass ihr so viel Geschäftliches im Kopf herumging, und sie hatte ihm versprochen, dass sie die Kranken darüber nicht vergessen würde. Vielleicht wollte er sie darin gleich prüfen. Sie sah auf die Kisten und Körbe.

„Nun, wie der Herr Jesus sagt: ‚Maria, lass vom Haushalt und setz dich zu mir!' – Und in jedem Kranken erblicken wir unseren Herrn!" Sie griff nach ihrem Umhang.

8

In dem Raum war es dunkel genug, um Geheimnis und Scharlatanerie undurchschaubar zu vermischen. Gottfried sträubte sich gegen die feierliche Stimmung, denn er hatte dafür bezahlt, diesen Raum betreten zu dürfen. Außerdem hatte das allzu beflissene und geschäftstüchtige Verhalten des Herrn Louis Zweifel in ihm ausgelöst. Konnte dieser Mann eine Botschaft Gleichgesinnter aus Frankreich überbringen?

Die Gespräche zwischen Gottfried und Theodor hatten sich in den letzten Tagen um nichts anderes gedreht als darum, dass dieses Jahr 1829 endlich die große Erhebung gegen das preußische Joch sehen würde. Sie spürten beide, dass sie vom Warten mürbe geworden waren. An zu vieles hatten sie sich bereits gewöhnt, so auch daran, dass sie auf dem Weg zu dieser Wohnung viele Umwege gehen mussten, um die allgegenwärtigen Spitzel des Herrn Struensee abzuschütteln. Gottfried wusste, dass er als Buchhändler und Veteran der *Grande Armée* unter Beobachtung stand. Und so hegte er die Befürchtung, dass diese Inszenierung eine Falle sein konnte – doch taten sie ja nichts Unrechtes, solange sie nur die Attraktion suchten: Man hatte sie wissen lassen, dass ein „Wunderkind" ihnen eine Botschaft bringen würde, und Herr Louis reiste mit einem solchen.

„Verehrte Herren, dort sehen Sie das Wunderkind!", erklärte Louis und rieb sich die Hände. Die Geste eines Geschäftemachers, der leichtgläubige Opfer gefunden hatte?

Gottfried wandte sich zu Theodor um, doch der erwiderte seinen Blick nicht. Theodor erwiderte selten einen Blick, immerzu schienen seine Augen auf etwas gerichtet, das sein Leben in Schach hielt. Es war die große Niederlage, die sie beide zu ratlosen Gästen in ihrem eigenen Leben gemacht hatte. Es verband und trennte sie gleichermaßen, denn es war wie der geteilte Hunger, von dem man doch nicht satt wurde, nur weil man ihn gemeinsam durchlitt.

„Dort drüben, dort drüben!" Louis katzbuckelte sie an einem zerschlissenen Paravent vorbei, hin zu dem Lichtschimmer. Er trug einen altmodischen hellgrauen Samtrock mit langen Schößen, wie man ihn nur noch bei Palastpagen fand, und diesen Eindruck wollte er anscheinend auch erwecken. Gottfried konnte sich zwar selten mehr als zwei Anzüge im Jahr leisten, doch ließ er sie nach der Mode schneidern, aus gedeckten Stoffen und mit den Schößen auf einer Höhe über den Knien.

An einem Rundtisch, der wuchtig genug war, um fast alle anderen Möbel eingeschüchtert an die Wand zu drängen, saß ein Mädchen. Ihre Füße berührten mit den Zehen den Boden und sie wippte mit der Bewegungslust der jungen Jahre vor sich hin. Sie trug ein himmelblaues Kleid, das mit zahlreichen weißen Schleifen besetzt war, und Gottfried ahnte, wie sie nach diesen Schleifen gequengelt hatte, denn das kannte er von seiner eigenen Tochter.

Dies dort sollte also das Wunderkind sein, das man gegen einen Obolus sehen durfte?

Der mehrarmige Leuchter auf dem Tisch warf seinen Schein auf eine Frau, die in einem Winkel des Raumes saß. Ihr Kleid war in gewaltigen Schinkenärmeln aufgebläht, auf dem Schoß hielt sie eine Handarbeit, im Gesicht hatte sie ein versonnenes Lächeln, so wie man es von der Mutter eines Wunderkindes erwartete. Sie grüßte mit einem entrückten Augenaufschlag.

„Hier mein Herr, hier!" Louis warf Worte doppelt und dreifach wie Streufutter unter die Hühner. Er hatte eine einzelne Kerze zur Hand und ein Vergrößerungsglas. Beides reichte er Gottfried, denn wie die meisten Menschen hatte er den stillen Theodor schon vergessen. Louis erzählte in blumigen Worten die Geschichte seines Wunderkindes, die mehr und mehr seine eigene Geschichte wurde. Er reiste durch die großen Städte und über das Land, war wohl auch manches Mal zur Abreise aufgefordert worden, denn nicht jeder konnte dieses Naturwunder gutheißen.

Gottfried hörte aufmerksam zu, lauschte auf einen Hinweis, der eindeutig war. Durfte er sich zu erkennen geben? Diese Anzeige in der Zeitung – war nicht doch alles eine Falle der preußischen Polizei? Er nahm Vergrößerungsglas und Kerze entgegen und empfand es als unangenehm, dass der Messinggriff des Glases warm war von Louis' Fingern.

Das Mädchen sah mit gehobenen Augenbrauen zu ihm auf und er zauderte. Ob Betrug oder Wunder: Hatte sie denn je erklären können, ob sie so vorgeführt werden wollte? Sie sah ihm ohne Scheu entgegen, fast eher mit dem Übermut, von dem ein junges Gemüt befallen wurde, wenn es sich von Erwachsenen hofiert fand.

„Wenn es denn der jungen Dame recht ist!", sagte er. Solcherart angesprochen, drehte sich das Mädchen zum Licht.

„Leuchten Sie mit der Kerze nahe daran, nahe daran!" Louis führte seine Hand, aber Gottfried entzog sich der unaufgeforderten Berührung und Louis trat einen Schritt zurück. „Pardon, Pardon!"

Durch das Glas richtete Gottfried den Blick in das linke Auge des Mädchens. Das ins Gigantische Verzerrte des Auges ließ ihn zusammenzucken: Äderchen wie die Flussskizzen auf einer Landkarte, die Perlmuttwölbung des Augapfels, ein graublauer See darin, über den plötzlich der Wald der Wimpern hinwegrauschte – er glaubte gar, das Fegen zu hören. In dem grau-blauen See entdeckte er nun kleine Steinchen und Wellen. Sie formten Buchstaben, sie formten ein Wort. Die Wimpern putzten die Lettern rein. Gottfried konnte es in aller Deutlichkeit lesen, sprach es mit stummen Lippen, ungläubig und erleichtert. Rasch wechselte er zu dem anderen Auge. Dort entdeckte er sie gleich: die kleinen Sprenkel, die sich zu einem weiteren Wort verbinden ließen. Er vergewisserte sich noch einmal im linken Auge: Ja, dort stand der Name!

„Es ist wahr", sagte er und ahnte Louis' zufriedenen Blick. Gottfried wandte sich Theodor zu und reichte ihm Kerze und Lupe. Theodor nickte: Er war überzeugt, weil sein Freund es war. Nicht weil er leicht zu beeinflussen war, sondern weil es schwer war, seine Freundschaft zu erringen. Sein Blick in die Augen des Mädchens war kurz, fast eilig, als wäre jedes genaue Überprüfen eben ein Verrat an den Worten des Freundes. Dann richtete Theodor sich auf, nickte wiederum und sagte mit der Unumstößlichkeit eines Menschen, der selten sprach: „In ihren Augen steht geschrieben: *Napoléon empéreur*. Dies ist wahrlich ein gutes Omen!"

Theodor hatte also keinen Zweifel, dass dies ein wahrhaftiges Zeichen war, das ihnen gleichzeitig den Überbringer der Botschaft beglaubigen sollte. Nun mussten sie sich zu erkennen geben: dass sie nicht die Sensationslust hergeführt hatte.

Gottfried nahm die Lupe aus Theodors Hand und gab sie Louis, der ihm jedoch keinen Deut sympathischer geworden war. Es kostete ihn ein wenig Überwindung zu sagen: „Wohin wird Sie Ihre weitere Reise führen? Nach Mainz, München und Rastatt?"

Louis zuckte förmlich zusammen: „Ja, ja … nach Rastatt, gewiss, aber man sagte mir, dass ich an der bayerischen Grenze bis zu vier Tage warten muss."

„Man hat in Europa zu viele Grenzen mit Blut gezogen", entgegnete Gottfried. Louis griff in die Innentasche seines Rockes und zog ein gefaltetes Schreiben hervor. An den zerfaserten Kanten sah man, dass es schon lange herumgetragen wurde. Louis blickte unruhig. Gottfried öffnete das Papier. Es standen nur wenige Sätze in Französisch darauf: Es würde jemand bei ihm vorsprechen, nach einem Vokabelbuch Französisch-Deutsch fragen und nach einer deutschen Übersetzung von *Macbeth*. Von diesem Manne würden sie alles erfahren. Ein Zeitpunkt war nicht angegeben.

Gottfried war enttäuscht. Wieder eine Vertröstung. Ob die Sache nicht inzwischen in die Hände von Leuten geraten war, die am Heimlichtun mehr Gefallen hatten als an der Revolution?

„Wir danken Ihnen, Herr Louis, Ihnen und Ihrer Tochter." Er nickte zu dem Mädchen, das sich mit einem Blick bei der Mutter die Erlaubnis holte, vom Stuhl zu springen und sich zu einigen Spielsachen am Boden zu gesellen. „Und wir wünschen Ihnen eine erfolgreiche Reise." Er sah ihm in die Augen – ob das wirklich alles war, was Louis ihnen zu überbringen hatte? Wusste er überhaupt, was er da weitergab? Kümmerte es ihn?

Die Begegnung entließ Gottfried unbefriedigt.

Auf dem Weg vom Rhein hinauf schwiegen sie. Zwar folgte ihnen niemand, aber in diesen Gassen waren die Spitzel vieler Jahrhunderte tätig, die Wege waren mitunter so schmal, dass man mit beiden Händen eine Hauswand berühren konnte. Was hier gesagt wurde, drang bis in die obersten Räume dieser Häuser, die mit jedem Stockwerk breiter wurden, sodass sich die Giebel beinahe berührten.

Erst als sie den weiten und betriebsamen Heumarkt erreicht hatten, sprach Gottfried seine Bedenken aus: „Ich weiß nicht, was ich davon halten soll. Ich hatte erwartet, eine Anleitung zu finden, etwas, das wir tun sollen!"

„Es hängt alles von Koblenz ab." Es war Theodors Art, mitten aus einer Überlegung zu sprechen, an der kein anderer teilhatte, also fragte Gottfried: „Wieso Koblenz?"

„Mainz wird sich erheben, wir werden es tun – aber in Koblenz haben die Preußen die meisten Truppen. Wenn es in Koblenz ruhig bleibt, können sie ihre Regimenter gegen uns schicken."

In Theodors Kopf hatte der Kampf also schon begonnen. Gottfried dagegen hatte keine Vorstellung von dem, was kommen würde. Sie wichen einem voll beladenen Handkarren aus. Der Mann, der ihn schob, rief laut und immerzu: „Pass op, pass op, pass op ..."

„Aufruhr, Erhebung, Revolution." Gottfried sagte diese Worte nur zu sich selbst und dann zu Theodor: „Ich weiß nicht, wie das geht, Theo. Ich war fast zwei Jahre in der Armee, aber wie das geht, weiß ich nicht. Ich befürchte, sie ... ich weiß nicht einmal, wer *sie* sind! Besucher ohne Namen, Briefe ohne Unterschrift ... Ich fürchte, sie werden uns eines Tages sagen: ,Nun schlagt los!' Und ich wüsste nicht, was zu tun ist.

Die Maria kennt einige Leute in Belgien, sie hat mir vor einiger Zeit Briefe gezeigt ... Die belgischen Katholiken sind ebenso unzufrieden wie wir! Sie wollen sich mit den Liberalen zusammentun und einige von ihnen sprechen von einer belgisch-rheinischen Konföderation ..."

„Ich traue dieser Nonne nicht!", sagte Theodor, und das wusste Gottfried sehr wohl. „Sie hat uns bei Waterloo verraten, sie hat die Preußen in die Flanke unserer Armee geführt, sie ..."

„Theodor, sie ist bloß eine Nonne, was weiß sie von Flanken und Armeen?"

„Ihr Vater war Offizier, verdammt! Und sie hatten doch alle einen heiligen Krieg ausgerufen gegen uns! Sprich mit ihr niemals über die Dinge, die wir planen!"

„Theodor, was planen wir denn?"

Sie hatten den Waidmarkt erreicht, eine Gänseschar wackelte zwischen den Bachgräben über die Straße. Bevor der Platz sich wieder zur Severinstraße verengte, ging Theodor langsamer. Sie durften nicht stehen bleiben, das hätte die Wachen und Patrouillen misstrauisch gemacht.

„Als Erstes braucht es Waffen und Munition", sagte er. „Die Preußen haben reichlich davon, wir müssen es uns nur holen. Dann wird das Rathaus besetzt. Zu den Kasernen hin brauchen wir Barrikaden, und in den Kasernen brauchen wir Verbündete. Sie haben so viele von uns gezwungen, in ihrer Armee zu dienen – die werden nicht auf uns schießen."

Während dieser Worte sah Gottfried die Severinstraße hinunter. Ein Tuch wurde aus einem Fenster ausgeschüttelt, zwei Handwerksgesellen saßen auf einer jener Bänke, die vor vielen Kölner Häusern standen, und bissen hungrig von ihren Broten ab; in der freien Hand hielten sie den Rosenkranz und so, wie sie kauten, führten sie die Perlen durch die Hand; eine Horde Kinder spielte lärmend Fangen, ein Heringsweib pries seine Ware an – diese Leute sollten Barrikaden bauen und dem preußischen Militär trotzen, bis man ihnen erlaubte, über ihre Geschicke selbst zu bestimmen?

„Und wenn wir das Rathaus haben, was soll dann geschehen?", fragte er Theodor. „Wer soll in der Stadt bestimmen? Wer von uns weiß, wie man eine Stadt regiert?"

Theodor lächelte nachsichtig: „Wenn du auf eine Kuh aufpassen sollst, dann musst du auch nicht wissen, wie man zur Kuh wird. Halte ihren Strick, sorg dafür, dass sie Gras und Wasser hat und nimm dich vor ihren Hörnern in Acht. Den Rest besorgt die Natur."

„Und doch versteht sich ein Viehhändler oder ein Bauer besser drauf – wir brauchen jemanden, der Erfahrung hat mit allen Institutionen: mit dem Rat, mit dem Provinztag …"

„Und dem Narrentag?" So nannte man den Adelstag, den die Preußen im Rheinland eingerichtet hatten.

„Jemanden wie den Groote …"

„Den? Niemals!", rief Theodor aus, und ein Mann, der in der Tür seiner Werkstatt stand, sah zu ihnen herüber. „Der

Groote … der Herr *von* Groote war einer der Ersten in Köln, der in Berlin wieder um seinen Adel gebettelt hat! Und wenn man ihn nach Berlin rufen würde, damit er dem König die Nachttöpfe sauberleckt, würde er aus Dankbarkeit auf allen Vieren hinkriechen!"

„Theo … sei grad nicht so laut!" Sie waren unweit der Elendskirche, die seit Generationen unter dem Patronat der Familie von Groote stand. „Der Groote hat wohl seinen Sinn geändert. Du weißt doch, dass man seinen Bruder damals auf einer preußischen Wache übel misshandelt hat, ohne Grund …"

„Und der Groote hat es nicht gewagt, das anzuzeigen – warum? Weil er den *Code Napoléon* gegen den preußischen König und seine Schergen hätte anwenden lassen müssen! Lieber lässt er seinen Bruder prügeln wie einen Hund, statt sich unter den Schutz eines französischen Gesetzes zu stellen!"

Gottfried sah sich um. Man war auf sie aufmerksam geworden und er warnte Theodor mit einer Geste. Aber Theodor, der selten aus seinem Schweigen auftauchte, schien diesen Moment nutzen zu wollen, in dem er seine Sprache wiedergefunden hatte: „Solche Leute jagen wir als Erstes aus der Stadt! Die Grootes und DuMonts, die Wittgensteins, den Wallraf – der bildet sich doch heute noch etwas drauf ein, dass er den Eid auf die Republik verweigert hat, und während es um die Menschenrechte ging, hat er verstaubten Altarbildern nachgeweint! Der würde …"

Gottfried legte seine Hand an den Arm seines Freundes: „Theo, der Wallraf ist doch schon vor Jahren gestorben. Wir haben auch am Leichenzug gestanden, wie beinahe die ganze Stadt."

Wie aus einem Traum erwacht sah Theodor seinen Freund einen Moment an. Dann sanken seine Arme herab, sein Blick ging ins Nichts, sein Gesicht war leer wie abgestorbenes Geäst. „Das weiß ich doch. Aber manche macht es eben nicht besser, wenn sie tot sind." Dann ging er wortlos weiter, so, als müsste er sich auf einem im Sturm schlingernden Schiff jeden Schritt erkämpfen.

Gottfried erwiderte einen Gruß, Theodor grüßte man nicht. Gottfried schloss wieder zu seinem Freund auf. „Wir sollten nichts Übereiltes tun", sagte er, „sondern auf diesen Mann warten. Du hast recht: Wenn die anderen Städte sich nicht erheben, sind wir verloren. Es braucht jemanden, der alles zusammenbringt …"

„Ja, lass uns abwarten … abwarten." Es klang spöttisch und müde.

Gottfried fand es an der Zeit, das Thema zu wechseln: „Geht es dem Johann wieder gut?"

„Ja. Gibt nächste Woche auch wieder Arbeit für uns. Sie brauchen noch Maurer am neuen Theater in der Komödienstraße."

„Ich werde heute Abend noch einmal bei euch vorbeischauen", sagte Gottfried, doch Theodor hatte den Weg in den Karthäuserhof schon eingeschlagen und antwortete nichts. Er sah seinen Freund zwischen den Gestellen verschwinden, auf denen die Färber ihre Wolle ausgelegt hatten. Theodor sah sehr grau aus zwischen dem Rot und dem Blau, die Farben schienen ihn aufzufressen. Gottfried nahm unwillkürlich seinen Hut ab, weil das Leben seines Freundes ein Leichenzug war. Wie sollten aus den Leichenwagen Barrikaden werden, wie aus den Leichentüchern Fahnen, wie aus dem Requiem eine Hymne? Hatte er seinen Freund verraten, wenn er fürchtete, dass aus dem Aufstand unweigerlich ein Leichenzug werden würde?

Eine preußische Patrouille holte ihn aus den Gedanken: Er stand dort mit dem Hut in der Hand, also verhielt er sich verdächtig. Rasch setzte er seine Kopfbedeckung auf und ging weiter. Wie immer, wenn er mit seinen Gedanken nicht ins Reine kam, hatte er das Bedürfnis, mit Maria zu sprechen.

9

„Als ich noch ein Kind war, war ich fest davon überzeugt, dass Gott durch mich Wunder wirken würde. Ich würde weiter gar nichts dazu tun müssen: Die Leute mussten mich nur anschauen und schon war ihre Seele auf eine Weise berührt, die sie näher zu Gott führen würde, fort von ihren Sünden, ihren Zweifeln und ihren Ängsten. Den Tag meines Klostereintritts erwartete ich daher mit Ungeduld. Ich war siebzehn, als ich im Kloster St. Anna in Coesfeld aufgenommen wurde."

Maria hatte sich auf Claras Bitte einen Stuhl an das Bett der Kranken geholt und sich zu ihr gesetzt. Nun sah sie Clara von Pregnitz an, dass sie sich zu erinnern suchte, was sie mit sechzehn Jahren getan, geträumt, gehofft hatte. Ihr fades Lächeln verriet nicht viel, außer der Erinnerung an die verlorene Gesundheit.

Vielleicht war es die Beschäftigung mit Pflanzen und Mineralien, die Maria mit der Idee vertraut gemacht hatte, dass jedes Ding ein Verhältnis zu seiner natürlichen Bestimmung hatte. Mit den Menschen verhielt es sich nicht anders. Und so wie ein Ding zerbrechen konnte, wenn es unsachgemäß benutzt wurde, so konnten auch Menschen daran zugrunde gehen, wenn sie ihre Zweckmäßigkeit im Leben verloren hatten. Schon nach einem kurzen Wortwechsel hatte Maria gewusst, dass die körperlichen Beschwerden von Clara von Pregnitz ein Ausdruck ihrer Gemütsverfassung waren – einer Verfassung, in der sich viele Frauen befanden, die ihre Kinder geboren hatten und nun als Mütter nicht mehr gebraucht wurden. Welche Bestimmung sollte fortan ihr Leben haben?

Es hatte Maria daher nicht gewundert, dass Clara nach ihrem Weg ins Kloster gefragt hatte. Sie hatte die Frage mit der Fürsorge beantwortet, die Kranken zustand, doch nun kam Maria auf das Ergebnis ihrer kurzen Untersuchung zu sprechen: „Ihr

Herz ist sehr schwach. Haben Sie in letzter Zeit eine Erkrankung erlitten, die Ihr Herz geschwächt haben könnte?"

Claras Blick weilte immer noch in der Vergangenheit. Sie schüttelte den Kopf.

„Dann haben Ihnen die Ärzte gesagt, dass es vermutlich ein angeborenes Leiden ist, das nun zum Ausbruch gekommen ist?"

Clara nickte, wie ein Mädchen, das darin versagt hatte, eine scheinbar doch so einfache Aufgabe zu erfüllen: sich einen gesunden Körper zu bewahren.

„Ich werde Ihnen ein stärkendes Tonikum bringen lassen. Die Melisse wird schon in den ältesten Quellen als herzstärkend beschrieben. Im Volksmund trägt sie daher auch die Bezeichnung *Herztrost*. Sie trinken davon dreimal am Tag in warmem Wasser." Maria beugte sich zu ihrer Tasche und schloss sie.

„Haben Sie es denn niemals bereut?", fragte Clara hastig.

„Was?", fragte Maria innehaltend.

„Ins Kloster zu gehen? Sie waren so jung … Man hat doch viele Schwärmereien in dem Alter. Wie töricht kommt uns manches später vor!"

Maria durchschaute wohl, dass Clara ein Band zwischen ihnen zu knüpfen versuchte, indem sie ihnen beiden jugendliche Unbesonnenheit unterstellte. Warum aber wollte sie dieses Band?

„Es tut mir leid, wenn ich Sie gekränkt haben sollte", sagte Clara scheu, als sie Marias Zögern bemerkte.

„Sie haben mich nicht beleidigt. Ja, ich war damals sehr jung und heute bin ich über fünfzig. Wenn ich in all den Jahren nichts zu bereuen gehabt hätte, wäre ich wohl eine Lügnerin. Und ja: Es war eine Schwärmerei. Ich hatte in meiner Kammer daheim gerahmte Bilder von Heiligen, so wie sie in der Heimat meines Vaters, in Tirol, hergestellt wurden. Ich übte mich in den Posen." Maria faltete die Hände und legte den Kopf schräg, richtete den Blick zum Himmel.

Clara ließ ein Lachen hören, das einem ungeschickten Husten glich.

„Und meine Mitschwestern waren mir in den ersten Jahren nur Kulisse für meine Auserwähltheit. Ich war überzeugt, dass die Gottesmutter ihre Gebete nur aus Güte erhörte, meine dagegen, weil sie etwas mit mir vorhatte." Das letzte Wort ließ Maria über ihrer Zuhörerin schweben, denn auch diese Frau hatte eine Absicht, die sie noch nicht enthüllt hatte.

Clara von Pregnitz erwiderte den Blick nicht, aber die Art, wie sie das tat, zeigte Maria, dass sie mit ihrer Vermutung recht hatte. Warum war sie tatsächlich gerufen worden? Ihr Gegenüber wartete auf den Punkt in ihrer Geschichte, der ihrem Anliegen die Tür öffnete, also fuhr Maria fort: „Aber die Gottesmutter offenbarte mir keine Visionen. Stattdessen lernte ich im Kot der Kranken zu lesen. Und der Erzengel kam auch nicht zu mir, stattdessen kam die Revolution. Wir hörten all diese furchtbaren Geschichten darüber, was den Schwestern unseres Ordens in Frankreich widerfahren war. Einigen gelang die Flucht zu uns und die Abscheulichkeiten, von denen sie uns berichteten, versetzten uns in große Angst. Sie müssen wissen, ich gehörte dem Orden der Annunziatinnen an. Dieser Orden wurde von einer Königin von Frankreich gegründet, die von ihrem Mann wegen Kinderlosigkeit verstoßen wurde. Es waren stets Töchter des Adels, die in diesen Orden aufgenommen wurden. Sie können sich denken, dass der Hass der Revolutionäre groß war auf solche Klostergemeinschaften, die von den ererbten Landtiteln lebten …"

„Und Ihr Kloster wurde auch aufgelöst?" Claras Stimme war fiebrig in Erwartung einer Schreckensgeschichte.

„Ja, unser Kloster wurde aufgelöst, aber es waren nicht die Wüteriche der Revolution, die uns ausraubten oder in Buhlschaften zwangen. Es war eine gute christliche Gräfin, die uns vertrieb, nämlich Fürstin Fredericke Salm zu Coesfeld. Unser Kloster lag neben ihrem Schloss, sie suchte die Hochämter auf. Wir haben für das Seelenheil ihrer Vorfahren gebetet, unsere

Äbtissin unterhielt mit ihr eben jenen Austausch gelehrter Frauen – und eines Tages offenbarte uns die Rheingräfin, dass unsere Ländereien durch einen fernen Vertragsschluss ihr zugefallen seien und wir unser Haus verlassen mussten. Sie sagte uns ein Wirtschaftsgeld zu, aber ich musste ihr immer wieder Briefe schreiben, um sie daran zu erinnern.

Sie sehen Madame: Es war zwar der Sturm der Revolution, der den Baum geschüttelt hat, aber die Früchte wurden von denen eingesammelt, die sich zugleich laut über den Sturm beklagten."

„Sie haben es also erlebt ... *erlitten*, dass Menschen ihre Treue zur Kirche verraten ... allein um einen weltlichen Vorteil zu gewinnen. Die Gräfin wurde mächtiger, Sie wurden heimatlos. War Ihnen denn nicht zumute ..." Clara schöpfte nach Worten und nach Atem. „War Ihnen nicht zumute, als ob Gott, dem Sie Ihr Leben weihen wollten, Sie zurückgewiesen hätte?"

Die Frage, die so naheliegend war, ließ Maria lächeln. „Wenn man Ihnen gesagt hat, dass in einer Kammer ein bedeutender Schatz liegt, und Sie probieren erfolglos den Schlüssel – würden Sie sich dann sagen, dass es wohl keinen Schatz gibt? Oder würden Sie davon ausgehen, dass es der falsche Schlüssel war? Ich habe immer daran geglaubt, dass das, was Gott für uns bestimmt hat, ein besonderer Schatz ist. Und ich sagte mir, dass ich eben einen anderen Schlüssel suchen muss."

Clara von Pregnitz erwiderte nichts. Sie schien auf ihrem Bett dahinzutreiben, saß auf einer weißen Barke, die über ein Meer von unbeantworteten Fragen trieb. Es war ein sehr stilles Wasser, nicht die aufgewühlte See der großen Schicksalsschläge, sondern das ruhige Gewässer all jener Selbstverständlichkeiten, die man nie hinterfragt hatte. Nun aber, da die Krankheit es ihr unmöglich machte, das Ruder zu halten, musste sie sich fragen, wohin die Kräfte sie führten, denen sie ausgeliefert war.

„Und wo haben Sie ihn gesucht, den Schlüssel?", fragte sie endlich.

„Im Gebet, in den Krankenbetten, in Kräutergärten, auf Schlachtfeldern, im Destillierkolben."

„Und wo haben Sie ihn gefunden?"

„Es ist offensichtlich ein Schlüssel, den das Leben erst schmieden musste. Inzwischen passt er."

„Und in der Liebe? In der Liebe zu einem Mann oder zu den eigenen Kindern?"

„Das sind doch auch nur Menschen, die auf der Suche nach ihrem Schlüssel sind. Was uns mit ihnen verbindet, ist die Angst vor der Einsamkeit. Wir möchten das für Liebe halten, aber eine Liebe, die aus der Angst geboren wird, kann uns nicht befreien, kann uns nicht erlösen. Sie ist nicht der Schatz, sondern Katzengold."

„Sie sind sehr streng zu der Liebe. Hat es denn in Ihren Jahren nach dem Kloster nie einen Moment gegeben ... einen Menschen, einen Mann ... eine Sehnsucht?" In Claras Augen flackerte es von Verlegenheit und Wissbegierde.

„Madame, ich war Helferin in Kriegshospitälern. Ich weiß wohl mehr über den männlichen Körper als eine Mutter von zehn Kindern. Und natürlich hat es auch den ein oder anderen gegeben, der aus Dankbarkeit für seine Genesung glaubte, für mich entflammt zu sein. Ich könnte heute ein Schneiderweib in Coburg sein, eine Spezereienhändlerin in Marseille oder ein Buchhändlerweib in Köln. Ich würde das Glück haben, das zwei Menschen einander bereiten, wenn sie es gut miteinander meinen. Aber es würde wohl kein Tag vergehen, an dem ich mir nicht sagen müsste, dass ich es aufgegeben habe, nach dem Schlüssel zu suchen."

„Und wenn aber dieser andere Mensch der Schlüssel ist?"

„Madame, Menschen werden alt und krank und sterben. Haben Sie schon einmal einen Schlüssel gesehen, der alt wird oder krank und stirbt? Eine Liebe, die nicht an einen Menschen gebunden ist, ein Glaube, der nicht durch ein Flugblatt entsteht, und eine Hoffnung, die nicht an der nächsten Ernte hängt – nur diese Dinge können uns zu dem Schatz führen, den die Motten nicht fressen."

„Waren Sie sich dieser Dinge immer schon so sicher?"

„Nein. Ich wusste nur vom ersten Tag an, dass das Kloster für mich kein Verzicht ist. Es ist sehr viel Freiheit in einer Klosterzelle. Aber das würden eben nicht alle so empfinden. Unser Schöpfer wird sich etwas dabei gedacht haben, wenn er uns mit unterschiedlichen Bedürfnissen in die Welt geschickt hat."

Clara von Pregnitz blickte vor sich, als würde sie dort alle die Worte noch einmal geschrieben sehen. Dann sagte sie: „Sie sprechen von Bestimmung und Freiheit. Sind das nicht Dinge, die sich ausschließen? Worin besteht unsere Freiheit, wenn Gott für uns einen Plan hat?"

„Hat man Ihnen Digitalis aufgeschrieben?", fragte Maria und Clara nickte verhalten. „Mit der Dosis, die Sie einnehmen sollen, könnte man einen gesunden Menschen töten. Das gilt für zahlreiche Wirkstoffe. Mit der Freiheit ist es nicht anders. In der einen Form ist sie ein Segen, in der anderen tödlich. Die preußische Regierung nimmt für sich in Anspruch, das Rheinland vom französischen Joch befreit zu haben. Die Rheinländer dagegen sehen das Preußentum als das Gift an, das ihnen schleichend verabreicht wird und an dem sie zugrunde gehen werden."

Bei diesen Worten zuckte Clara sichtbar zusammen und sah Maria mit verschreckten Augen an. „Sehen Sie das auch so?"

Maria war gewarnt. Immerhin sprach sie mit der Ehefrau des stellvertretenden Festungsingenieurs. „Madame, auf die bedeutenden Beamtenposten lässt man nur Protestanten; Ihr König gibt Anweisung, die Genehmigungen für Prozessionen einzuschränken und die Wallfahrt nach Kevelaer wird verboten; die Kölner Kinder werden gezwungen, in Schulen zu gehen, in denen man ihnen erzählt, dass alles Katholische rückständig und dumm sei; in den gemischten Ehen wird die Religion des Vaters bevorzugt – welche ist das wohl, da man uns Hunderte von Beamten und Militärs aus Berlin schickt?" Maria beugte sich vor, denn plötzlich sah sie auch einen Vorteil darin, dass Clara eine Zuträgerin sein konnte: „Und unsere jungen Männer zwingt man ins Militär und dort gibt man ihnen keinen katholischen Beistand. Sie müssen den protestantischen Gottesdienst aufsuchen, um sie, wie es aus Berlin heißt, *an die nötige Achtung für die Hauptreligion des Landes zu gewöhnen.*"

„Aber …" Rote Glut stieg in Claras Wangen auf. „Der König hat so viel für Köln getan! Hat den Sitz des Erzbischofs wieder hierher verlegen lassen und er unterstützt den Fertigbau des Doms …"

„Um den Preußenadler obendrauf zu setzen. Es gäbe keine größere Demütigung für die Kölner, als zu erleben, wie ihr Gotteshaus zu einer Festung des Germanentums verkommt."

„Aber … aber … Wir sind doch alle Deutsche."

Maria nahm ihre Tasche vom Boden auf: „Madame: Mein Vater war Tiroler, ich bin in Brüssel geboren und gehörte einem französischen Orden an, während ich in Westfalen lebte, und nun wohne ich in Köln, das vor fünfzehn Jahren noch französisch war."

„Dann ist es also wahr …" Clara schöpfte Atem, als hätte sie einen Berg erklommen. „Man hasst uns hier … wir sind in Gefahr …"

„Sie haben viele Tausend Soldaten hier und Arsenale angefüllt mit Waffen – wer ist wohl in Gefahr?" Maria erhob sich. „Es tut mir leid, Sie enttäuscht zu haben, falls Sie von mir hören wollten, dass man für Ihre Anwesenheit hier dankbar ist. Vielleicht ist es Ihnen aber ein Trost, dass Ihnen alle Wertschätzung gebührt für ein Gemüt, das die Feinheit besitzt, derart einfühlend zu sein."

„Es ist ein Fluch, einfühlend zu sein!", rief Clara mit erstickter Stimme aus. „Es hat mich krank gemacht! Ich habe Angst vor dem Tod und ich fürchte mich vor dem Leben. – Gibt es denn sonst nichts?" Sie fasste Marias Ärmel und ihr Griff war überraschend fest. „Ich habe gehört, dass es etwas anderes gibt. Sie kennen sich mit Pflanzen aus, heißt es. Das Opium wird doch auch aus einer Pflanze gewonnen?"

Das war es also.

Maria drehte ihre Hand so, dass sie Claras halten konnte. Sie drückte sehr fest zu, als sie erzählte: „Es stand einmal eine Frau am Rhein und rief: Helft mir! Mein Kind ist hineingestürzt, es ertrinkt! – Ein Mann, der vorüberkam, packte sie und warf sie ebenfalls hinein. Ein anderer Mann wollte wissen, warum er das getan hatte, darauf sagte der erste Mann: ‚Nun muss sie keine Angst mehr um ihr Kind haben.‘ Das ist es, was das Opium macht." Maria ließ die Hand los.

Clara sah sie an, Furcht und Verwirrung in den Augen: „Wann haben Sie Ihr Mitleid verloren?"

„Ich habe es nicht verloren, Madame. Ich habe es gegen die Hoffnung getauscht."

„Können Sie meiner Frau helfen?" Pregnitz stand am Kamin, den Ellenbogen auf den Sims gelehnt, ein Buch in der Hand. Er hob den Blick nicht.

Maria war in der Mitte des Raumes stehen geblieben, Pregnitz hatte ihr keinen Stuhl angeboten. „Sie ist bei den Ärzten in guten Händen. Mehr kann ich auch nicht für sie tun."

„Ah." Galt der Kommentar dem, was er in dem Buch las, oder Marias Worten? „Und wenn meine Frau konvertieren würde, könnten Sie ihr dann helfen?"

Falls Pregnitz beabsichtigt hatte, sie mit dieser Frage zu verunsichern, war er an die Falsche geraten. Maria schätzte, dass sie etwa zwanzig Jahre älter war als Pregnitz. Sie besaß viel mehr Lebenserfahrung, die sie nun als Ratgeber gegen Leute wie ihn nutzen konnte.

„Ihre Frau wäre dann womöglich empfänglicher für den seelischen Trost, den ich ihr spenden kann."

„Dann würden Sie ihr also empfehlen zu konvertieren?"

„Ich befürchte, sie hat sich zu sehr an die Angst gewöhnt, als dass ein Wechsel des Bekenntnisses da Abhilfe schaffen könnte."

„Ei, wovor hat sie denn Angst?"

„Das sollten Sie Ihre Frau selbst fragen."

Pregnitz schlug das Buch zu und sah sie an. „Schwester, ich habe gehört, dass Sie sich um die neuerliche Approbation Ihres Melissengeistes bemühen und daraus eine Marke schaffen wollen? Das Unternehmen liegt Ihnen sehr am Herzen, nicht wahr? Und mir liegt meine Frau am Herzen. Eine gleichsam wundersame Stärkung meiner Frau durch Ihren Trank würde in einem Bericht nach Berlin sicherlich Eindruck machen."

„Ich habe Ihrer Frau den Trank bereits empfohlen. Bei dem schlechten Zustand ihres Herzens lässt sich jedoch kaum mehr als eine leichte Linderung erwarten. Alles andere liegt in Gottes Hand."

„In aller Bescheidenheit: Die Berichte nach Berlin kommen immer noch aus meiner Hand. Daher bestimme ich auch, was darinsteht." Er sah auf die Hand, die das Buch hielt. Er liebte es, seine Hände anzusehen. „Immerzu fragt man in Berlin, ob man es in den Rheinländern nun mit treuen Untertanen zu tun hat oder mit der *vermaledeiten Pfaffenbrut* – Verzeihung! –, von der unser Feldmarschall Blücher spricht. Es gibt Gerüchte über ein Netzwerk, das über Aachen nach Brüssel und natürlich nach Paris geht. Ein Netzwerk von Liberalen und Katholiken."

Er ließ die Worte einen Moment im Raum schweben. Maria ließ sich jedoch auch davon nicht beunruhigen. Es überraschte sie nicht, dass offenbar ihre Post gelesen wurde. Sie hatte sich nichts vorzuwerfen. In ihren Briefen hatte sie sich nur zu einem theologischen Streit geäußert, der um den Bonner Professor Hermes schwelte.

„Genügt ein Funke aus Paris, und es kommt zur Explosion?" Pregnitz sah sie wieder an. „Es wäre der Ruhe in dieser Stadt sehr zuträglich, wenn Sie mir ehrlich und unmittelbar berichten würden, was Ihnen zu Ohren kommt."

„Monsieur, für diese Zwecke hat der Herr Struensee doch sicher die erfahreneren Leute."

„Halunken allesamt – und Struensee ist der größte unter ihnen. Wenn es nach ihm ginge, würde er planlos alle Liberalen,

Bonapartisten und Papisten verhaften und damit nichts weiter als Märtyrer schaffen. Ich will ihn loswerden und mache mich damit gerne zum Helden des Kölner Pöbels. Wollen Sie mir dabei nicht helfen? Wir haben ein gemeinsames Interesse!"

„Das glaube ich nicht. Ich bin nur eine einfache, alte Nonne …"

„Ach, kommen Sie!", rief Pregnitz aus, die Hände zum Himmel gehoben. „Das können Sie Ihrem greisen Beichtvater erzählen! Sie pflegen Umgang mit Leuten, die Struensee als ‚äußerst verdächtige Bonapartisten' führt. Das Wohlwollen, das Sie sich bei Waterloo erwirkt haben, hält nicht endlos!"

„Sie schlagen mir also einen Handel vor? Ich werde Ihre Zuträgerin und Sie empfehlen mich und mein Unternehmen den zuständigen Ministern? Und sollte ich mich weigern, gehöre ich also zu der Verschwörerbande, der Struensee das Handwerk legen will? Soll ich dann verhaftet werden? Aber damit hätten Sie ja genau die Märtyrerin, die Ihnen alles verderben könnte! Eine Symbolfigur des rheinisch-katholischen Widerstandes! Werter Herr von Pregnitz: Ich will nur ein gutes Heilmittel auf den Markt bringen, das den Armen hilft. Mein Melissenwasser verkauft sich auch ohne Segen aus Berlin. Womit wollen Sie mir also drohen?"

Um Pregnitz Lippen schwebte ein unansehnliches Lächeln: „Wovor haben Sie denn Angst?"

Diesem Mann gegenüber musste man alle erdenkliche Vorsicht walten lassen. Maria nahm sich vor, ihm künftig aus dem Weg zu gehen. „Davor, dass diejenigen, die mir übelwollen, das herausfinden."

Pregnitz lachte auf und öffnete das Buch wieder. „Ich kann Ihnen sagen, wovor Sie Angst haben: Sollte es zum Aufstand in Köln kommen, wie wird die Sache wohl ausgehen? Wissen Sie, wie viele Leute wir hier unter Waffen haben?"

„Viele von denen sind Rheinländer!"

„Oh, die preußischen Kasernen haben noch aus jedem einen Preußen gemacht! – Wollen Sie es auf solch ein Blutbad ankommen lassen? Es sind Ihre Schützlinge, die darin sterben würden! Und Sie sind nun einmal den Schwächeren zugeneigt. Etwas, das mir immer fremd war, und etwas, das man in Preußen nicht pflegt – wäre es sonst so siegreich und so mächtig?"

„Und damit wäre auch beantwortet, wovor Ihre Frau Angst hat!"

„Was meine Frau noch an Kraft und Haltung besitzt, verdankt sie ihrer Erziehung. Und ich bin mir sicher, dass Sie in dieser Angelegenheit die richtige Entscheidung treffen werden. Beten Sie ein wenig um gute Führung!" Er deutete mit dem Buch auf den Tisch. „Das genügt wohl als Bezahlung für Ihr Kommen?"

„Spenden Sie es der Wohlfahrt!"

„Der evangelischen oder der katholischen?"

„Den Armen!"

„Der katholischen also."

„Und da fragen Sie mich, ob hier ein Aufstand droht!" Mit diesen Worten verließ Maria den Raum.

Pregnitz ließ den Buchdeckel ein wenig auf und ab wippen. Sie war nicht so einfach ins Glas zu bekommen, diese Nonne.

10

„Pff!" Obwohl niemand außer ihm in der Dienststube anwesend war, ließ Struensee diesen verächtlichen Laut hören. Jemand hatte einem seiner Spitzel eine Nachricht zugesteckt. In säuberlichen Worten stand dort geschrieben: „Ich erlaube mir, den geschätzten preußischen Behörden Kenntnis davon zu geben, dass die ehemalige Nonne Maria Clementine Martin sich in allerlei fragwürdige Vorhaben ergeht, die nicht im Einklange mit den preußischen Gesetzen sind. Man sollte sie in ihrem Tun streng überwachen und wird so manches gegen sie vorzubringen finden."

Er hatte diese Überwachung längst angeordnet und so las er diese anonyme Anzeige wie eine Verhöhnung. Als stünde zwischen den Zeilen geschrieben: Jaja, diese Klosterfrau steht sich gut mit allerlei Pfaffen, die aufrührerische Schriften in ihren Pulten horten und sie im Beichtstuhl weiterreichen, aber wir sagen euch nicht, wann und wo das geschieht! – Es war doch auffällig, dass dieser anonyme Zettel seinen Weg zu ihm, dem Polizeipräsidenten, just zu dem Zeitpunkt fand, da es hieß, die alte Nonne wolle in das *Eau-de-Cologne*-Geschäft in großer Manier einsteigen. Da war es ja nicht schwierig zu folgern, wer hinter solch einer Nachricht steckte! Er warf sie unmutig auf den Schreibtisch.

Er würde ihren Briefverkehr strenger überwachen lassen. Vor allem den nach Aachen und nach Belgien, dort gärte es. Und falls sie Briefe nach Bayern schickte, zu Joseph Görres, diesem Querulanten, dann wollte er es wissen. Görres, er einmal mit seinem *Rheinischen Merkur* solch ein nützlicher Handlanger für die preußische Regierung gewesen war und der aus irgendeinem Sinneswandel heraus plötzlich von den Errungenschaften der Revolution schrieb – man hatte ihn vom preußischen Hoheitsgebiet vertrieben, er hatte Unterschlupf beim König von Bayern gefunden, der seinen Anspruch auf das katholische Rheinland – und dazu gehörte Köln nun einmal – nicht aufgegeben hatte. Und plötzlich war dieser Görres der Frommste unter den Katholiken und machte sich zur Speerspitze der antipreußischen Agitation. Seine Schriften waren in der preußischen Rheinprovinz verboten. Ob diese Ordensfrau nicht dafür sorgte, dass die Druckbögen dennoch unter die Leute kamen? Ihr Handel mit Kölnisch Wasser, Räuberessig und Melissengeist eignete sich doch bestens dazu!

Struensee griff zur Feder und machte sich eine Notiz. Hausdurchsuchung. Diese Leute sollten wissen, dass man sie im Auge behielt. Er konnte jede Form der Überwachung und der

Verhaftung anordnen. Die Rheinländer mochten sich an ihr französisches Recht klammern, aber deswegen hatte der Polizeiminister von Wittgenstein darauf beharrt, dass ein Alt-Preuße wie er auf den Posten des Polizeipräsidenten kam.

Die königliche Verfügung, die das bestimmte, war seinerzeit ausgehängt worden, und irgendwelche Umstürzler hatten über das Kürzel „F.W.R", was für „Friederich Wilhelm Rex" stand, gekritzelt: „Fremde Werden Regieren." In der Beamtenschaft war man geneigt, dies als einen Scherz zu sehen. Er hatte ihnen deutlich gemacht, dass er die Verfügung zur Disziplinierung der Beamten mit aller Macht durchsetzen würde, denn nur dann konnten die Beamten das Volk disziplinieren. *„Pressfreiheit darf nicht in Pressfrechheit ausarten"* war sein Motto.

Struensee griff wahllos nach einigen Meldungen und Papieren, die auf seinem Tisch lagen. Als er nach Köln gekommen war, hatten viele ihn gefragt, ob er mit *jenem* Struensee verwandt war, der für einen der größten Skandale im vorangegangen Jahrhundert gesorgt hatte; ein Skandal, in dem viele das Wetterleuchten der großen Revolution sahen. Dieser Struensee kam als Leibarzt des kränklichen Königs an den dänischen Hof. Er wurde zum Vertrauten des Regenten und zum Geliebten der Königin. Er nutze – missbrauchte – seinen Einfluss auf den wankelmütigen König, um die Leibeigenschaft abzuschaffen und den Adel um seine Privilegien zu bringen. Aber der Adel wehrte sich: Struensee wurde hingerichtet. Dieser Struensee war sein Onkel gewesen. Ihm schien daher, dass man in der Kölner Bürgerschaft eine gewisse liberale Erwartung an ihn hegte, umso erpichter war er darauf, diese Erwartung, die für ihn eine Unterstellung war, zu zerstören.

Er glaubte an die Vorsehung. Und seit diese Nonne von sich reden machte, sah er seine Aufgabe sehr deutlich, denn es gab eine sonderbare Verbindung zwischen der Geschichte seiner Vorfahren und dem Lebensweg dieser Frau: Sein Onkel war durch den Grafen von Rantzau an den dänischen Hof empfohlen worden. Eine Vorfahrin dieses Grafen war zum Katholizismus übergetreten und hatte den Orden der Annunziatinnen nach Deutschland geholt. In das Kloster dieser Ordensgemeinschaft bei Coesfeld war die de Martin als junge Frau eingetreten. Er empfand also nicht nur von Amts wegen eine Zuständigkeit für die umtriebige Nonne.

Wenn es bei dieser Nonne etwas Subversives zu finden gab, und dessen war Struensee sich sicher, so würde das zweifellos zu einem größeren Netzwerk der Verschwörung führen. Dessen Aufdeckung sollte sein Erfolg sein! Der Pregnitz würde ihm nicht zuvorkommen! Er würde seine eigenen Spitzel auf die Nonne ansetzen, auf sie und ihre Freunde. Man sah sie oft mit napoleonischen Veteranen. Einer davon war obendrein noch Buchhändler – da lag es doch auf der Hand, dass die gemeinsame Sache machten in der Verbreitung verbotener Schriften!

Und dann hatte man sie in letzter Zeit öfter im Haus dieses Maurers gesehen, der in Schänken dadurch auffiel, dass er von einem unabhängigen Rheinland sprach, das unter Frankreichs Schutz stehen sollte. Hatte er den Namen dieses Burschen nicht noch in einem anderen Papier gelesen? Struensee blätterte. Da war die Liste des Armenvaters, der für die Severinstraße zuständig war: von Groote. Bei den Arbeitsscheuen zählte er diesen Maurer auf.

Struensee gab einen zufriedenen Laut von sich. Von Pregnitz hatte ihn aufgefordert, für den Festungsbau zwangsweise einige Dutzend Maurer zu verpflichten. So konnte er zwei Fliegen mit einer Klappe schlagen: Wenn einer arbeitsscheu war, kam er schnell auf dumme Gedanken, vor allem, wenn eine katholische Eiferin bei ihm ein und aus ging. Struensee tunkte die Feder und setzte den Namen Theodor Greven auf die Liste der Arbeiter. Beim Festungsbau würde man ihm seine Grillen schon austreiben.

Dieses Land mochte durchsetzt sein von katholischem Aberglauben, Napoleon-Nostalgie und Leichtlebigkeit – er hatte die beiden wichtigsten Mittel dagegen in der Hand: die Polizei und die Zensur.

11

Der Polizist zog ein Buch aus dem Regal und ein anderes kippte in die Lücke, als wäre es erleichtert, endlich mehr Platz zu haben. Der Mann blätterte darin und reichte es an seinen Vorgesetzten, der in der Mitte des Raumes stehen geblieben war. Sie waren in Zivil gekommen, wahrscheinlich um zu vermeiden, dass die Kinderhorden, die in allen Stadtvierteln für den lärmenden Fluss von Neuigkeiten sorgten, Gottfried eine Warnung in seine Buchhandlung schrien.

Er stand an einem Pult, das jede Bewegung im Raum mit einem Knacken oder Knarren begleitete. In seiner Hand hielt er den Rosenkranz und fand Beruhigung in der Bewegung der Perlen. Vor ihm lag eine jener Gedichtsammlungen, die aus unzähligen anderen Büchern zusammengetragen worden war, ein schlechtes Druckbild hatte und jene Erbaulichkeit bot, die in Bürgerstuben gefragt war. Gottfried blätterte darin, um seinen ungebetenen Besuchern zu zeigen, dass ihre Anwesenheit ihn nicht aus der Ruhe brachte. Sie würden in diesen Regalen nichts finden, was man ihm zum Vorwurf machen konnte.

Hinten im Hof gab es einen Schweinekoben und in der Hausmauer dahinter war ein versteckter Hohlraum. Dort lagen in Wachstuch eingeschlagen Weitzels Übersetzung des *Memorial* von St. Helena und seine „Denkschrift von Napoleon Bonaparte und dessen Ansicht der gegenwärtigen Weltlage". Dort lag Franz von Lamezans Streitschrift für ein unabhängiges Rheinland, die dieser vor fünfzehn Jahren verfasst hatte, woraufhin er aus dem Land hatte fliehen müssen. Es lagen dort die Nachdrucke einiger Artikel von Adolphe Thiers, dem Pariser Redakteur und Gegner der Restauration, und einige weitere verbotene Schriften wie die von Louis de Potter. Er kämpfte für die Loslösung des katholischen Belgiens vom protestantischen Holland. Der Kampf der Belgier glich dem der Rheinländer, und in den Gesprächen mit Maria hatte er bemerkt, dass es sie mehr beschäftigte, als sie zugeben wollte. Sie hatte den ein oder anderen seiner Briefe nach Aachen weitergeleitet. Von dort sollten sie nach Belgien gehen. Aber er hatte nie eine Antwort erhalten. Es hatte ihn auch niemand in der Buchhandlung aufgesucht und die Parole genannt.

Die Hausdurchsuchung durch die Polizei wirkte auf Gottfried fast schon ermutigend. Offenbar waren sie beunruhigt. Sein Geschäft war bisher nur ein einziges Mal durchsucht worden: vor über einem Jahr, als er beantragt hatte, eine Druckerpresse anschaffen zu dürfen. Das hatte ihn verdächtig gemacht. Doch warum diesmal? *Du solltest mit der Nonne nicht darüber sprechen.* Theodors Worte kamen ihm in den Sinn. Natürlich hatte er mit Maria gesprochen. Er vertraute ihr. Sie mochte ein Legat vom preußischen König erhalten, aber käuflich war sie nicht – und niemals würde sie einen Widerstand verraten, der ihren gemeinsamen Glauben schützen sollte.

Die Beamten äugten und räumten, als wäre er in der Lage, den drohenden Untergang des preußischen Königreichs zwischen Hausvaterfibeln und Modeblättern zu verstecken. Draußen hinter dem Schweinekoben hatte noch nie jemand gesucht. Gottfried fürchtete auch jetzt keine Entdeckung – wohl aber, dass Marianne, die hinten im Gemüsegarten arbeitete, auf die Durchsuchung aufmerksam werden würde. Seine Frau hielt seine Bemühungen um politische Veränderung für eine Art fahrlässiger Zeitverschwendung.

„Aha!", machte einer der Polizisten. Aus einer der großen Ledermappen hatte er einen Kupferstich hervorgezogen. Das Bild zeigte eine Ansicht der Stadt Köln mit dem kaiserlichnapoleonischen Adler darüber und der Überschrift „*La bonne ville de l'Empire – Cologne*". An diese Bilder hatte Gottfried nicht gedacht.

„Die Engländer kaufen so etwas", sagte er wahrheitsgemäß. „Sie wissen doch: Was die Engländer Napoleon vor allem vorzuwerfen haben, ist, dass er keiner von ihnen war."

Der Beamte ließ einen Laut hören, der es verbot, mit ihm zu scherzen. „Haben Sie noch weitere davon?"

„Nein", log Gottfried. Im Sommer kamen zwei- bis dreimal in der Woche Engländer in seinen Laden. Sie begannen in Köln ihre Reise den Rhein aufwärts und waren versessen auf alles, was an den verstorbenen Kaiser von Frankreich erinnerte. Mochte ihre Regierung ihn auch bekämpft haben – „you know: he was *french*" –, so besaß er doch die Wertschätzung des englischen Volkes, das ließ man Gottfried in einem gebrochenen Französisch wissen. Und er ließ sie für diese Wertschätzung zahlen. Es brachte seiner Familie zuverlässig einen Sonntagsbraten auf den Tisch. Deswegen war er auch nicht geneigt, den Polizisten die kleine Kupferstichsammlung zu übereignen.

Der Beamte ging mit einigen wiegenden Schritten umher, um zu prüfen, ob es nicht unter einer losen Bodendiele ein Versteck gab. Gottfried war beinahe beleidigt, dass man ihm solche Einfallslosigkeit unterstellte.

„Wo geht es dorthin?" Der Befehlshabende deutete auf die Tür hinter dem Pult.

„In die Küche."

Der Beamte öffnete die Tür, quittierte den Anblick von Töpfen und Pfannen mit einem zufriedenen „Hm". Es gab im ersten Stock noch eine Stube, in der auch die Kinder schliefen, und die Schlafkammer. Aber die Treppe führte über den Hof hinauf und da der Polizist den Aufgang nicht sah, kam er anscheinend nicht auf den Gedanken, auch die privaten Räume zu durchsuchen.

„Wenn Sie mir sagen, wonach Sie suchen, kann ich Ihnen vielleicht helfen", sagte Gottfried, wohl wissend, dass diese Worte für den Beamten herausfordernd klangen.

„Von den Kölner Buchhändlern werden immer noch die Schriften des Herrn Görres ins Land geschafft."

„Aus seiner Feder werden Sie hier nichts finden, was auch daran liegt, dass ich am Montag nicht weiß, welche Gesinnung Herr Görres am Dienstag hat ..."

„Der bayrische König beabsichtigt, mit Görres' Hilfe einen

Verein zur Verbreitung *guter Bücher* ins Leben zu rufen – womit natürlich Bücher katholischer Dogmatik gemeint sind. Haben Sie davon gehört?"

„Nein", log Gottfried, denn Maria hatte ihn darauf angesprochen und ihm angeboten einen Kontakt nach München herzustellen. Doch Gottfried hatte geahnt, dass die preußischen Behörden dagegen vorgehen würden.

Der Polizist tat einige Schritte. „Sie haben sich vor Kurzem Bücher in Amsterdam beschaffen lassen."

Gottfried hatte keine Mühe damit, ein ausdrucksloses Gesicht zu wahren. Gemeint waren natürlich die Bücher, die er für Maria beschaffen – oder besser: auftreiben – ließ, denn es waren einige wahre Geächtete unter ihnen. Die standen selbst in Amsterdam nicht dösend in Regalen. Wie hatte die preußische Polizei davon erfahren?

„Ach, das hat Sie hergeführt!" Gottfried schloss den Gedichtband. Er wusste, dass die Beamten ihm seine Beflissenheit nicht glaubten, aber selbst das preußische Gesetz gab dem Misstrauen alleine keine Handhabe. Er ging zu einem der Regale hinüber, bat den Beamten, zur Seite zu treten, und zog eines der Bücher hervor.

Der Beamte griff danach. „Eine Lutherbibel?", fragte er barsch.

„Ja, Monsieur, eine Lutherbibel und einige calvinistische Schriften – Sie wissen, dass man es in einer Stadt wie Köln nicht gerne sieht, wenn ein Buchhändler so etwas anbietet."

Die Preußen sahen es natürlich gerne und der Beamte verübelte ihm diesen Scherz. Geräuschvoll schloss er die Bibel. „Kerl, sieh dich bloß vor! Wir waren heute nicht das letzte Mal da! Das nehmen wir mit!" Damit war der Kupferstich gemeint. „Sie haben im vergangenen Jahr einen Antrag gestellt, um sich eine Druckerpresse anzuschaffen? Der Antrag ist hiermit abgelehnt."

Der Beamte zog ein Papier aus der Rocktasche und schlug es mit der flachen Hand auf das Pult. Das war für alle das Zeichen zum Aufbruch.

Gottfried schloss die Tür hinter ihnen ab, ihm stand nicht der Sinn nach Nachbarn, die nur aus Neugierde kamen. Die Nachdrucke hatten tatsächlich nicht nur sein Geschäft beleben sollen; vor allem hatte er die Traktate vervielfältigen wollen, die hinter dem Schweinekoben verborgen waren. Den Inhabern von Druckerpressen in Köln traute er nicht, auch wenn DuMont sich immer wieder Auseinandersetzungen mit der preußischen Zensur lieferte. Ohne Flugblätter war es um den rheinischen Widerstand schlecht bestellt, und so fühlte er sich wie ein Mann, der sich auf eine seit Jahren geplante Reise hatte begeben wollen, dem aber schon auf der Schwelle zum Stall das Pferd erschossen wurde.

Die Durchsuchung hatte keine große Unordnung hinterlassen – es war eine preußische Durchsuchung gewesen. Zu französischen Zeiten war eine solche Maßnahme nicht ohne Lärm und Wein vonstattengegangen. Gottfried stellte die Bücher zurück in die Regale. Es fiel ihm immer schwerer, Verbündete in ihnen zu sehen: Sie verstaubten, sie vergilbten, und er verstaubte mit ihnen.

Vielleicht haben wir zu lange gewartet, dachte Gottfried.

12

Gottfried sah zum Ladenfenster hinaus. Er bemerkte einen von Struensees Leuten auf der anderen Straßenseite. Ob man ihn zu seiner Beobachtung dort postiert hatte oder ob er die Ankömmlinge durch das Severinstor begutachten sollte, wusste Gottfried nicht. Aber er entschied, dass Vorsicht angebracht war. Er wollte Theodor von der Durchsuchung berichten, aber er würde das Haus über den Hof verlassen.

Gottfrieds Vater war Schuhmacher gewesen, so wie dessen

Vater auch. Als die Franzosen die Gewerbefreiheit brachten, beschloss Gottfried, Buchhändler zu werden. Er ließ die Fenster größer brechen, wie einige Händler es in der *Rue Haute* zu dieser Zeit nach Pariser Vorbild taten: Sie richteten sich eine Auslage her. Gottfried legte Bildbände und Kinderbücher aufgeschlagen auf buntes Tuch – es gab Gerede über diese schreierische Zurschaustellung, aber die Leute blieben stehen. Die Lage seines Geschäfts nahe der *Porte du Severin* sicherte ihm Besuche der Reisenden in Köln. Er verkaufte Vokabelbücher an französische Offiziere und kolorierte Bilder von den Kirchen Kölns an Reisende aus den anderen deutschen Ländern. Er kaufte den Studenten Bücher ab, die nach der Aufhebung der Kölner Universität keine Verwendung mehr dafür hatten und das Geld in den zweifelhaften Häusern der Kammgasse durchbringen wollten. Köln war die größte Stadt an der Ostgrenze Frankreichs und die größte Stadt am Rhein. Es war eine Zeit neuer Ideen. Selten hatte es so viel Wissbegierde gegeben. Es war eine gute Zeit für Bücher, und selbst als das Kaiserreich die Zensur verschärfte, florierte sein Geschäft.

Gottfrieds erste Frau Sophia, die er aus der Hitze der Jugend heraus geheiratet hatte, hatte ein totes Kind geboren und war gleich darauf gestorben. Wie eine gerechte Strafe war es ihm erschienen, dass sein Name danach wieder auf die Musterungslisten kam.

Das Desaster von Russland bescherte ihm ein Einberufungslos und selbst wenn er seine Uhr versetzt hätte, wäre es nicht genug Geld gewesen, um sich freizukaufen. Es war das erste Mal in seinem Leben, dass der Nebel der Angst sich über alles legte.

Er war wochenlang wie betäubt, war sich sicher, dass alles nur ein Irrtum war und man ihn heimgehen lassen würde, dass er nicht an einem Ort, dessen Namen er nicht kannte, erschossen werden würde. Er lief nicht davon, weil er nicht wusste, wie er das anstellen sollte: Die Armee schien überall zu sein.

Schließlich, irgendwo in Sachsen, kam er zu der Kompanie,

in der Theodor Greven Sergeant war. Es war im Frühjahr 1813, nach dem großen Sterben in Russland. Theodor war nach Wochen der Erste, der sie ansah, der nicht durch sie hindurchsah, ständig horchend, immer Ausschau haltend nach etwas, das sich ihnen in Borodino, in Moskau oder an der Beresina an die Fersen geheftet hatte. Theodor musste ihre Namen nicht von der Stammrolle ablesen. Er hatte immer Tabak in seiner Pfeife und vermochte alles zu erklären: Die Stiefel, die Marschälle, den Durchfall, die Bulletins. Er sagte Dinge wie: „Das alles wäre nicht passiert, wenn Marschall Lannes noch leben würde."

Sie wussten nicht, was er meinte, aber sie gaben ihm recht, weil sie glaubten, dass das ihr Leben verlängerte. Woher Theodor kam, wusste niemand. Manche behaupteten, er sei ein Galgenvogel und sei dem Strick entgangen, weil er sich zur Armee gemeldet hatte.

Sie spürten beide, dass das Ende herannahte und dass die große Geschichte, die ihnen bisher die Rollen zugewiesen hatte, sie bald verlassen würde. Es war wie vor dem Ende einer langen Seereise: Sie würden nach den Stürmen und Entbehrungen in einer fremden Hafenstadt an Land gehen und sich nicht auskennen. Nachdem sie die Schlacht bei Leipzig verloren hatten, sagte Theodor: „Jetzt werden die Preußen es uns heimzahlen!"

Sie wurden krank auf dem Rückzug. Irgendwann wurden sie gefangen genommen und kamen nach Bensberg, wo man sie von ihren französischen Kameraden trennte. Man erklärte ihnen, dass sie befreit waren und nicht mehr für den Tyrannen kämpfen müssten. Ein Bild des preußischen Königs wurde im Schlafsaal aufgehängt. Nachts kamen die preußischen Wachsoldaten und pissten einem Soldaten aus Stolberg in die Bauchwunde.

Als sie mit dem Frieden von 1814 ausgemustert wurden, kehrte Gottfried nach Köln zurück. Er nahm Theodor bei sich auf, weil der nicht wusste, wohin. Er hatte eine große Zahl von Geschwistern, die im Rheinland verstreut lebten. Aber es kam nur sein jüngster Bruder Johann, ein ausgehungertes Kind, das auch nicht wusste, wohin.

Gottfried bot Theodor an, Gehilfe in der Buchhandlung zu werden, doch dessen Furcht vor den Büchern war zu groß. Vor dem großen Weltenumbruch hatte Theodor Maurer gelernt. Er fand Arbeit. Als Napoleon aus seinem Exil zurückkehrte, zwangen die Preußen sie, in ihrer Armee gegen die Franzosen zu kämpfen. Auch ohne ein Wort war es zwischen Gottfried und Theodor beschlossene Sache, dass sie desertieren würden …

Gottfried löste sich aus seinen Gedanken, verließ den Laden durch die Küche und ging über den Hof, wo die Hühner scharrten und pickten. Er sah seine Frau und seine Tochter auf dem kleinen Gemüseacker, zu dem der Hinterhof sich öffnete. Dort bauten die Familien Weißkohl, Karotten, Zwiebeln und Kartoffeln an.

„Vater! Markus musste heute in der Schule auf den Erbsen knien, weil er das Einmaleins nicht hersagen konnte!" Pauline war aufgesprungen und lief ihm entgegen.

„Jetzt traut der Bengel sich nicht nach Hause und treibt sich wohl wieder mit dem Gustav Schaeben rum", sagte Marianne. Sie kniete auf dem kleinen Acker und zog Mohrrüben. Wie die meisten Mütter war sie der Überzeugung, dass andere Kinder schlechten Einfluss auf ihren Sohn ausübten. Gottfried dagegen wusste um die Wildheiten seines Sohnes und schätzte sie, wie die meisten Väter es taten.

Pauline hatte sich an seinen Arm geklammert und erzählte eifrig, wie es nur eine Achtjährige konnte, von dem, was die Nachbarn ihnen zugetragen hatten, die über die Pfade zwischen den kleinen Gärten eine Abkürzung zu den Kartäusern nahmen: von dem Kampfhahn, der den Nachbarn entlaufen war und der wohl irgendwo im Suppentopf geendet war, von einem Streit, der seit der Kirmes schwelte, und dass Anna weinend über die Severinstraße gelaufen sei.

„Warum hat sie geweint?", fragte Gottfried.

Das Mädchen sah zu ihrer Mutter hinüber, was entweder bedeutete, dass sie die Antwort nicht geben durfte oder, dass ein Kind nicht in der Lage war, sie zu geben.

Marianne richtete sich auf, drückte ihr Kreuz durch. In ihren runden, braunen Augen lag die Glut einer misshandelten Katze. „Was weiß ich? Vielleicht ist ihr ein Zuckerzopf in den Dreck gefallen!" Sie wusste es, aber sie würde es nicht sagen. Auch er musste bestraft werden. Wofür, dass wusste er nicht. Irgendwann hatte sie angefangen, Anklagen gegen ihn zu sammeln wie ein geheimes Gericht.

„Da, Line! Bring das in die Küche und putz es!", befahl Marianne und reichte Pauline den Korb mit dem Gemüse.

Nach zwei Fehlgeburten war Mariannes Schoß verdorben. Als Gottfried seinen Beichtvater gefragt hatte, ob Gott ihn damit wohl strafen wollte, hatte der zurückgefragt, ob Gott denn einen Grund dafür habe. Wie oft hatte Gottfried schon all jene Sünden eingestanden? Er hatte getötet, er hatte gestohlen, er hatte gelogen, er hatte seinen Vater nicht geehrt – denn sonst wäre er ja ein Schuhmacher geworden. Er hatte Götzendienst betrieben, schließlich hatte er das französische Recht und vor allem den französischen Kaiser verehrt. Also musste er büßen.

„Besser in diesem Leben, mein Sohn, als im anderen", hatte sein Beichtvater gesagt und ihm zwanzig *Ave Maria* angewiesen. Und während er kniete und betete, erkannte er noch eine andere Sünde: dass er seinem Beichtvater nicht mehr glaubte. Und hätte er Maria nicht, wie wäre es dann um seinen Glauben bestellt? Aber war das nicht gerade eine weitere Sünde? *Du sollst nicht begehren das Weib deines Nächsten.* Sie war das Weib des Erlösers geworden, vermählt mit Christus selbst – und Gottfried verlangte nach ihrer Nähe. Er machte sich Gedanken über das Begehren, während er betete.

„Vater, kann ich deinen Rosenkranz haben?", fragte Pauline leise. Sie war noch nicht zur Kommunion gegangen und fieberte dem entgegen, weil sie dann auch ihren eigenen Rosenkranz bekommen würde.

Gottfried griff in die Westentasche. Er besaß einen Rosenkranz aus braunen Glasperlen mit einem silbernen Kruzifix daran. „Aber gib gut darauf acht!" Er ließ die Kette in die freie Hand seiner Tochter gleiten. „Und nun ab in die Küche!"

Pauline hüpfte davon, sang *Ave Maria* im Takt der Schritte.

„Ich werd sehen, wo Markus ist", sagte Gottfried.

„Nimm den Riemen gleich mit", sagte sie, aber das würde er nicht tun.

„Wir haben wie jedes Jahr das fetteste Gemüse in der Nachbarschaft", sagte er. Ob sie wohl die Anerkennung in seinen Worten verstand? Marianne blickte über Kraut und Rüben.

„Ja, wir haben ja auch die beschissensten Säue", gab sie zurück und für einen Moment wusste er wieder, warum sie ein Paar waren.

Markus saß in Annas Küche und grinste wie jemand, der glaubte, entkommen zu sein. Gottfried schlug ihm ins Gesicht und das Grinsen zerbrach. Markus rieb sich das Gesicht und sah auf die Tischplatte. Anna stand am Ofen, eines der Kinder auf die Hüfte gesetzt. Sie rührte in einem Topf und das Kind schrie.

„Hast du das mit Theo gehört?", fragte sie. Es gab selten etwas, das andere vor ihm über Theodor wussten. Er schüttelte den Kopf.

„Die Preußen haben ihn heute von der Baustelle geholt", sagte sie und ließ das Kind in ihrer Hüfte wippen. „Sie brauchen Maurer für ihre Festungen und haben einfach zehn Leute mitgenommen. Alle mussten sich in einer Reihe aufstellen und dann hieß es: Du, du und du – und Theo war mit dabei." Dann sah Anna ihn an, als müsste er eine Erklärung geben.

„Sie haben ihn verhaftet?", fragte er, denn Gottfried dachte zuerst an ihre Pläne und ob sie wohl jemand verraten hatte. Aber dann sagte er sich, dass es ja gar keine Pläne gab, die man hätte verraten können.

„Nein." Anna fuhr sich mit dem Handgelenk über die Stirn.

„Er hat jetzt ein Arbeitsbuch und muss an ihren Festungen arbeiten. Was glaubst du, wird nun geschehen?"

Was würde geschehen, wenn sie Theodor zwangen, die Ketten zu schmieden, in die sie ihn legten? Gottfried wusste es nicht. Sie würden ihm Befehle geben und er musste gehorchen und die Steine seines Gefängnisses aufschichten. Er hatte nichts verbrochen, er hatte nur einen Krieg verloren.

„Wo ist Johann?", fragte er zurück.

„Der ist noch auf der Baustelle. Ihn haben sie nicht genommen. Seit er so krank war im Frühjahr, ist er so mager." Sie gab dem Kind den Löffel und für einen Moment hörte es auf zu schreien.

„Komm, Markus." Folgsam rutschte der Junge vom Stuhl.

„Hast du deswegen geweint?", fragte er Anna. Für einen Moment sah sie ihn an, als hätte er sich entblößt. Sie fuhr sich mit der Hand über die Stirn, wusste nicht, wohin sie sehen sollte.

„Ja …", sie strich ein Haar fort. „Ich bin auch recht aufgekratzt im Moment … Da kommt wieder ein Kleines!" Sie streckte den Bauch vor. Ihre Körperformen verrieten nichts, aber sie strahlte eine ungebändigte Fruchtbarkeit aus.

„Recht so. Viel Kinder, viel Vaterunser."

„Ja, eins davon soll auch Priester werden! Da wär mir um meine Seele wohler!"

Die Anna, dachte er und ging.

13

Die meisten Kölner waren nie in Paris gewesen, aber Paris war einige Jahrzehnte zu ihnen gekommen. Geblieben war die Gewohnheit, am Sonntag nach der Messe zu promenieren. Es gab in Köln zwar keine Boulevards und die engen mittelalterlichen Gassen boten nicht den passenden Rahmen, aber das einfache Volk behalf sich mit Spaziergängen auf den Festungswällen vor der Stadt. Die Bürger von einigem Ansehen, die vor allem Wert darauf legten, gesehen zu werden, suchten den botanischen Garten auf.

Elkendorf durfte sich als Stadtphysikus zweifellos zu den guten Bürgern zählen und so ging er mit kecken Bewegungen des Spazierstocks die Pfade zwischen den Sträuchern und Bäumen entlang. Der Himmel gab sich dramatisch an diesem Tag. Hohe Wolken türmten sich in die Unendlichkeit, als wären sie einem Offenbarungsgemälde entsprungen, dazwischen ergoss sich die Sonne über das Land, ließ Fensterscheiben und getünchte Mauern aufblitzen. Es war ein Wolken- und Lichtspiel, das sich dem Tag des Herrn als würdig erwies und dem Auge das gewährte, was das Ohr zuvor in den Chorälen des Hochamts aufgenommen hatte.

Elkendorf trug ein Lächeln auf dem Gesicht und begleitete damit jeden Gruß. Wer zu grüßen war und wer zu grüßen hatte, dies war ein sonntäglich immer wieder inszeniertes Wechselspiel, in dem die gute Gesellschaft Kölns jene kleinen Unordnungen wieder richtete, die unter der Woche entstanden sein mochten, so wie man in einer Küche nach einem großen Mahl aufräumte: Das Silber gehörte in die Vitrine, das Porzellan in eine andere, das Steingut in den Schrank und die Töpfe an die Haken über dem Ofen. Elkendorf durfte sich zu dem Porzellan zählen – und auch wenn er keinen Goldrand vorzuweisen hatte, galt er mit seinen vierzig Jahren und dem Beamtenposten als beste Partie. Er war noch nicht verheiratet und spürte auch wenig Neigung dazu. Daher fasste er sich zwar ehrerbietig an den Hut, aber er blieb nicht stehen, wenn Mütter ihm ihre Töchter wie zufällig in den Weg führten. Aber das, was Elkendorf fehlte, ließ sich schwerlich allein durch Heirat erlangen: Ein Adelstitel oder doch zumindest der Titel eines Medizinalrats. Letzterem konnte man zumindest durch den richtigen Umgang näherkommen – und durch Entscheidungen oder Berichte, die in Berlin von sich reden machten.

Elkendorf hatte eine neue Destillatprobe von Maria Clementine erhalten. Er musste nun ein Gutachten abfassen, damit das Melissenwasser eine Zulassung als Arzneimittel erhielt. Am liebsten hätte Elkendorf dies alleine als eine Frage der Medizin angesehen. Aber eine Nonne, die ein Unternehmen gründete mit dem Geld, das sie vom preußischen König erhalten hatte – das war eine ganz andere Geschichte. Im Medizinalrat war die Rede bereits darauf gekommen, im Brauchtumsverein, sogar in der St.-Johannis-Loge. Die einen lobten die tüchtige Nonne, die anderen nannten sie einen Schandfleck, eine Abtrünnige. Was würde er auslösen, wenn er ihrem Melissengeist die Approbation erteilte? Würde es auf ihn zurückfallen?

Er hielt Ausschau nach seinen Kollegen. Ihre Gesellschaft würde ihn davor bewahren, mit kuppelsüchtigen Müttern sprechen zu müssen, und er würde sich einen weiteren Eindruck davon verschaffen können, was man von dem Unternehmen der Nonne dachte. Er sah den Apotheker Sehlmeyer mit dem Wundarzt Dr. Satorius zusammenstehen. Auch Herr von Groote war dabei.

Der war sich eine Zeit lang zu gut gewesen, die Gesellschaft von Bürgerlichen zu suchen. Er hatte, kaum dass die Preußen die alten Adelstitel wieder eingeführt hatten, seine Stammbäume und Wappen eingereicht. Doch die Preußen, denen er sich so angedient hatte, hatten seine Bewerbung für das Amt des Oberbürgermeisters nicht berücksichtigt und jemand wollte wissen, dass Groote gesagt habe, *„man müsste den Berliner Schuften Gift und Dolch an die Kehlen wünschen!"*

Elkendorf bog auf einen schmalen Pfad ab, der in einen Laubengang mündete. Zwei Frauenzimmer unterbrachen ihr eifriges Gespräch, als er näherkam. Die Sonne flutete just durch die Rosenranken und ließ die vergoldeten Ohreisen der Frauen funkeln. Elkendorf grüßte und beschleunigte seinen Schritt. Er ging einen Bogen und näherte sich der Stelle, wo die drei zusammenstanden. Sie begrüßten einander mit Verbeugungen, nur Groote wartete, bis man ihm die Wertschätzung erwiesen hatte, die er mit einem kurzen Nicken zur Kenntnis nahm.

Zunächst tauschte man sich über die sonntägliche Predigt aus. Man war sich in Köln einig, dass die Predigten immer lauer, immer beliebiger, immer *weltlicher* wurden und dass der Erzbischof darin eine zu lasche Hand führte. Überhaupt werde eben alles weltlicher, hakte der Apotheker Sehlmeyer ein. Er gehörte der evangelischen Gemeinde an, aber er hatte offenbar ein berufliches Anliegen, das in seinen nächsten Worten zum Vorschein kam: Nun gingen ja schon die Nonnen unter die Unternehmer. Dass der Erzbischof dagegen keine Einwände hatte, mochte man dadurch erklären, dass die Auflösung der Orden in der Zeit der Revolution einige Unsicherheit gebracht hatte, was das Schicksal der Ordensleute betraf. Die Medizinalgesetzgebung aber sei da ganz eindeutig. Daher sei er, Sehlmeyer, doch überrascht, dass man der Nonne erlaube, eine Apotheke zu betreiben. Seine Kollegen sähen das auch so, fügte er hinzu.

„Sie betreibt eine Destillerie, keine Apotheke", verbesserte Groote ihn.

„Sie verkauft Heilmittel auf Spiritusbasis aus eigener Herstellung!", beharrte Sehlmeyer. „Und sie wirbt damit, dass ihre Mittel besonders günstig sind – günstiger als in den Apotheken, soll das wohl heißen. Das ist eine äußerst unheilvolle Form der Konkurrenz …"

„Warum? Weil das Ihre Einnahmen schmälert?" Satorius war für seine spitze Zunge bekannt.

„Es geht wohl eher zulasten der Familien Farina oder Mühlens oder der anderen Kölnisch-Wasser-Produzenten", entgegnete Sehlmeyer.

„Werter Herr Sehlmeyer, in Ihrer Gemeinde verkehren ja nun auch die preußischen Beamten", begann Elkendorf. „Was hält man denn in diesen Kreisen von dem Unternehmen der Klosterfrau?"

„Natürlich bringt man dieser außergewöhnlichen Frau die größte Wertschätzung entgegen! In den Briefen aus Berlin …", Sehlmeyer zögerte und suchte nach den richtigen Worten. „Man amüsiert sich anscheinend darüber, dass die Rheinländer sich unermüdlich darüber beschweren, dass man ihren Glauben nicht respektiert – und dann geht eine Nonne hin und tut etwas, was man als zutiefst protestantisches Glaubensbekenntnis verstanden haben will: Sie gründet eine Firma."

Elkendorf runzelte die Stirn.

„Es war ja zu befürchten, dass die Umtriebe dieser Frau die ganze Idee des Klosterwesens zum Gespött werden lassen!", beschwerte sich Satorius. „Wenn sie so weitermacht, richtet sie mehr Schaden an als die Revolution!"

„Nun übertreiben Sie aber", wandte Elkendorf ein. „Immerhin führt sie nach wie vor den Lebenswandel einer Ordensfrau! Man sieht sie fast bei jeder Andacht oder Messe im Dom und nur durch ihre Krankenbesuche lässt sie sich davon abhalten. Ihr Stundenbuch trägt sie immer bei sich und in ihrer Pfarrei beteiligt sie sich an jedem Totengebet, am ewigen Gebet, an allen Heiligenlobpreisungen …"

„Niemand würde es wagen, an ihrem Leumund als Ordensfrau zu zweifeln!", bestätigte Sehlmeyer. „Jedem anderen Weib würde man es wohl vorhalten, zu solch ungewöhnlichen Stunden ganz unbegleitet durch die Stadt zu gehen … oder am helllichten Tag in der Begleitung fremder Männer. Wie man wohl hört, soll es ja meist der eine sein, dieser Buchhändler aus der Severinstraße." Das darauf folgende Schweigen zeigte an, dass es unter ihrer Würde war, solchen Weiberklatsch zu kommentieren.

„Und jetzt sucht sie per Anzeige auch noch Gehilfinnen für ihr Geschäft und *Fuhrleute*. Sie hat sich zweifellos einiges vorgenommen", fuhr Sehlmeyer fort. „Hat denn ihr Erzbischof keine Handhabe dagegen? Als Nonne hat sie doch Besitzlosigkeit und Armut gelobt!"

„Auch aus ihrem bisherigen Geschäft hat sie keinen persönlichen Profit gemacht", sagte von Groote. „Im Gegenteil: Wir Armenväter hätten dürftigere Kassen, würde sie nicht so großzügig geben!"

„Aber sie ist den Klostertod gestorben – wie kann sie sich da als *Maria Clementine, Klosterfrau* ins Handelsregister eintragen?" Sehlmeyer hob den Spazierstock, um seine Worte zu bekräftigen.

„Die Franzosen haben den Klostertod aufgehoben und die Preußen haben das bestätigt", sagte von Groote und Satorius, der Wundarzt, fügte hinzu: „Selbst die Ordensleute, die im Kranken- oder Schuldienst stehen, werden vom Staat entlohnt. Und das nicht über ihre Ordensgemeinschaften, sondern auf ihre bürgerlichen Namen hin."

„Und wer soll unsere Kinder und Enkel mit den Tugenden des katholischen Glaubens vertraut machen, wenn selbst eine Nonne es vorzieht, unter die Geschäftsleute zu gehen?", klagte von Groote.

„Vielleicht sehen wir die Sachen auch ganz falsch." Satorius blickte mit schmalen Augen zu den Bäumen hin. „Ist es nicht eher so, dass Schwester Maria einen Weg gefunden hat, um die Preußen mit ihren eigenen Waffen zu schlagen? Man spottet ja in ihren Kreisen: Sind Sie reich, oder sind Sie katholisch? – Mit ihrem Unternehmen zeigt Schwester Maria doch, dass Geschäftssinn keine Frage des Bekenntnisses ist. Dass es in unserer Stadt so viele Arme gibt, liegt nicht etwa daran, dass wir katholisch sind, sondern daran, dass die Preußen uns nun auch noch das Stapelrecht nehmen werden. Damit haben wir die letzte große Einnahmequelle für unsere Stadtkasse verloren! Soll Schwester Maria ihnen doch zeigen, dass wir auch Geld aus allem machen können – und dass wir es im besten Christensinn zu teilen gewillt sind!"

Dazu nickten alle in der Runde.

Elkendorf sah den Moment gekommen, seine Rolle in dieser Angelegenheit zur Sprache zu bringen. „Schwester Maria hat mir ihren neuen Melissenbrand zur Approbation eingereicht. Ich denke, aus medizinischer Sicht wird es keine Einwände geben …"

„Aber sie darf es nicht in einer eigenen Apotheke vertreiben!"

„Mein Gott, Sehlmeyer: Jede Hausfrau mischt und rührt hier irgendetwas und gibt es an die Nachbarn – haben die dann auch schon eine Apotheke?", fragte Satorius ungeduldig.

„Die Hausfrau nimmt aber kein Geld dafür und setzt keine Anzeigen von zehn Zeilen in die Zeitung!"

„Über diese Dinge hat der Magistrat zu entscheiden", sagte Elkendorf. „Ich schaue nur auf die medizinischen Belange!" Und mit diesen Worten wollte er betonen, dass er sehr wohl um das Heikle in der Unternehmung der Nonne wusste.

„Herr Elkendorf, sprechen Sie mit den Herren vom Medizinalrat darüber!", sagte von Groote nun, dessen Wort zweifellos das meiste Gewicht hatte. „Und wenn Sie den Arzneizettel für ihr Melissenwasser haben, dann sollten Sie sie aufsuchen und von unserem Gespräch berichten: Dass wir ihrem Unternehmen höchste Anerkennung zollen, wohl aber auch besorgt sind darüber, dass ein so alltägliches Gewerbe und der weltliche Umgang darin ihren Gelübden nicht zuträglich sind."

Elkendorf nickte zufrieden. Er sollte Schwester Maria wissen lassen, dass man darüber gesprochen hatte – und jeder Kölner wusste, was das bedeutete, die evangelischen ebenso wie die katholischen, die adeligen wie die bürgerlichen, und die Preußen lernten es allmählich. Wenn darüber gesprochen worden war, so war die betreffende Sache eben nicht mehr Angelegenheit einer Person alleine – es war eine *Kölner* Angelegenheit.

14

Gottfried trat durch die Hachtpforte in den Domhof. Das Gitter wurde schon lange nicht mehr geschlossen, weil es hier nichts mehr gab, was seine Erhabenheit gegenüber den sterblichen Sündern wahren musste. Ein Tor, das immer offenstand, fand Gottfried, hatte etwas Armseliges, Bemitleidenswertes, wie herrenlos gewordene Dienerschaft.

Unter dem Arm trug er das letzte Buch, das er für Maria hatte besorgen sollen: La Mettries *L'homme machine*, die menschliche Maschine. Er trug es nicht offen bei sich, denn auch wenn der französische Philosoph Gast am Hof des Preußenkönigs Friedrichs II. gewesen war, als er dieses Buch verfasste, so fiel es doch unter die Zensur in der Heiligen Allianz, zu der Preußen seit 1815 gehörte. Gottfried hatte daher ein Stück Walkwolle darum gewickelt, um den Eindruck zu erwecken, er trage Stoff zu seinem Schneider. Oft schon war er von Patrouillen angehalten worden, wenn er Bücher zu seinen Kunden brachte. Der Kommandant verlangte jedes Buch zu sehen und blätterte grimmig darin, denn man wusste um die Finte, die Bögen eines zensierten Buches in einen unverdächtigen Einband zu geben.

Achtsam sah er sich nach Soldaten um, als er den Platz vor der Südfassade des Doms betrat. Er war als Buchhändler bekannt und als solcher grundsätzlich verdächtig. Aber der Platz lag leer da; die Kölner hatten eine angeborene Scheu vor offenen Plätzen und überquerten sie hastig. Zudem war dieser Platz mit einiger abergläubischer Furcht besetzt: In den ersten französischen Jahren war hier immer wieder die Guillotine aufgebaut worden, um Missetäter hinzurichten. Und vorher hatte sich dort die Gerichtsbarkeit des Erzbischofs befunden. Auch wenn dieser vor Jahrhunderten aus der Stadt vertrieben worden war: Dies hier war sein Territorium gewesen, die sogenannte „Hacht". Die Preußen hatten inzwischen einige junge Bäume auf dem Platz gepflanzt, auch Bänke sollten aufgestellt werden.

Manche ihrer Bemühungen um die Stadt waren auf eine rührende Weise naiv.

Vor ihm erhob sich das Gesteinsgetöse des Doms. Ihm war es nie so vorgekommen, als wäre dort etwas nicht vollendet worden, sondern vielmehr so, als sei dort etwas zugrunde gegangen und befände sich in einem Jahrhunderte währenden Zustand der Verwesung: ein Ungeheuer aus biblischen Zeiten, das an diesem Ort verendet war und dessen Gerippe nun in den Himmel stach. Als er noch ein Junge war, hatte Gottfried sich vorgestellt, dass es einer der Drachen war, die der Heilige Georg zur Strecke gebracht hatte. Das Gedärm des Ungeheuers war zu Stein geworden, im Inneren war es stets dunkel und feucht, und dort beteten sie um den Schutz des Heiligen Köln, während die Ratten am Fuß der Mauern vorüberhuschten und manchmal im Schein der Kerzen gewaltige Schatten warfen.

Die Häuser, die an den gotischen Koloss angebaut waren, wirkten wie das Gelege des hier verendeten Fabeltieres. Das größte davon war das ehemalige erzbischöfliche Palais, daneben die barocke Fassade von St. Johann. Marias Haus hatte zwei Stockwerke, die Fenster des unteren waren hoch und vergittert. Keine Lettern, kein Schild wies auf ihre Destillerie hin.

Das Öffnen der Tür ließ einige daranhängende Glocken scheppern. Sogleich erschien das junge Gesicht von Peter Gustav Schaeben in einem Durchgang. „Es ist nur der Gottfried", erklärte er. Seine Worte ließen erahnen, dass man jemand anderen erwartet hatte. Auch Maria trat hinzu.

„Ich bitte um Verzeihung, wenn ich nicht der bin, den ihr erwartet habt", sagte Gottfried heiter.

„Verzeih, Gottfried", begrüßte ihn Maria, „aber wir warten auf die Fuhrleute aus dem Vorgebirge. Ich habe die Bauern gestern zum Melissenschnitt angewiesen und die Pflanzen müssen so frisch, wie es nur geht, verarbeitet werden. Wo bleiben sie nur?" Sie trat an das hohe Fenster und sah auf den Hof.

„Soll ich nicht selbst einmal schauen, wo sie bleiben?", schlug ihr Gehilfe vor.

„Gustav, der Weg ist doch viel zu weit!"

„Bis nach Hürth finde ich gewiss ein Fuhrwerk, das mich mitnimmt!" Er schien nur mühsam seine Ungeduld bändigen zu können. Maria maß ihn, halb mit Sorge, halb mit Hoffnung im Blick.

„Also gut, mach dich auf den Weg!"

Gustav riss seinen Lehrlingsrock vom Haken und stürmte davon.

„Könnte dir ein gestandener Lehrling nicht eine kräftigere Hilfe sein?", meinte Gottfried, als er das Buch in seinem schützenden Wickel auf den Tisch legte.

„Er gäbe vor allem Anlass zu kräftigeren Gerüchten", sagte Maria. „Wenn der Gustav ein richtiges Mannsbild geworden ist, bin ich so alt, dass solches Gerede nicht mehr aufkommt – nicht etwa, weil die Leute es für ausgeschlossen halten würden, sondern weil sie es sich nicht vorstellen mögen."

Marias derbe Art zu scherzen gefiel ihm; es gefiel ihm, dass er zu denjenigen gehörte, denen gegenüber sie sich das erlaubte.

Sie sah aus einem der hohen Fenster. Mit ihren Gedanken war sie bei der ausbleibenden Lieferung von Melisse. Gottfried wusste, was für sie davon abhing: Seit Wochen hatte sie mit Anzeigen und Vertretern auf ihr „Ächtes Carmeliterinnen-Wasser" aufmerksam gemacht, ihre Auftragsbücher waren gut gefüllt, alle warteten auf die neue Abfüllung. Auch der Brennereimeister Schaeben, bei dem sie sich für die Destillerie verschuldet hatte.

„Sie sind bestimmt unterwegs. Du weißt doch, wie Fuhrleute sind: Man muss sie um ihrer Schwierigkeiten willen hofieren ..."

„Aber die Straßen sind trocken, es hat seit fünf Tagen nicht mehr geregnet! Was für Schwierigkeiten sollten sie denn haben?" Sie stellte diese Frage nicht besorgt oder verunsichert, sondern mit wenig verhaltener Wut. Wenn die Fuhrleute, die sich gerne als derbes Volk inszenierten, hier eintrafen, würden sie lernen, dass man die kleine Frau in dem schwarzen Kleid nicht unterschätzen durfte.

Gottfried wollte Maria beistehen, indem er sie von ihrem Ärger ablenkte. Er schob das verhüllte Buch zurecht und öffnete das Tuch. „Der holländische Schiffer, der es mir aus Amsterdam brachte, hat die Fahrt genutzt, um darin zu lesen, aber er fand es wohl recht uninteressant. Er erzählte mir, dass in England ein Buch Furore gemacht hat, in dem tatsächlich ein künstlicher Mensch erschaffen wird – aus Leichenteilen. Ein Blitzschlag erweckt ihn zum Leben. Und denk dir nur: Dieses Buch soll eine Frau geschrieben haben. Er fragte mich, ob er es ebenfalls beschaffen soll."

Damit hatte er ihre Aufmerksamkeit. Sie schlug das Buch auf, blätterte durch die ersten Seiten und sagte: „Ich glaube nicht, dass wir Herrn La Mettrie mit einigen Blitzschlägen dazu bekommen könnten, noch einmal solch ein Buch zu schreiben. Und ich befürchte, damit ist auch bewiesen, dass er sich geirrt hat, wenn er den Menschen mit einer Maschine gleichsetzt."

„Warum interessiert dich dann sein Buch?"

„Das könnte dir vermutlich dein General Bonaparte erklären: Ich bin sicher, dass er vor einer Schlacht die Stellungen und Bewegungen seiner Gegner genauso eingehend studiert hat – vielleicht sogar eingehender – wie seine eigenen."

Maria sah ihn mit dem wissenden Lächeln eines Menschen an, der in die Zukunft geblickt hatte. Zahlreiche Fältchen in den Augenwinkeln winkten ihm und er dachte plötzlich, dass er nicht wusste, wie ihre Haare aussahen. Den schwarzen Schleier der Nonne hatte sie schon in Waterloo nicht mehr getragen. Stattdessen waren ihre Haare mit einem braunen Kopftuch bedeckt, das dicht an die Stirn gebunden und im Nacken geknotet war, sodass der längere Teil bis zwischen ihre Schulterblätter fiel. Aus einer gewissen Entfernung heraus hatte man die Illusion, dass sie ihre Haare offen trug, aber tatsächlich hatte er ihre Haare nie gesehen. Er wusste nicht, ob sie sie kurz geschnitten trug, wie bei der Einkleidung zur Nonne; er wusste nicht, ob sie dunkles oder helles Haar hatte oder ob es inzwischen grau geworden war.

„Komm mit, ich will dir etwas zeigen", sagte sie. Da wusste er, dass es ihm gelungen war, sie von den Schwierigkeiten ihres Unternehmens zu den Möglichkeiten zu führen.

Er folgte ihr in einen angrenzenden Raum, der wie ein lang gestreckter Saal wirkte. Der Boden war ganz mit Steinfliesen ausgelegt. Durch die hohen Fenster fiel Sonnenlicht herein, die Gitter warfen ihr Muster auf den Boden. Die Luft war feucht und um die Nase strichen allerlei würzige Gerüche. Der vorherrschende von ihnen war der leicht auf den Schleimhäuten brennende Spiritus. An der Wand funkelte der Kupferkessel des Dampfdestillierers: ein gewaltiger, erstarrter Tropfen. Er war nicht in Betrieb, sonst wäre es gewiss wärmer in dem Raum.

„Ein beeindruckendes Geschütz hat sie jedenfalls schon aufgestellt", sagte er. Aber eigentlich dachte er bei dem bauchigen, Wasser tragenden Gebilde eher an eine Gebärende. Das verschwieg er ihr jedoch. Maria legte ihre Hand mit einem stolzen Lächeln an die Kupferwölbung. Das Bild von Zeugen, Erwartung und Gebären ging ihm nun nicht mehr aus dem Kopf.

„Nach allem, was ich in den letzten Jahren oder Jahrzehnten gelernt habe, Gottfried, ist es nämlich so: Es ist nicht so sehr die galvanische Energie oder die Elektrizität, die die Lebensveräußerungen des Menschen bestimmt, sondern die Chemie! Und Monsieur La Mettrie würde mir darin sicher zustimmen: Es heißt ja, dass er seine Werke vornehmlich unter dem Einfluss von Opium und Wein schrieb."

„Nachdem die Philosophen der Revolution den Herrgott als Fabelwesen abschaffen wollten, erfindest du ihn als Chemiker neu?"

Maria quittierte seine kleine Spöttelei mit einem konspirativen Lächeln. „Es sind, wenn du so willst, die Waffen der Gegner des Glaubens, die ich erbeutet habe und nun gegen sie richte. Monsieur Lavoisier würde sicherlich darauf beharren, dass es keinen Unterschied zwischen einem Glas Wasser und einem Glas Weihwasser gibt. Ich aber würde ihm sagen: Das eine trinkt man und mit dem anderen besprengen wir unsere Häuser und Kinder, weil wir *glauben.* Es nimmt uns die Angst."

„Dann ist es eine Sache des Glaubens und keine der Chemie."

„Und wenn der Glaube eine Sache der Chemie ist?"

„Ich verstehe nicht recht: Wenn ich meine Seele aufkoche, kommt Gott heraus?"

Maria lachte wohlwollend: „Nun, das Gebet hat mit dem Destillieren einiges gemeinsam, aber das meinte ich nicht. Wenn zwei Männer je eine Flasche des gleichen Weins trinken, so sind sie danach recht betrunken. Aber der eine mag davon laut und rauflustig werden und der andere still und traurig. Woran liegt das? Der Wein, den sie tranken, traf auf ein jeweils sehr andersartiges Gemisch in diesen Männern, auf ein jeweils ganz anders geartetes *Gemüt.* Und das Gemüt, Gottfried, ist also überwiegend eine Sache der Chemie."

„Das Gemüt ist doch noch nicht einmal ein Organ!" Gottfried zeigte auf den Destillierkolben, weil ihm war, als könnte er ihn zum Zeugen anrufen, da er einem Organ sehr ähnlich sah.

„Die Schwerkraft ist auch kein Organ", sagte Maria. „Oder hast du sie schon einmal als Präparat in einem Glas gesehen? Dennoch ist es ratsam, die Schwerkraft bei allem zu berücksichtigen, was wir tun – die Schwerkraft und Gottes Willen."

Stimmen auf dem Hof lockten sie augenblicklich ans Fenster. Sie sah immer noch nicht das, was sie erhofft hatte. Er spürte ihr Gebet in diesem Moment: eine drängende, ein wenig trotzige Frage an Gott.

„Vielleicht habe ich versucht, meinen Willen als den seinen auszugeben – jedenfalls habe ich Versprechungen gemacht, die ich nicht einhalten kann. Jetzt kann ich wohl froh sein, dass ich nicht an den König von Preußen geschrieben habe."

„An den König? Warum?" Gottfried hörte es ungern, dass sie sich, in welcher Angelegenheit auch immer, an den verhassten Herrscher wenden wollte. Es entfernte sie voneinander –

mehr noch als ihre Gelübde, mehr noch als sein Eheverspre-
chen.

„Es gibt zu viele Nachahmer für das Carmeliter-Wasser, und
das hat nichts Schmeichelhaftes. Oft sind es nur einige auf-
gekochte Kräutersäfte, die zusammengegossen werden. Und
wenn es dann nicht hilft, sagt man den Leuten, dass sie nicht
genug gebetet haben."

„Und was soll da der König von Preußen tun?"

„Mein Melissengeist muss unverwechselbar werden. Ich
kann meinen Namen darauf drucken, das haben Farinas mit ihrem *Eau de Cologne* auch getan – und was geschah? Jeder *Eau-
de-Cologne*-Hersteller hat sich seinen Farina geholt, denn der
Name ist etwa so häufig wie Martin. *Klostermelissenwasser*
oder *Carmeliterinnenwasser* aus dem Hause Martin, das hilft
mir gar nichts. Ich habe also Rat im Gebet gesucht ..."

„In geschäftlichen Dingen? Dann hast du dich an den Gott
der Protestanten gewandt!"

Maria sah ihn mit krausem Lächeln an. „Wenn du so willst,
gab mir Gott auch eine protestantische Antwort: Vor einigen
Tagen kam mir der Einfall: Ich könnte nach Berlin schreiben,
an den König von Preußen ... mit der Bitte, dass ich sein Wappen auf mein Etikett drucken darf, denn das ist von höchster
Stelle geschützt!"

Gottfried lachte. Das musste einer von Marias sonderbaren
Scherzen sein.

„Das ist ebenso gut wie Hoflieferant", meinte sie, „aber den
haben ja schon Farinas."

„Maria – der König von Preußen ist doch kein Bauchladen-
krämer! Er wird glauben, dass du ihn verspottest! Denn sonst
könnte ja jeder Nudelfabrikant kommen und auf seine Säck-
chen das Wappen drucken!"

„Ich bin aber kein Nudelfabrikant, ich bin die Nonne von
Waterloo!"

Waterloo. Sie hatte es mit heiterer Entschlossenheit gesagt,
aber dieses Wort war zwischen ihnen wie der Name eines Kin-

des, das durch ihre Unachtsamkeit ums Leben gekommen war.
Nach diesem Wort wusste er, warum er hoffte, dass man Maria
diese Bitte abschlagen würde: Dieses Wappen stand für einen
der finstersten Tage in seinem Leben. Der preußische Adler
hatte mit seinen Klauen die Hoffnung aus seinem Leben gerissen …

Als man ihn hatte zwingen wollen, für dieses Hoheitszei-
chen zu kämpfen, war er davongelaufen. Theodor hatte ihn
überredet, nicht in das besetzte Rheinland zurückzukehren, wo
man ihn vermutlich als Deserteur hingerichtet hätte. Sie hatten
sich auf die Suche nach dem französischen Heer gemacht, um
jenen Moment nicht zu versäumen, auf den alles seit Jahrzehnten hinzuweisen schien, vom Sturm der Bastille über die Republik und das Kaiserreich. Und der bisherige Verlauf des Stückes
ließ nur ein Ende zu: das Ende der alten, unwürdigen Ordnung
von Herren und Dienern.

Keiner von ihnen zweifelte an diesem Ende, und so war ihr
Eintreffen bei den französischen Truppen, als würde man nach
langer, unbequemer, stürmischer Reise in ein Gasthaus einkeh-
ren, in dem ein gutmütiges Fest gefeiert wurde. Es hatte einige
Irrungen und Rückschläge gegeben, aber nun war der Moment
gekommen, in dem alles zu dem vorgesehenen Ende finden
würde.

Dann aber, in einem unbeobachteten Moment, hatte jemand
das Buch dieses Stückes gestohlen, hatte sich in eine dunkle
Ecke verkrochen und ein anderes Ende geschrieben. Ein fal-
sches Ende, ein hässliches Ende. Er brauchte dazu sehr viel
Blut, aber er vergaß niemanden, auch ihn, Gottfried, nicht und
die Nonne, die er zu einer bestialischen Retterin machte.

15

„Wo bist du mit deinen Gedanken?", fragte Maria endlich.

„Auf Abwegen", sagte er, in die Gegenwart zurückkehrend und zu dem möglichen Abbild des preußischen Adlers auf ihren Wässern.

„Maria, selbst wenn der preußische König sein Wappen für einen Marktstand hergeben mag: Denkst du denn, dass du ausgerechnet in Köln damit Freunde für deine Produkte findest?"

„Der preußische König ist hier nicht so unbeliebt, wie du es gerne hättest", sagte sie knapp.

„Das könnte sich sehr rasch ändern."

„Ach, macht Theodor wieder seine Revolution?"

Der Spott schmerzte ihn, und Marias Miene schien sich entschuldigen zu wollen.

„Er macht sich etwas vor, Gottfried, und du weißt das! Warum bestärkst du ihn noch in seinen Fantastereien?"

„Weil es keine Fantastereien sind! Und weil ich sein Freund bin!"

„Umso mehr wäre es deine Aufgabe, ihn zur Vernunft zu bringen!"

„Ach, dafür ist die Vernunft dann gut genug, um Leute wie Theodor zum Dulden und Hinnehmen zu bringen? Die Preußen haben ihn zur Zwangsarbeit verpflichtet, ohne dass er irgendetwas verbrochen hätte ..."

„Eine ‚Zwangsarbeit', für die er besser bezahlt wird als bei so mancher Maurerarbeit, die er bisher geleistet hat."

„Aber *er will es nicht*."

Marias Bewegungen wurden heftiger. „Für ihn war es rechtens, sich von den Franzosen dafür bezahlen zu lassen, auf Menschen zu schießen. Aber es ist Unrecht, wenn die Preußen ihn dafür bezahlen, dass er Steine aufeinanderschichtet! Er würde also lieber wieder schießen, eine Revolution machen – gut, was hätte er denn schon zu verlieren? Aber du, Gottfried, du hättest etwas zu verlieren! Du darfst dich von ihm nicht in Törichtes hineinziehen lassen! Du hast Frau und Kinder und …"

„Törichtes?!" Gottfried musste auf und ab gehen. „Der Kampf um die Freiheit ist doch kein Streich von Gassenjungen, die nachts bei alten Weibern einsteigen und ihnen frivole Bildchen ins Gebetbuch legen!"

„Freiheit – als Köln *freie* Reichsstadt war, zogen die Leute vors Rathaus, um ihre Freiheit einzufordern; als die Franzosen hier waren, schickte man Delegationen nach Paris, um mehr Freiheiten einzufordern, jetzt schickt man sie nach Berlin – die Leute werden nie zufrieden sein, denn jeder Herrscher kann bestenfalls nützlich sein. Die Freiheit aber kommt von Gott, vom Glauben an Gott!" Sie zeigte nach oben, beinahe drohend.

„So, und du glaubst, mit deinen Wässerchen gibst du den Leuten so etwas wie Glaube zum Trinken … Und schon haben ihre Seelen Frieden?"

„Ich dachte, du würdest mir den Erfolg wünschen", sagte sie ohne Bitterkeit, aber mit Erkenntnis. „Dass *wenigstens* du mir den Erfolg wünschen würdest." Ihr suchender Blick nach den ausbleibenden Lieferanten tat ihm weh. Er stand am Ende der Worte. Und es war ihm nicht erlaubt, sie in den Arm zu nehmen. Ihm fiel auf, wie klein sie war. Wie klein und wie unausweichlich.

„Es würde mir gewiss leichterfallen, wenn ich verstehen könnte, warum du das tust", sagte er und nickte zu dem stummen Bronzezeugen ihres Gesprächs.

„Was gibt es da zu verstehen? Warum bist du Buchhändler? Warum ist Elkendorf Stadtphysikus? Und Struensee Polizeipräsident?"

„Und du bist Nonne …"

Sie schnitt ihm mit einer scharfen Geste das Wort ab. „Das, was ich hier tue, widerspricht dem nicht, auch wenn viele mir das einreden wollen. Viele, die selbst keine Ahnung davon haben, wie es ist, eine Ordensfrau zu sein! Ein Kloster – das sind nicht die Mauern und die Zellen, ein Kloster, das ist hier!" Sie legte sich die Hand ans Herz. „Ich tue das aus Dienst am Glauben. Wenn unsere Kirche es nicht lernt, darin neue Wege zu gehen, wird sie untergehen!"

Sie machte Anstalten, an ihm vorbei in den Verkaufsraum zu gehen. Er öffnete seine linke Hand, nur als Aufforderung, denn er wusste, dass sie sich nicht aufhalten lassen würde.

„Sprich mit mir nicht wie mit der Nachwelt", sagte er, „oder als wäre ich die Chronik des Hauses de Martin. Das beleidigt mich."

Sie fasste so plötzlich nach seinem linken Arm, dass er glaubte, sie wäre gestolpert, auch spürte er ihr Gewicht. Sie hielt sich an ihm, aber sie sah ihn nicht an, als sie sagte:„Glaub mir, ich frage mich täglich, ob ich das Richtige tue. Was kann ich falsch machen? Jemand fragte mich, wovor ich Angst habe. Ich weiß es nicht, und das macht mir Angst. Man muss sich fürchten, Gottfried, um nicht zu verkommen."

Er sah auf das grobe Gewebe ihres Tuches herab, unter dem sie ihr Haar verbarg. Er hob die rechte Hand, die sie nicht sehen konnte, langsam, als versuche er, eine Taube zu fangen. Er führte sie so nahe an den Schleier, dass er die Wärme spüren konnte. „Dabei heißt es doch, die Angst sei ein schlechter Ratgeber", sagte er.

„Nein." Er sah ihr Gesicht nur im Profil und doch wusste er, dass ihre Augen einen verlorenen Glanz hatten. „Die Angst kennt uns am besten. Wer nicht weiß, wovor er Angst hat, weiß nicht, wer er ist."

Er hielt die Hand immer noch hinter ihrem Kopf, aber er wagte es nicht, sie zu berühren. Er hatte Angst. Angst davor, dass sie sich von ihm lösen würde. Also stimmte er ihr zu: Die Angst kannte die Wahrheit besser als jedes andere Gefühl.

„Ich werde dir etwas für Theodor mitgeben", sagte sie schließlich und ihre ersten Schritte wirkten unsicher auf ihn. „Nimm ihm von der neuen Melissenessenz mit." Er folgte ihr in den Verkaufsraum.

„Ist die Melisse nicht gegen Frauenleiden gedacht?"

„Ja. Und woran leiden Frauen am häufigsten?" Sie nahm eine kleine verkorkte Flasche aus einem Holzkasten. „An Männern." Damit reichte sie ihm den Melissengeist.

Sie waren zu ihren spöttischen Scherzen zurückgekehrt, also sagte er: „Nanu, Schwester Melisse, hast du für dein neues Destillat keinen Hund gefunden, dass du es an Theodor ausprobieren musst?"

In diesem Moment hatte sie ein junges Lächeln. „Es vertreibt trübe Stimmungen des Gemüts."

„Nun, solange noch kein Preußenadler drauf ist, vielleicht."

„Willst du deswegen nicht, dass ich nach Berlin schreibe? Weil du Angst hast, es könnte Theodor verstimmen, wenn ich das Preußenwappen drucke?"

„Ich hatte gehofft, dass du auf unserer Seite stehst", sagte Gottfried. „Ich hatte gehofft, dass du uns dabei hilfst, mit den belgischen Patrioten in Verbindung zu treten. Ich warte schon zu lange vergebens auf eine Nachricht!"

„Ich bin nur eine arme alte Nonne ..."

„Die Leute achten dich! Du hast sogar Einfluss bei den Preußen."

„Du überschätzt mich."

„Du könntest uns dabei helfen, mit Gleichgesinnten in Verbindung zu treten. Man vertraut dir!"

„Ich will nichts von Verschwörungen wissen."

„Dann willst du auch nichts von mir wissen."

Maria stand auf der anderen Seite des Tisches, beide Hände aufgestützt. Ihr Gesicht war zu auffällig darum bemüht, nichts preiszugeben. „Ich weiß, dass deine Freundschaft zu Theodor dich in Gefahr bringt ..."

In diesem Moment schepperten die Glocken der Tür.

Sie suchte Gottfrieds Blick mit der Frage, ob sie nun endlich ihre Antwort erhalten würde. Doch man hatte kein Fuhrwerk gehört, es konnte also keine Antwort in ihrem Sinne sein.

Ein preußischer Offizier war in den Laden getreten. Er sah

sich um, als befürchtete er, Katholizismus wäre ansteckend. Wenn Gottfried einem preußischen Soldaten gegenüberstand, war ihm zumute wie einem Entstellten, der seine Missbildung so lange vergessen konnte, wie er nicht in einen Spiegel sah.

„Was können wir für Sie tun, Monsieur?", fragte er finster.

„Sie sind die Unternehmerin Maria Clementine Martin?", fragte er Maria. Die Stimme des Offiziers klang ein wenig hohl. Er hatte eine geschwollene Wange, offenbar verursacht von einem entzündeten Zahn.

„Ja, die bin ich." Für einen Moment schwebte die Frage zwischen ihnen, ob er als Hilfesuchender gekommen war oder als Beamter der Besatzung.

„Wir können es Ihren Fuhrwerken nicht erlauben, nach Köln hineinzukommen", sagte er. Von Amts wegen hatte der Zahn keine Rolle zu spielen. Er zog ein Papier hervor.

„Warum?", fragte Maria. „Ich habe eine Genehmigung für diese Destillerie. Mein Gewerbe ist beim Magistrat eingetragen!" Sie nahm das Papier entgegen, ohne darauf zu sehen.

„Die Polizei hat in letzter Zeit Hinweise erhalten, dass aufrührerische Schriften nach Köln gebracht werden. Eine Lieferung von solchem Umfang müssen wir daher gründlich untersuchen."

Gottfried fühlte sich augenblicklich schuldig. Der Gedanke war nicht abwegig, dass er Maria den Verdächtigungen ausgesetzt hatte. Oder vielmehr: ihr Umgang mit ihm.

„Wenden Sie die Wagenladungen ein paar Male mit der Heugabel und Sie werden sehen, dass nichts darin ist!", sagte Maria drängend. „Aber lassen Sie sie heute noch weiterfahren, denn wenn die Pflanzen ihren Saft verloren haben, sind sie für mich wertlos!"

„Bedaure, gnädige Frau, aber der Polizeipräsident will sich persönlich überzeugen, das nimmt Zeit in Anspruch."

Gottfried und Maria tauschten einen Blick aus, darin nur ein Wort: „Struensee!" Es war wohl davon auszugehen, dass die Verderblichkeit der Ware ihn nicht zur Eile antreiben würde.

Gottfried aber spürte, dass Maria eine kühle Entscheidung getroffen hatte, getragen von glühendem Vertrauen.

„Was tun Sie gegen den schlimmen Zahn?", fragte sie, als der Offizier das Papier zur Seite legte.

„Kamille", brachte er hervor wie ein Junge, der seine Unfähigkeit eingestehen musste. „Ich hatte auch Pfeffer und Eichenrinde aus der Apotheke …"

„Eitert es?"

Der Mann schüttelte den Kopf.

„Ich werde Ihnen einen starken Melissengeist geben. Den träufeln sie auf ein Tuch und legen es in die Backentasche. *Ore retenta solet dentis sedare dolorem*, lässt uns schon Odo von Meung wissen: Im Mund gehalten pflegt die Melisse Zahnschmerzen zu lindern. Ich müsste auch noch ein paar Gewürznelken haben, damit können Sie den heftigsten Schmerz betäuben." Maria verschwand in einem anderen Durchgang.

Der Offizier war in der Nähe der Tür stehen geblieben und sah sich um. Als sein Blick auf dem Tisch verweilte, erinnerte sich Gottfried an das Buch, das dort aufgeschlagen und gut sichtbar lag. Ohne auffällige Hast trat er in das Blickfeld des Mannes und machte einige Handgriffe wie bei einem gewohnheitsmäßigen Aufräumen – und deckte dabei die Schrift zu.

Gottfried begriff wohl, dass der Offizier die Entscheidung nicht getroffen hatte, die Lieferung der Melisse aufzuhalten. Konnte er sie dennoch rückgängig machen? Weil ihm das helfen würde, was aus der Melisse werden sollte? Gottfried ahnte, dass Maria in dem Mann einen möglichen Verbündeten sah. Einen, der von Gott geschickt worden war, damit sie die Gelegenheit beim Schopf ergreifen konnte.

„Wenn der Zahn aber immer wieder plagt, dann muss er raus", sagte Gottfried. „Ich könnte Ihnen wohl einen guten Zahnarzt nennen, also einen, der auch den richtigen Zahn zieht und den Knochen drin lässt."

„Wir hätten ja in der Garnison einen Zahnarzt."

„Dann sollten Sie nicht länger zögern – wenn der Eiter erst einmal den Knochen anfrisst, ist es mit dem Ziehen alleine nicht mehr getan."

„Ich weiß", sagte der Leutnant unglücklich. Offenbar fehlte es ihm an Mut und sollte sich das in seiner Kaserne herumsprechen, würde ihm mehr als Spott zuteil.

„Zähne waren offensichtlich nicht Gottes bester Einfall für die Menschheit", sagte Gottfried und dachte bei sich: Zähne – und Preußen. Aber er konnte sich eines gewissen Mitleids für den Geplagten nicht erwehren. Zu gut konnte er sich vorstellen, wie er sich zwischen Angst und Schmerz herumquälte, während er sich Heldengeschichten von Burschen anhören musste, die sich selbst die Gliedmaßen abgesägt oder mit drei Kugeln im Leib die Fahne gerettet hatten. Zu gerne hätte Gottfried ihm erklärt, dass diese Geschichten zwar nicht gelogen waren, aber weniger von Tapferkeit zeugten als von einem Rausch, der ans Irresein grenzte.

Maria kehrte zurück. „Hier sind vier Nelken und der Melissengeist."

„Ziehen Sie denn auch Zähne hier?", fragte der Leutnant. Er war offenbar zu dem Schluss gekommen, dass man für seine Angst hier Verständnis haben würde.

„Natürlich nicht", sagte Maria, als wäre es ein unsittliches Ansinnen. „Ich fertige hier einen hochwertigen Melissenbrand für medizinische Zwecke – das heißt: Ich *fertigte* ihn. Denn ohne die anstehende Ernte wird der Vorrat bald aufgebraucht sein. Ich weiß: Sie sind nur ein Überbringer, aber ich frage mich, ob der König von Preußen, dem das Wohl seiner Untertanen in den neuen Provinzen am Herzen liegt, es gutheißen kann, wenn die Zahnschmerzen, die Frauenleiden, das Phlegma und die Herzbeschwerden nicht jene gute und einfache Hilfe finden, die Gott dafür vorgesehen hat."

Schuldbewusst nahm der Offizier die Tinktur entgegen.

„Sie können dem Herrn Struensee ausrichten, dass ich mich direkt an den König wenden werde!"

„Ich bin nur der Bote, der …"

„Haben Sie sich nicht gefragt, warum man mir einen Boten schickt, der sich mit einem schlimmen Zahn quält?"

„Ich habe Dienst."

„Ja, sehen Sie: Und ich auch. Ich habe den Dienst, die heilende Natur für die Menschen aufzubereiten. Gibt es einen Grund, mich daran zu hindern, der nicht *gottlos* ist?"

Gottfried war beeindruckt von der schlichten Wucht ihrer Worte. Und der Leutnant schien der Ansicht, dass er in alle Ewigkeit von Zahnschmerzen gequält werden würde, wenn er nicht um ihretwillen intervenieren würde.

„Ich werde mit meinen Vorgesetzten sprechen …"

In diesem Moment sprang die Ladentür mit lautem Gebimmel auf.

„Stadtphysikus Elkendorf!", verkündete der Besucher mit hochrotem Kopf seinen Namen und seinen Stand. Gottfried kannte ihn. Elkendorf war ein Mensch, der Schwierigkeiten aus dem Wege ging. Auf keinen Fall hätte Gottfried in dieser Situation von ihm Hilfe erwartet.

„Hier ist wirklich eine Ungeheuerlichkeit im Gange! Ich musste erfahren, dass man die Melisse, die für die Armenapotheke bestimmt ist, an den Toren aufgehalten hat! Es muss da wohl eine üble Verwechslung vorliegen, verehrte Schwester Maria, von den Unterstellungen ganz zu schweigen, dass da etwas Konspiratives …" Der Physikus klemmte sich seinen Spazierstock unter den Arm und zog ein Papier aus der Rocktasche – welche Macht doch die gestempelten Papiere gewonnen hatten! Er schüttelte den Kopf. „Ist Ihnen bewusst, dass das Kraut verdorben ist, wenn Sie es länger festhalten?", wandte er sich an den Leutnant.

„Es ist eine Anweisung des Polizeipräsidenten."

„So: Und ich habe hier eine Anweisung des Herrn Medizinalrats Merrem, unverzüglich auszuliefern! Ich habe hier die Approbation des Melissenbrandes für die Schwester Maria." Es kam noch ein Dokument zum Vorschein. „Und sie hat Order, die Armenapotheke zu beliefern und …", er nahm den Stock wieder hervor, „und die Garnisonsapotheke!"

Der Leutnant war offensichtlich damit überfordert zu erwägen, wessen Wort das größere Gewicht hatte. Er flüchtete sich in die Parole eines jeden Befehlsempfängers: „Ich werde das meinen Vorgesetzten melden."

Er ging. Alle drei: Gottfried, Maria und Elkendorf verbündeten sich in einem Aufatmen.

„Werter Herr Elkendorf: Ich habe doch gar keine Bestellung von der Armen- oder Garnisonsapotheke", sagte Maria.

„Nun, jetzt schon. Und vermutlich muss man nicht beichten, dass wir uns im Datum um einen Monat vertan haben."

Elkendorf war hörbar zufrieden mit sich. In Marias Blick dagegen lag etwas anderes, etwas, das Gottfried zutiefst anrührte. Für Elkendorf mochte es nur eine kleine Finte sein, die Bauernschläue, in die sich die Unterworfenen flüchteten. Für Maria war es eine Zuwendung des Allmächtigen. Er hatte einen Plan zu ihren Gunsten. Gottfried spürte einen merkwürdigen Neid. Merkwürdig, weil er durchmischt war mit Erleichterung – Erleichterung, weil Gott die Menschheit nicht verlassen hatte, die nunmehr die Wissenschaften anbetete; Neid, weil Maria bereit war, nach dem Willen Gottes zu suchen und belohnt wurde und damit bewies, wie feige es war, sich in die Behauptung zu retten, dass Gott sich von der Menschheit abgewandt hätte. Er sprach vielleicht nicht mehr aus Feuersäulen, sondern viel unscheinbarer aus der unbestimmten Sehnsucht, die jeder Mensch in sich trug. Maria konnte zuhören und vielleicht war es das, was Frömmigkeit meinte.

„Ich verabschiede mich", sagte Gottfried und nahm das Stück Stoff, das, seiner fürsorglichen Aufgabe beraubt, ein wenig verloren auf dem Tisch lag.

Als er über den Domhof ging, richtete sich sein Blick nicht auf den Weg, sondern auf die kleine Flasche mit dem Melissengeist.

Er gestand sich, dass er eine gewisse Eifersucht auf Marias

Unternehmen empfand. Nicht etwa in einem geschäftlichen Sinne, nein, es missfiel ihm einfach, dass ihr Denken und Streben sich nun ganz auf dieses Unterfangen richtete. Zumindest die Eifersucht ist mir erlaubt, dachte er, wenn auch sonst nichts. Die Eifersucht und die Angst.

Es wurde bereits dunkel, als er Johanns Haus in der Severinstraße betrat. Theodor saß in der Küche. Der Stuhl stand in der Mitte des Raumes und Theodor saß mit dem Rücken zur Tür. Im Ofen brannte Glut und verzerrte die Rußfratzen und Schatten auf der Wand.

Gottfried stellte die Flasche mit dem Melissengeist auf den Tisch. Theodor blickte nicht auf. Seine Arme hingen herab, als wären die Fäden zerschnitten worden, an denen sie befestigt gewesen waren.

„Weißt du, was das Schreckliche an der Hölle sein wird?", fragte er. „Das Schreckliche an der Hölle wird sein, dass wir nicht wissen werden, warum wir dort sind."

Dieu et Liberté – Gott und Freiheit

16

„Ich soll das hier abgeben." Maria empfand immer noch einen kindlichen Stolz, wenn sie dieses Schreiben zur Hand nahm. „Man hat mir gesagt, dass ich hier eine entsprechende Anweisung für die Druckerei bekomme."

Der Beamte hatte sich bei ihrem Eintreten erhoben. Er trug eine graue Strickjacke über seiner Uniform und fingerlose Filzhandschuhe, denn trotz des kleinen Gussofens herrschte in der Amtsstube eine steinerne Kälte. Maria hatte ihre Handschuhe ausgezogen und das Filztuch zurückgeschlagen, um das Schreiben aus der Tasche ziehen zu können.

„O ja … ja!", ließ der Beamte hören, als er das Wappen des preußischen Königs sah. Natürlich hatte es sich in Köln längst herumgesprochen, welche Antwort Maria Clementine Martin, die Klosterfrau, aus Berlin erhalten hatte:

Wenn gegen das beiliegende Gesuch der Klosterfrau Maria Clementine Martin zu Köln um die Erlaubniß, die Etiquette des von ihr fabricirten Melissen- und Cölnischen Wassers mit dem preußischen Adler versehen zu dürfen, in Beziehung auf die Concessionen, welche bereits anderen Fabriken des Cölnischen Wassers in Cöln zugestanden sind, kein Umstand obwaltet, so will ich die Bitte stattfinden lassen und Ihnen hiernach die weitere Verfügung und die Bescheidung der Supplikantin anheimgeben.

Berlin den 28. November 1829, gez. Friedrich Wilhelm

Der Brief hatte sie mit einer Sonderzustellung erreicht – kaum zwei Wochen, nachdem sie ihr Gesuch an den König gestellt hatte:

Eure Majestät – wage ich, von beiden eine kleine Probe allerunterthänigst zu Füßen zu legen. Möchten dieselben mit Allerhöchster Huld und Gnade aufgenommen und mir die Allerhöchste Erlaubniß zu Theil werden, meine Fabrikate mit dem Preußischen Adler zieren zu dürfen.

Und als sie den Brief mit der Wendung schloss: *In höchster Verehrung ersterbe ich als Euer Majestät allerunterthänigste Magd Maria Clementine Martin,* da hatte sie sich lächelnd gedacht, dass sie Gottfried nicht mehr unter die Augen treten durfte, sollte er von diesem Wortlaut erfahren. Aber die Kratzfüßelei hatte sich gelohnt. Sie konnte wohl davon ausgehen, dass der König nicht sehr oft Briefe aus dem Rheinland erhielt, die ihm das Gefühl gaben, ein umschwärmter Landesvater zu sein. Maria wusste wohl, dass auch ein König ein Mensch war und dass vor allem dieser König sich nach der Wertschätzung durch das Volk sehnte, auch wenn seine Herkunft ihm dies verbot.

Gustav war bei ihr gewesen, als der Brief eintraf, er hatte ihn laut gelesen und gefragt: „Aber was heißt denn das: *kein Umstand obwaltet ... andere Concessionen?*"

Maria hatte ihm diesen Brief, auf dem nun ihre Zukunft gründete, aus der Hand genommen und gesagt: „Das heißt zum einen, dass Herrscher herrschen, weil sie es verstehen, andere damit zu beschäftigen, ihren Willen zu ergründen. Und zum anderen heißt das, dass wir den anderen Fabrikanten nicht die Gelegenheit geben werden, herauszufinden, ob da ein Umstand obwaltet."

Und so war sie am nächsten öffentlichen Tage in das Polizeipräsidium in der Schildergasse 84 gekommen. Dem Beamten sah sie an, dass er davon erzählen würde, dieses Schreiben in der Hand gehalten zu haben, von dem ganz Köln sprach. Maria hatte bemerkt, dass die Leute, die sie gegrüßt hatten, anschließend die Köpfe zusammensteckten. Dann fielen Worte wie: „Der Preußenkönig", „ihr Kölnisch Wasser", „dat Wappen". Es war der Tonfall, in dem die Kölner immer über etwas redeten, das nicht den Erwartungen entsprach: eine Mischung aus Nachsicht und Verwunderung.

Sie hörte es gern, so wie sie gerne das Leuchten in den Augen des Beamten sah. Dieses kokette Gefühl entsprach nicht ihrem Gelübde der Demut – aber sie freute sich an der kleinen Sünde, denn die Reue war immer eine gute Art, das Gespräch mit dem Herrn Jesus Christus zu eröffnen, und zu den Sündern setzte er sich nun einmal besonders gerne.

„Nehmen Sie doch Platz, verehrte Schwester", sagte der Beamte und zeigte auf einen Stuhl, der dienstbereit seinem Schreibtisch gegenüberstand. „Ich werde Ihnen die entsprechende Anweisung für die Druckerei ausstellen und siegeln lassen!"

Maria folgte der Aufforderung, legte dabei den Wollschal ab, den sie wegen der Winterkälte über den Mantel geworfen hatte. Als sie alleine war, hörte sie, dass nebenan gesprochen wurde. Die Stimmen näherten sich der Tür.

„Wenn Sie sich tatsächlich zu der Dummheit versteigen sollten, den Karnevalsumzug zu verbieten, Struensee, dann müssen Sie in Berlin für die Folgen einstehen!" Es war ohne jede Drohung gesagt, aber mit einer bösartigen Vorfreude. Maria kannte diese Stimme.

„Sie verkennen die Haltung Berlins in dieser Angelegenheit völlig!" Diese volltönenden Worte kamen offenbar von Struensee. „Sie verkennen die Haltung des Königs!" Das „ö" sprach er besonders krönend. „Ich wurde vom Herrn Polizeiminister auf eine Aktennotiz des Königs hingewiesen, die da lautet ..." Die Veränderung des Schalls zeigte, dass er sich umgedreht hatte: *Ich weiß nicht, wie ich mich genug über eine Kölnische Regierung verwundern soll, die solche Narreteidinge noch in*

Schutz nimmt' – aus der Feder des Königs! Seine Majestät hat sein besonderes Vertrauen in mich bekundet, indem er mich den Weisungen einer derart nachlässigen Kölner Regierung entzog und direkt seinen Ministern unterstellte. Und ich gedenke, mich dieses Vertrauens würdig zu erweisen!"

„Indem Sie einen Aufstand auslösen?", fragte die amüsierte Stimme. Es war von Pregnitz, der da mit Struensee sprach. Maria erinnerte sich mit Unbehagen an ihre Begegnung mit diesem Mann, an seine sonderbare Frage, wovor sie Angst hätte … Welche Absichten verfolgte er? Was führte ihn zu Struensee?

Es konnte kein Zufall sein, dass sie, Maria, in dieser Stunde hierhergekommen war und dieses Gespräch mit anhörte. In ihr stieg Hitze auf. Gott hob für sie einen Vorhang und zeigte auf die Dinge der Zukunft.

„Der Karneval *ist* ein Aufstand!", polterte Struensee. Pregnitz blieb beleidigend gelassen: „Sieh an, dann haben Sie und ich ja schon zehn Aufstände in diesem Land überstanden! Da hätten wir ja schon fast das Eiserne Kreuz verdient, weil wir uns Pappmasken entgegengestellt haben."

„Der Karneval ist die Art der Rheinländer, die Zensur zu unterlaufen!"

„Und das Bestätigungsrecht ist die Art unseres Königs, das napoleonische Recht zu unterlaufen. Da wären wir dann quitt. Lassen Sie den Leuten hier die kleine Genugtuung, dann sind sie im Großen gute Untertanen."

„Eine Genugtuung gegenüber dem König?" Struensee wurde schrill. „Sie hätten diese Karnevalszeitung lesen sollen, die ich verboten habe! ,Pressfreiheit darf nicht zu Pressfrechheit werden!' Diesen Leuten hier gehört es beigebracht, dass es so etwas gibt wie Majestätsbeleidigung … und die Pflicht, den Adel und seine Insignien zu ehren!"

„Ja, zumal Sie auch seit 10 Jahren ein ,von' vor dem Namen tragen."

Maria konnte nicht umhin, in diesem Wortwechsel auf Pregnitz' Seite zu sein – aber was für eine Seite war das? Sie hatte sich ganz zur Tür hin gebeugt, denn Pregnitz sprach nun sehr ruhig weiter.

„Wenn Sie den Kölnern ihren Umzug verbieten, führt es nur dazu, dass sie sich allerorten sagen: Ja, unter Napoleon durften wir das! Struensee, Sie hätten ihnen diese Zeitung nicht verbieten sollen, Sie hätten sie nur dazu verpflichten sollen, daran zu erinnern, dass die französische Republik das Karnevalstreiben einst verboten hat; und dass die gute preußische Regierung hingegen diese alte deutsche Sitte ehrt und mit der Gründung von Vereinen fördert!"

„Die deutsche Sitte ist ernst und tugendhaft! Es gibt wohl kaum etwas Romanischeres als den Karneval!"

„Mein Gott, Struensee, das Eiserne Kreuz haben wir uns auch von Napoleons Kreuz der Ehrenlegion abgeschaut. Die Frage ist nicht, woher die Dinge kommen, sondern was wir daraus machen!"

„Ja! Und in Berlin ist man äußerst unzufrieden mit dem, was hier daraus gemacht wurde! Seine Majestät der König hat von den Kölnern per *Kabinettsorder* verlangt, dass sie den historischen Ursprung ihres Karnevals nachweisen, dass es sich dabei nicht etwa um eine französische Lustbarkeit handele. Und diesen Beweis ist das Komitee des Karnevals ihm noch schuldig!" Schritte erklangen. „Und zudem hat man in Berlin an den preußischen König berichtet, dass die Rheinländer *arm sind an dem, was man Gesinnung nennt, sie entbehren im auffallendsten Maße eigentlicher preußischer patriotischer Empfindungen und Regungen* ... Mit anderen Worten: Man wirft uns Versagen vor!"

Pregnitz sagte darauf in festem Tonfall: „Wenn es sein muss, feiere ich jedes Wochenende Karneval, um das preußische Königshaus zu einem deutschen Kaiserhaus zu machen!" Maria entfuhr ein Laut der Überraschung und des Erschreckens – oft hatte sie Gottfried belächelt, wenn er ihr solche Schreckgeschichten aus den Flugblättern wiedergab. Ein preußisches Kaiserhaus – das würde einen europäischen Krieg heraufbeschwören.

„Nun, Ihre Kameraden und Ihre Vorgesetzten sehen das anders", fuhr Struensee selbstgefällig fort. „Stadtkommandant von der Lund hat mir bereits ein entsprechendes Truppenaufgebot zugesagt, um den diesjährigen Umzug zu unterdrücken, und es wird fortan keinen mehr geben! In Bonn ist dieser Unfug schon seit dem vergangenen Jahr verboten und ..."

„Sie wollen also meinem Wunsch nicht folgen und den Karneval unbehelligt lassen?" Von Pregnitz klang beinahe bescheiden.

„*Ihrem* Wunsch? Ja, für wen halten Sie sich denn, von Pregnitz? Hier geht es um die Anweisungen des Herrn Innenministers, des Ministers für die Angelegenheiten der Rheinprovinz ... Sind Sie größenwahnsinnig?"

„Es ist doch immer bedauerlich, wenn Weitsicht mit Größenwahn verwechselt wird. Ich sehe, wo Sie in fünf Jahren sind, Struensee: Nicht mehr in Köln, nicht mehr in Köln!" Gespieltes Bedauern tropfte aus seiner Stimme.

Die Tür wurde so plötzlich geöffnet, dass Maria auffuhr.

„Wir werden uns in dieser Angelegenheit sicher noch sprechen, Struensee!", sagte von Pregnitz zum Abschied, dann fiel sein Blick auf Maria. Es war ein lächelnder Blick. Sie dagegen fühlte sich wie eine Dienstmagd, die dabei ertappt worden war, wie sie die Herrschaft beim Liebesspiel belauschte. Sie errötete.

„Ach, die verehrte Schwester Maria! Die Klosterfrau mit dem königlichen Wappen!" Er sprach wie in Anerkennung zu einem Kind. Noch mehr verübelte sie ihm aber die Art, wie er sie ansah: So als würden sie eine Verschworenheit teilen und als müsste man Kindisches reden, um Struensee darüber zu täuschen.

Natürlich wusste Pregnitz, dass sie das Gespräch mit angehört hatte. Sie traute ihm sogar zu, dass er dessen Eindeutigkeit forciert hatte, als er hörte, dass sie eingetroffen war. Nur – was wollte er damit bezwecken? Sie erinnerte sich, dass er sie aufgefordert hatte, den Sturz Struensees zu unterstützen. Sie wollte und würde sich in keinerlei Ränke um Posten und Ämter verwickeln lassen. Und die Hintergedanken, die Pregnitz soeben kundgetan hatte, lösten bei ihr denselben Abscheu aus wie Struensees Polizeiregime. Für Maria waren sie zwei Halunken, die um eine Jungfrau würfelten.

„Wie geht es Ihrer Frau, Major von Pregnitz?", fragte sie ausweichend.

„Es geht ihr deutlich besser! Sie hat nun doch noch die Medizin erhalten, die sie braucht." Diese Bemerkung bezog sich auf das Opium, das Maria der kranken Clara verweigert hatte. „Sie spielt sogar wieder Klavier."

Der Abscheu, den Maria in diesem Moment empfand, machte sie sprachlos.

„Vielleicht möchten Sie uns ja noch einmal besuchen. Clara würde sich freuen!"

„Wenn sie mich denn erkennt", entfuhr es Maria.

Der Beamte kehrte in diesem Moment zurück und stutzte an der Tür, den Blick auf Pregnitz gerichtet, und wagte es nicht, näherzutreten.

„Oh, sie spricht bisweilen von Ihnen", sagte Pregnitz andeutungsreich und setzte seinen Hut auf, an dem die Insignien des Ingenieurs blinkten. „Ich wünsche Ihnen einen guten Tag!" Sein letzter Blick sagte noch: Sie wissen, was Sie jetzt zu tun haben!

Der Beamte wagte sich nun wieder hervor. Er war aufgeregt und erklärte allerlei, während er ein Dokument mit Siegeln in der Hand hielt. Maria, die diesen Moment in ihrer Erinnerung hatte bewahren wollen, hörte gar nicht zu. Sie nickte, aber etwas von ihr war schon auf dem Weg, obwohl sie nicht wusste, wohin.

Sie wusste es immer noch nicht, als sie wieder auf die Straße trat. Sie verstaute beide Papiere in der Tasche, schlug das Wolltuch über den Kopf, zog es bis zum Mund hinauf, wollte nicht erkannt, nicht angesprochen werden. Sie war diejenige, die wusste, was sich bald in diesen Gassen abspielen würde. Sie war diejenige, die es aufhalten konnte.

17

Während Maria erzählte, hatte Gottfried sich nicht anmerken lassen, was er dachte. Er stand hinter dem Pult in seiner Buchhandlung und hatte ihr das Gefühl gegeben, eine schlecht gelernte Lektion vorzutragen.

„Wir können der Vorsehung gar nicht genug für Struensee danken!", sagte er, als müsste jedes Wort von nun an für Verlautbarungen taugen. Er trat hinter dem Pult hervor. „Kein Flugblatt, kein Vortrag im Lesezirkel, kein zur Schau gestelltes Omen kann das bewirken, was er mit seinen Verboten auslöst!"

„Falls er den Karneval im kommenden Jahr verbietet, dann ist das nichts Politisches … und ihr dürft es nicht dazu machen. Es ist nur seine Vorstellung von Ordnung …"

„Und die ist zutiefst preußisch – also ist es politisch!"

„Ach was, selbst der Pregnitz hat versucht, ihm das auszureden!"

„Pregnitz? Ist das nicht der stellvertretende Festungsingenieur? Sein Name stand auf Theodors Zwangsverpflichtung. Was hat der denn damit zu tun?"

„Das weiß ich nicht. Ich sagte dir doch, dass er mich auf Struensee angesprochen hat. Da scheint wohl irgendein Schacher im Gange. Köln soll doch einen neuen Stadtkommandanten bekommen."

„Eben deswegen ist es der beste Zeitpunkt, um sich zu erheben! Wenn von Sjöholm aus dem Amt ist und Pfuel es noch nicht angetreten hat."

„Ich bin mir sicher, die Preußen werden trotzdem jemanden haben, der die Bajonette gegen euch aufpflanzen lässt! Ihr müsst besonnen bleiben und …"

„Ich bin seit fünfzehn Jahren besonnen!", fuhr Gottfried auf. Seine Schritte brachten die Bücherregale zum Knacken.

Maria fragte sich, warum sie hergekommen war. Sie stand beim Ofen. Er kam ihr vor wie ein kleiner Bruder ihrer Destillierkolben. Ein genügsames Feuer brannte hinter der offenen Klappe, der man das Geräusch ansah, das sie machte, wenn man sie bewegte. Für Maria hatte ein Feuer immer etwas Lebendiges, auch wenn sie schon in den ersten Lektionen der Klosterapotheke gelernt hatte, dass Feuer nicht lebte: Es war nicht beseelt. Sie hatte sich gefragt, warum in der Medizin dann aber immer die Rede von der inneren Wärme, dem inneren Feuer des Menschen war. Warum wurde die Wirkung aller Pflanzen danach beurteilt, ob sie auf dieses innere Feuer mäßigend oder stärkend wirkte?

Warum war sie hergekommen? Um das Feuer einzudämmen, bevor es zum großen Brand wurde? Oder um das Feuer zu nähren?

„Wenn ich noch weitere fünfzehn Jahre besonnen bin, trägt man mich in einer Welt zu Grabe, die nicht die meine ist!", sagte Gottfried. Man sah ihm an, dass er Pläne fasste und verwarf, eilig mit jedem Schritt, den er auf der Fläche zwischen den Bücherregalen ging.

„Wenn ihr euch den Karnevalszug erzwingen wollt, dann wird man euch das als Aufruhr auslegen. Die Preußen haben mehr als viertausend Soldaten hier in Köln …"

„Viele davon sind zwangsverpflichtete Rheinländer, die werden nicht auf uns schießen."

„Mit Zusammenrottungen erreicht ihr gar nichts", redete Maria weiter. „Der Bruder des Königs wird im nächsten Jahr der Gouverneur der Rheinprovinz, und er war immer ein Freund des Kölner Brauchtums. An ihn müsst ihr euch wenden!"

„Maria, es geht hier nicht um den verdammten Karneval!" Mit einem Blick entschuldigte er sich für den Fluch, aber Maria erinnerte ihn mit einem Heben der Augenbrauen daran, dass sie in den Militärlagern kräftigere Ausdrücke gehört hatte. „Den Karneval haben ohnehin die besseren Herren sich zu eigen gemacht. Wer von uns hat denn drei Taler, um am Umzug teilzunehmen? Es geht darum, dass sie in Berlin nicht darüber entscheiden dürfen, was uns erlaubt ist und was nicht. Die Preußen waren schon immer Feinde des Rheinlandes, ob zu Zeiten der Habsburger oder der Franzosen. Aber wir können uns auch alleine gegen sie wehren!"

„Das könnt ihr nicht", sagte Maria ruhig. „Und ihr habt Freunde in Berlin …"

„Wir wollen aber keine Freunde in Berlin! Dreimal hat uns der König bereits eine Verfassung versprochen, die Städte haben Noten an ihn gerichtet, die Ständevertretung, die er wider alle Tradition hier einrichten ließ, sogar der Görres, als er noch die Feder für Preußen führte. Und was hat der Feigling von Jena und Friedland uns geantwortet? Dass es nur dem König allein zustehe, den Zeitpunkt zu bestimmen, an dem über eine Verfassung nachgedacht werde! Der Bursche verspottet uns und spuckt auf die Gräber derer, die gegen den Dünkel von seinesgleichen gekämpft haben. Ich werde mich nicht damit abfinden, dass sie umsonst gestorben sind!"

„Willst du denn, dass noch weitere sterben?"

„Geht es dir wirklich darum, oder hast du Angst, dass ein Aufstand gegen Preußen deine unternehmerischen Pläne durchkreuzen könnte? Deine Goldtaler aus Berlin würden dann wohl ausbleiben!"

Es kränkte sie, weil die Absicht, sie zu verletzen, so deutlich aus seinen Worten sprach. Und er benannte in schonungsloser Art, was sie vor sich selbst zu verbergen versuchte: Natürlich fürchtete sie um das Errungene. Aber war das alleine Selbstsucht? Warum konnte sie nicht aufhören, sich zu fragen, ob sie mit dem Willen, ein erfolgreiches Unternehmen zu führen, gegen alle ihre früheren Versprechen handelte?

„Oh, ich werde euch unterstützen! Ich werde wieder euer Blut aufwischen, bis mir die Röcke schwer werden. Ich bitte nur um Verständnis, dass ich es nicht mehr tagelang kann, denn meine Knochen sind alt", sie hob ihre rechte Hand, „und sie schmerzen, auch ohne dass ich unentwegt Aderpressen anlege!"

Er stand wieder an seinem Pult, wirkte unsicher.

Maria wusste, dass er nie ein Fahnen schwingender Held gewesen war. Sie hatte es in dem Moment gewusst, in dem sie ihn gerettet hatte; als sie ihn vor Theodor gerettet hatte. Viele Hundert hatte sie in diesen Tagen gerettet. Aber nur für diesen einen hatte sie selbst zur Waffe gegriffen; nur seinetwegen war das Blut an ihren Händen gewesen, das sie selbst vergossen hatte.

Als man ihr vorgeschlagen hatte, nach Köln zu gehen, um den alten Domvikar zu pflegen, hatte sie an diesen einen Mann aus Köln gedacht – nur gedacht, nichts empfunden. Da gab es nichts, was sie aus Köln ferngehalten hätte, nichts, was sie dorthin zog. Sie hatte nur an den Namen Gottfried Prangenberg gedacht und ob er wohl noch lebte. Und von dem Moment an, in dem sie ihn wiedergesehen hatte, spürte einer die Gedanken des anderen, so wie jetzt.

Als Gottfried wieder sprach, war seine Stimme ruhiger, wenn auch nicht ohne Schärfe: „Und was sollen wir deiner Meinung nach tun? Dem Herrn König einen Brief schreiben? Untertänigst und unwürdig?"

Er hatte also auch vom Wortlaut ihres Schreibens erfahren. Natürlich, Briefe an den König von Preußen konnten schwerlich einen Anspruch auf Geheimnis erheben. In Köln war die Gassenpost immer noch die lebhafteste.

„Ich würde diesen Brief für euch schreiben", sagte sie, „wenn ich mir sicher sein könnte, dass ihr auf eine Antwort Wert legt. Aber sollte der König euch den Karneval per Kabinettsorder erlauben, dann wärt ihr wohl enttäuscht, und ich hätte mich zum Narren gemacht!"

„Ich sage dir, wir werden unseren Karnevalszug bekommen. Und er wird mehr als ein Mummenschanz sein! Ein Brief wäre also nichts weiter als eine Warnung an den Herrn in Berlin, die ihm erlaubt, seine Truppen zu alarmieren."

Es war auch eine Warnung an sie: Dass er ihre Verbindungen zum preußischen Königshaus als drohenden Verrat ansah. Und dass für sie der Zeitpunkt gekommen war, sich zu entscheiden: zwischen den geschäftlichen Vorteilen, die ihr aus dieser Verbindung entstanden, und ihren rheinischen Glaubensgenossen, die das preußische Joch abschütteln wollten.

Maria fragte sich, ob sie einer Revolution die Unterstützung versagen durfte; sie fragte das Gott. Alles, was der Mensch sich selbst fragte, fragte er auch Gott. In Tirol, dem Land, aus dem ihre Familie stammte, hatte man gegen den säkularen Staat aufbegehrt; im belgischen Holland, da wo sie geboren war, hatten sich die Liberalen mit der Geistlichkeit verbündet, um sich von der protestantischen Herrschaft zu befreien. Es schien, als folgte ihr die Revolution, wohin sie auch ging. Und in Gottes Plänen gab es keine Zufälle. Er beantwortete ihre Frage mit einem Satz, der ihr in den Sinn kam: *Lass mein Volk ziehen.*

Sie musste lächeln. Mose war ein Günstling des Pharaos gewesen, sie stand in der Gunst des preußischen Königs. Sie würde aber nicht zu ihm gehen. Sie würde Pregnitz aufsuchen. Er hatte sie schließlich gebeten, ihm über die Stimmung bei den einfachen Kölnern zu berichten. Also würde sie ihn wissen lassen, dass die Kölner große Hoffnungen in den neuen Gouverneur aus dem Königshaus setzten, und dass sie nie eine geringere Neigung zum Aufstand verspürt hätten als jetzt, da sie glaubten, im Königshaus einen Freund gefunden zu haben. Sie würde das tun, was man „in Sicherheit wiegen" nannte. Sie mochte das Bild. Und sie würde noch etwas anderes tun: „Ich werde für euch beten", sagte sie.

Manchen wäre das als Eingeständnis der Ohnmacht erschienen, Gottfried aber verstand.

„Ich werde beten, dass wir die richtige Entscheidung treffen, wenn wir vor der Wahl zwischen Frieden und Freiheit stehen", sagte sie. Und in Gedanken fügte sie hinzu: Ich werde beten, dass dir nichts zustößt, denn ihre Angst vor der Revolution war auch eine Angst um ihn. Sie fürchtete, dass ihm etwas zustoßen könnte und sie diesmal nicht in der Lage wäre, ihn zu retten. Sie fürchtete den eifersüchtigen Gott, sie befürchtete, dass ihre Zuneigung zu Gottfried sein Verderben war.

„Ich bete für uns", sagte sie und wusste im selben Moment,

dass sie sich verraten hatte – durch die Art, wie sie das „uns"
ausgesprochen hatte. Rasch schlug sie den Umhang über ihren
Kopf, sodass nur ihre Augen frei blieben, und ging ohne ein
weiteres Wort.

Man musste den Kölnern nun sagen, dass das Verbot des Karnevals die wahren Absichten der Preußen enthüllte. Und dann
musste man ihren Zorn lenken. Gottfried erinnerte sich daran,
dass Theodor gesagt hatte, sie brauchten Waffen, wenn ihr Aufstand Erfolg haben sollte. Er hatte erwähnt, dass in dem Fort,
in dem er arbeitete, ein Waffenlager war. Aber weil das Fort
noch nicht ausgebaut war, lagerte alles in einem Schuppen im
Hof.

„Kümmere du dich um die Worte", hatte er gesagt, „ich
kümmere mich um die Waffen."

Marianne kam in den Raum. „Was wollte denn die Nonne?",
fragte sie, Missmut in der Stimme. Sie ging zum Ofen und entzündete einen Kienspan.

„Es ging nur um einige Bücher", sagte er und fragte sich
nicht, warum er log. „Ich soll ihr dieser Tage Bücher vorbei-
bringen über Pflanzenkunde."

Marianne warf ihm einen Blick zu, der sagte: Glaub nicht,
dass du mich anlügen kannst! Sie schützte die kleine Flamme
mit der hohlen Hand, als sie in die Küche zurückging. „Die
Männer anderer Weiber gehen zu Huren, der meine geht eben
zu einer Nonne. Gott meint es wohl gut mit mir."

„Versündige dich nicht", entgegnete er ohne Empörung.

Die Revolution würde alles ändern, nicht nur die Herr-
schaftsverhältnisse. Sie würde auch zwischen ihm und Marianne alles zum Besseren wenden, dessen war er sich sicher. Er sah,
dass er Marianne in den Arm nehmen würde; dass er sie aus
ihrem Misstrauen befreite. Es musste getan werden.

In der Küche klapperten die Kessel. Er öffnete das Pult,
nahm einen Bogen Papier hervor, Tinte und Feder. Er hatte nur
diese eine Adresse in Straßburg, an die er sich wenden konnte.

Vielleicht war es ein Köder, aber er war der Vorsicht überdrüssig. Jemand musste ihm Flugschriften drucken. Und so tunkte er die Feder in die Tinte und schrieb: *„An die Bürger der freien rheinischen Nation ..."*

18

„Die ganze Fuhre zu Bruch ... Wie konnte das passieren? Sie haben sich damit gebrüstet, beste Flaschenweine bis nach Brüssel gebracht zu haben – unbeschadet!"

Der Fuhrmann stand Maria gegenüber und drehte einen Hut in der Hand, der offenbar noch Friedrich den Großen gesehen hatte. „Ja, ehrwürdige Schwester, das lag wohl an dem Hasen ... Da sind die Gäule scheu geworden ... Aber der Wagen ist nicht umgekippt!"

Maria sah noch einmal in das Schreiben des Aachener Händlers, in dem er auflistete, wie viele Flaschen *Carmeliterinnen-Wasser*, *Eau de Cologne* und *Räuberessig* in den einzelnen Kisten zu Bruch gegangen waren.

„Ich habe in Aachen Anzeigen aufgegeben – und jetzt haben die Händler kaum Vorrat! Die Leute werden es für ein unseriöses Quacksalberangebot halten!"

Bei diesen Worten kam Maria ein Gedanke. Sie nahm die Schreibfeder, die auf der Verkaufstheke lag, und machte sich am Rand des Briefes eine kurze Notiz: Falls Kunden vergebens nachfragten, sollte der Händler sagen, es sei bereits alles ausverkauft, aber auch nachbestellt. Die kleine Lüge musste sein. Sie würde die für Bonn vorgesehene Lieferung nach Aachen schicken – der ehemalige Bischofssitz war einfach der wichtigere Markt.

„Ja, wenn die guten Fräuleins vielleicht ein bisschen mehr

Stroh in die Kisten tun …" Der Fuhrmann spähte in den Destillationsraum hinüber. Dort waren die beiden jungen Frauen zugange, die Maria angestellt hatte, um die Mixturen aus den Fässern in Flaschen abzufüllen, sie mit Etiketten zu versehen und in Kisten zu packen.

Maria missfiel sein Tonfall – dieses väterliche, aber verschlagene Wohlwollen gegenüber den reizenden, aber vergeblichen Bemühungen der Frauen.

„Sollte das noch einmal vorkommen, werde ich den Vertrag mit Ihnen lösen."

„Aber verehrte Klosterfrau: Unser Vertrag gilt noch für das ganze Jahr 1830!" Auch das sagte er in belehrender Manier, weil in seinen Augen eine Klosterfrau von diesen Dingen wenig Ahnung haben konnte. Er hatte wohl vergessen, dass alle Klöster auch immerzu Guts- und Handwerksunternehmen gewesen waren.

„Wenn Sie die Ware zu Bruch gehen lassen, haben Sie Ihren Vertrag nicht erfüllt und ich kann jederzeit kündigen."

„Ich bin aber als Fuhrunternehmer für die ganze ehemalige Hacht am Dom zuständig und …"

„Solche Privilegien gibt es schon seit Napoleon nicht mehr. Polstern Sie Ihre Ladeflächen besser, sonst muss ich Ihnen den Schaden in Zukunft in Rechnung stellen!"

Er schnappte und blies Luft in die Wangen.

„Ich werde Sie heute besonders in meine Gebete einschließen!", fügte Maria hinzu. „Guten Tag, der Herr!"

Der Fuhrmann musste sich ermahnen, gegenüber einer Ordensfrau höflich zu bleiben. Er verbeugte sich kurz und ging.

Maria fuhr sich mit der Hand unter den Schleier, der dicht auf ihrer Stirn schloss. Wenn die Sau erst einmal geferkelt hatte, gab es alle Tage mehr Gequieke und mehr Dreck. Das war mit einem Unternehmen nicht anders. „Wir brauchen Depots", sagte sie halb zu sich. Sie musste jemanden nach Aachen und nach Bonn schicken, um geeignete Lagerräume zu finden. Außerdem brauchte sie Kaufleute, die ihre Warenproben in weitere große Städte brachten: nach Hamburg, München und Berlin, natürlich auch nach Amsterdam, Paris und London. Überall, wo sie hinkamen, waren Farinas schon da und hatten dafür gesorgt, dass das *Eau de Cologne* bekannt war. Aber das Wappen des preußischen Königs machte zumindest ihren *Melissengeist* unverkennbar.

Sie nahm eine der etikettierten Flaschen. Trotz des Hinweises auf die Rezeptur der Carmeliterinnen war ihr die Verbindung zum geistlichen Stand der Herstellerin nicht deutlich genug. Beinahe jeder beliebige Drogist warb mit einer Klosterrezeptur. Selbst der Apotheker Sehlmeyer tat das seit Neuestem. Sie aber hatte von den Schwestern in Brüssel die besondere Fertigkeit gelernt, die empfindliche Melisse so zu destillieren, dass ihre Öle besonders reichhaltig waren; und sie hatte in vielen Versuchen herausgefunden, mit welchen anderen Ölen sie gemischt werden mussten, sodass jede Pflanze ihren Geist in wirksamster Weise entfalten konnte. Warum also nicht *Klosterfrau* als Warenbezeichnung auf die Etiketten drucken? *Klosterfrau Melissengeist.* Sie notierte sich auch das auf der Rückseite des Briefes.

Vielleicht sollte sie neben das preußische Wappen das Bildnis einer Nonne setzen lassen? Die Farinas hatten immerhin die rote Tulpe, die alle Welt nachahmte. Und in einem hatte Gottfried zweifellos recht: Die preußischen Insignien waren in den katholischen Ländern nicht sehr beliebt, und nach Wien wollte sie ihre Wässer doch auch verkaufen ... Sollte sie es wagen, dem Fürsten von Metternich eine Probe zu senden? Wen könnte sie bitten, das für sie zu arrangieren?

Die Ladenglocke kündete einen Besucher an – es war Anna, die einen deutlichen Bauch vor sich her trug.

„Anna, wie geht es dir?" Maria ließ das Schreiben in einer Mappe verschwinden. Es war ihr zur Gewohnheit geworden, niemandem Einsicht in ihre Vorhaben zu gewähren. Ihr rascher, königlich geförderter Erfolg hatte einige Unruhe unter die Kölnisch-Wasser-Produzenten gebracht.

„Recht gut, ehrwürdige Schwester." Es war Anna nicht ab-
zugewöhnen, einen Knicks zu machen. „Ich sag immer: Solang
sie noch im Bauch sind, machen sie weniger Arbeit."

„Und wann wird es wohl mehr Arbeit machen?"

„Das Kleine kommt in drei Wochen, just zum Karneval! Da
wird's ein guter Kölner!"

„Ach!", sagte Maria nur. Vom Karneval wollte sie nichts hören. Die Verlautbarungen, die jeden Umzug verboten, waren
bereits angeschlagen und ausgerufen worden.

Maria hatte von Pregnitz aufgesucht. Man hatte ihre Lieferungen durchsucht, die in andere Städte des Rheinlands gingen.
Jemand musste sie als Verbreiterin der Potter-Artikel denun-
ziert haben, weil sie Verbindungen zum belgischen Klerus hatte. Es wurde von bevorstehenden Verhaftungen gesprochen.
Während Clara einen vom Opium umnebelten Versuch einiger
Klavierstücke gab, zerstreute er in seiner doppelzüngigen Art
Marias Befürchtungen und versuchte zugleich, sie auszuhor-
chen.

„Können Sie mir denn eben die Hand auflegen und sagen, ob
es ein Junge oder ein Mädchen wird?", meinte Anna und schob
ihren Bauch noch ein wenig vor.

„Aber Anna, das weiß doch nur der Herrgott allein!"

„Aber einen Segen können Sie mir doch geben, dass alles gut
geht?"

Maria wusste, dass Anna nicht nachgeben würde, also legte
sie beide Hände auf die stoffüberzogene Kugel und sprach ein
kurzes Gebet. „Was führt dich sonst noch her?", fragte sie,
denn Anna war mit ihren Anliegen immer etwas schüchtern.

„Der Johann … Seit der Frost weg ist und wieder gearbeitet
wird, hat er ganz rote, wunde Hände, wie von einem Ausschlag.
Und im Gesicht hat er das auch ein wenig und es brennt ihm
ganz fürchterlich!"

„Arbeitet er denn mit Löschkalk?", fragte Maria und ging
hinter die Theke. „Der kann die Haut nämlich schädigen."

„Ja … ich denke schon." Anna sah zu den beiden Gehilfinnen hinüber und Maria ahnte, dass sie etwas zu sagen hatte, bei dem sie keine Zuhörer haben wollte.

„Ich werde dir eine Salbe aus Ringelblumen zusammenstellen. Du kannst sie morgen abholen. Und dann nimmst du ein Paar einfache Wollhandschuhe und legst sie in geschmolzenes Wachs. Dann drehst du sie auf links. Wenn Johann die bei der Arbeit trägt, sind seine Hände gut geschützt."

„Ja, das mache ich!" Anna fingerte an den ausgefransten Enden ihrer Kurzjacke herum.

„Wie geht es denn dem Theodor?", fragte Maria, denn wenn es um etwas ging, das man nur zögernd ansprach, musste es etwas mit ihm zu tun haben.

„Ach, dem geht es gut", sagte Anna und ihr war wohl bewusst, wie wenig glaubwürdig das klang. Ihre Wangen röteten sich.

„Hast du noch ein Anliegen?", fragte Maria. Anna nickte wortlos und sah wieder zu den beiden Gehilfinnen.

„Dann komm mit", forderte Maria sie auf. Sie führte die junge Frau in einen kleinen Raum, dessen hohe Spitzfenster zum Nachbarhaus des Hutmachers hin ausgerichtet waren. Beide Gebäude trennte nur eine enge Gasse, deswegen fiel kaum Licht in den Raum. Maria hatte hier einen Schreibtisch aufgestellt und eine Kniebank vor einem schlichten Kruzifix, so wie sie es aus dem Kloster gewohnt war.

„Was hast du denn auf dem Herzen?", fragte Maria, als sie die Kerze auf dem Schreibtisch entzündete. Anna warf einen schüchternen Blick zu dem Gekreuzigten und schlug ihrerseits ein Kreuz. „Ja, ehrwürdige Schwester, man sagt ja, dass man sehr auf seinen Umgang achten soll, wenn man ein Kind erwartet … Was ist denn nun eigentlich Ehebruch?"

Mit einer so direkten Frage hatte Maria nicht gerechnet. Sie setzte sich in den rot gepolsterten Sessel, dessen Lehne in gedrechselten Spitzen endete, und bedeutete Anna, auf einem Hocker Platz zu nehmen. Mit einer Hand den prallen Bauch stützend, ließ sie sich darauf nieder. Weil Maria nicht gleich antwortete, fuhr Anna fort: „In der Bibel steht ja: ‚Du sollst nicht Ehe brechen‘ – aber wann begeht denn jemand Ehebruch?“

Maria wollte nicht glauben, dass die treuherzige Anna ihren geliebten Johann betrogen hatte, also entschied sie, sich mit allgemeinen Antworten an den Grund für diese Frage heranzutasten. „Auch das steht in der Bibel: ‚Du sollst nicht begehren das Weib deines Nächsten.‘“

„Dann können Frauen gar keinen Ehebruch begehen?“

Maria musste über Annas frische Einfalt lächeln. „Das gilt natürlich auch in anders formuliertem Sinn für Frauen.“

Anna sah auf ihre Hände herab. Auch im schwachen, wabernden Kerzenschein konnte Maria ihre roten, fast fiebrigen Wangen sehen. Die Not ihrer Seele zeichnete sich in ihrem Gesicht ab, und Maria empfand Mitleid.

Sie legte ihre Hände auf Annas. „Ist der Johann denn bei einer anderen Frau gewesen?“

Anna lachte kurz und schrill und schlug dann eine Hand vor den Mund, als dürfe man im Angesicht des gekreuzigten Herrn nicht lachen. „Aber nein! Der Johann doch nicht! Ich habe mich nur gefragt … Ist es nur dann Ehebruch, wenn es heimlich geschieht?“

Maria war in den Jahren ihrer Wanderschaft und vor allem in den Kriegsjahren Zeugin von allerlei Arten von Buhlschaften geworden, aber nun musste sie die Augenbrauen heben. „Nun, in den Tempeln der Heiden wurde öffentlich Unzucht getrieben, und die Apostel ermahnten die Christen, sich davon fernzuhalten.“

„Das … das meine ich nicht …“ Anna sah auf ihre Hände und ihre Stimme wurde sehr leise: „Wenn nun der Mann gar nichts dagegen hat …“

„So hat Gott, der Herr, doch etwas dagegen, denn die Eheleute haben sich in seinem Namen die Treue versprochen!“

„Ja, aber das ist es ja … Wann hat man denn die Treue gebrochen? Wenn es doch für alle besser so ist, dann hat Gott doch bestimmt nichts dagegen … Gibt es denn in der Bibel nicht die Geschichte, wo Gott zu jemandem gesagt hat, er soll sich zu seiner Magd legen, damit er Kinder haben kann? Jedenfalls heißt es ‚*Seid fruchtbar und mehret euch*‘ … Und wenn also jemand sonst keinen finden kann oder …“

Maria nahm ihre beiden Hände. Sie waren feucht, als müsste ausgeschwitzt werden, was schwer in Worte zu fassen war. Da Anna aber mit Johann und Theodor unter einem Dach lebte, fiel es Maria nicht schwer, das Geheimnis zu lüften. Verwundert war sie alleine davon, dass diese unausgesprochene Offenbarung sie nicht überraschte.

„Anna, wer ist der Vater deines Kindes?“

Annas Blick schnellte empor. „Aber Schwester Maria: der Johann natürlich!“ Sie markierte ein Auflachen. „Ich frage doch nicht wegen mir! Ich hab ein bisschen Angst ums Kind … weil ich eine Freundin habe und die ist ihrem Mann nicht treu, also … Der Mann weiß das auch, er …“ Anna bemerkte wohl, dass Maria dieser Erklärung wenig Glauben schenkte, und wurde verlegen. „Jedenfalls heißt es, wenn man ein Kind erwartet, soll man sich von Sündern fernhalten … Schwester Maria, ob Gott wohl ein Ungeborenes für die Sünden der Eltern straft?“

„Nein, das tut er nicht.“

„Aber woher kommen dann die Buckligen, die Blöden, die mit den Wasserköpfen und die …“

„Anna, in Gottes Augen sind wohl alle Menschen bucklig und blöde. Er will uns damit die Gelegenheit geben, jene besonders aufopfernde Liebe zu zeigen, die auch er für uns empfindet.“

„Oh, das ist eine schöne Erklärung!“

„Aber eine Sünde drückt trotzdem das Herz und eine Geburt braucht ein starkes Herz. Deine Freundin muss damit zur Beichte gehen!“

„Zum Priester? Aber nein, Schwester Maria, einem Mann würde sie so etwas nie sagen … Können Sie ihr denn nicht die Beichte abnehmen?“

„Anna, du weißt sehr gut: Die Absolution kann nur ein Priester geben! Aber eine tiefe Reue erhört der Herr auch ohne dies – bereut deine Freundin denn von Herzen?"

Anna bearbeitete ihre Unterlippe mit den Zähnen. „Aber Schwester Maria, wie kann man denn die Liebe bereuen?" Annas Hände waren dabei ganz ruhig, und Maria ahnte, dass in diesem Haushalt der beiden Brüder, der unschuldig liebenden Frau und der Kinder, deren Vater man nicht benennen konnte, ein ganz anderes Unglück heranwuchs als das der politischen Bedrängnis.

„Die Liebe, Anna, hat mehr Unglück unter die Menschen gebracht als die Todsünden. Sogar die Liebe zu Gott kann in die Irre geleitet werden. Wir müssen daher immer eingedenk sein, was er uns gelehrt hat: Er hat der Ehebrecherin verziehen, aber er sagte: *Geh hin und sündige nicht mehr.*"

Anna sah sie bei diesen Worten nicht an. „Ja, dann werde ich die Freundin wohl nicht mehr besuchen … Man geht ja auch nicht zu Hinrichtungen oder dahin, wo Weiber mit dem bösen Blick wohnen … Zum Gottfried gehe ich auch nicht mehr, denn bei denen lebt ja ein Jude im Hinterhof und der hat der Marianne den Schoß verhext!"

„Anna, es ist auch eine Sünde, andere voreilig zu beschuldigen!"

„Ich sag das ja auch nicht – die Marianne sagt das. Ich kann sie eigentlich nicht recht leiden, sie redet immer schlecht über andere. Der Gottfried hätte eine bessere Frau verdient. Der Gottfried ist ein guter Mensch. Er wäre wohl glücklicher, wenn er ein Weib wie Sie hätte!" Anna schlug sich die Hände vor den Mund. „Ich mein … wenn Sie die Gelübde nicht abgelegt hätten und …"

„Schon gut, Anna." Maria tätschelte ihr den Bauch. „Aber da siehst du es: Die Versprechen, die man vor Gott gegeben hat, muss man sehr ernst nehmen!"

„Das weiß ich ja. Der Gottfried hat auch nie was gesagt … Ich meine, er sagt natürlich nur Gutes über Sie und erlaubt es auch nicht, dass andere etwas Schlechtes über Sie sagen ... Nicht einmal der Theodor darf das und das will schon was heißen! Da hätten sie neulich fast einen Streit bekommen! Der Theodor hat es nicht gerne, wenn der Gottfried mit Ihnen über das spricht, was die so vorhaben. Er meinte, Sie würden alles so verraten wie bei Waterloo. Warum sagt er das?"

Maria musste lächeln. Anna hatte ihr ein Geheimnis gestanden, nun war es also an ihr. Aber es gab eben Dinge, über die sprach sie nur mit Gott.

„Der Theodor redet sich ein, ich hätte den Preußen bei Waterloo einen Schleichweg gezeigt, damit sie die Franzosen überraschen konnten, und dass ich seitdem ein Günstling des preußischen Königs bin. Er kann es eben nicht verwinden, dass die Sache so ausgegangen ist."

„Ja, der Theo redet manchmal wirres Zeug! Neulich stand er nachts mit einer Laterne da und wollte den Hund vom Regiment suchen! Der Johann hat auf ihn eingeredet ... Wenn man den Theo mitten in der Nacht so aufgegriffen hätte, wär der doch ins Narrenhaus gekommen! Aber der Theo wurde richtig wütend und hätte den Johann fast geschlagen, und das hat er noch nie gemacht! Da hab ich gesagt, der Hund wär doch beim Gottfried, aber da könnte er ja mitten in der Nacht nicht stören. Da hat der Theo mich ganz seltsam angesehen, so als steckte da noch ein anderer in ihm drin, der da rausschaut ... so wie ... wie wenn man ein Stück vom Fenster weg steht, verstehen Sie? Da ist sogar das Kind in mir drin von wach geworden. Und dann hat er gesagt: Ja, wenn der Hund beim Gottfried wär, dann wär ja alles gut, denn der Hund hätte ihnen immer Glück gebracht, und auf den Gottfried wär Verlass. Ja, seit der Theo für die Preußen arbeiten muss, ist das richtig schlimm geworden."

Sie schob sich die Hand unter den Bauch, um aufzustehen, aber Maria hielt sie mit einer Geste zurück. Sie hatte den Gedanken an die verschwörerischen Umtriebe verdrängt, weil sie sich um Depots, um Werbeanzeigen und Abfüllmengen kümmern musste. Bei Annas Worten aber spürte sie zu deutlich den Fingerzeig: Theodors Weg führte in den Abgrund, und er würde alle, die bei ihm waren, mitreißen.

„Worüber haben denn Theo und Gottfried in letzter Zeit gesprochen, Anna?"

„Ach, ganz viel über Belgien und dass es dort einen Aufstand geben wird und dass die Rheinländer sich dann auch erheben werden ..."

„Davon sprechen sie schon seit Jahren. Weißt du, was sie vorhaben?"

Anna hatte eine sorglose Miene, als sie sich im Raum umsah, um ihre Erinnerungen zu beleben: „Ja, der Gottfried hat ein Flugblatt abgefasst und es an den geheimnisvollen Mann geschickt ..."

„Was denn für ein geheimnisvoller Mann?"

„Er hat da mal eine Adresse bekommen. Theo sagt, das ist eine Falle von den Preußen, aber Theo misstraut allen. Sie sollten mal hören, was der über die Leute sagt! Der Herr von Groote ist ein Kriecher, der Görres ist ein Verräter, der Venedey ist ein Schwächling ... Und die Leute, die er dann nennt, sind oft tot oder gar nicht mehr im Land ... Und er will Waffen beschaffen, aber sie haben kaum Leute, denen sie die geben können ..."

„Waffen? Anna, um Himmels Willen, was denn für Waffen?"

„In dem Fort, wo Theo arbeiten muss, gibt es ein Depot. Und das will er nachts ausrauben. Dann muss es auch eine Revolution geben, sonst kommen wir alle ins Gefängnis. Aber Gottfried sagt, dass sie erst eine Politik brauchen." Anna schien darüber nicht im Geringsten besorgt. Sie hatte es wohl schon so oft gehört, dass sie dem keinen Glauben schenkte oder es war eben ihr sorgloses Naturell. Maria jedoch spürte die Gefahr.

„Anna, wenn der Theo das wirklich tut ... wenn er Leute dazu anstiftet, sich zu bewaffnen, musst du mir Bescheid geben, hast du verstanden?" Anna nickte, als wäre sie gebeten worden, vom ersten Spargel auf dem Markt zu berichten. „Und auch, was der Gottfried damit zu tun hat, hörst du?"

„Ja, natürlich."

„Du bist eine gute Frau, Anna, Gott wird die Hand über dich halten!"

„Ich bin ja so froh, dass Sie das sagen! Das Kind ist mir schon ganz leicht geworden!" Anna erhob sich, eine Hand unter dem Bauch. „Schwester Maria, da schleicht ein komischer Kerl auf dem Domhof herum …"

„Ja, das ist einer von Struensees Leuten. Beachte ihn gar nicht. Die Preußen haben mir mehrmals die Wagen durchsucht." Jetzt wusste sie auch warum. „Die sind nervös wie die Rindviecher vor einem Gewitter."

Anna prustete. „Ich komm dann morgen die Salbe holen!"

„Ja. Und bete nach der Frühmesse immer noch eine halbe Stunde den Rosenkranz für die unschuldigen Kinder."

„Das mach ich!" Mit einem erneuten Knicks ging sie hinaus.

Die Anna, dachte Maria und sah zum Gekreuzigten. Was erwartest du nur von mir?

19

Maria erinnerte sich an eine Mutprobe, zu der sie sich als Kinder herausgefordert hatten. Es war immer einer der Ältesten, der den Zeitpunkt bestimmte, an dem die Probe erneut fällig war. Dann stürmte die kleine Horde durch die Gassen von Brüssel, Hühner flatterten aus dem Weg, Zugpferde hoben erschrocken die Köpfe und die Erwachsenen riefen Ermahnungen hinterher.

Die Kinderbande ließ die Giebelhäuser der Stadt hinter sich, passierte die großen Höfe und die Weiden. Ihr Ziel war eine alte Mauer, Rest einer Umfriedung, die wie ein vergessener Fahrgast am Straßenrand stand. Von dem Gehöft, das die Mauer einst eingefasst hatte, war nur noch eine Insel von Gestrüpp geblieben. Ein Brand hatte hier vor Jahrzehnten gewütet. Balken und Ziegel, die noch zu verwenden waren, hatte man abgetragen. Auf dem Schutt wuchsen nun kleine Bäume und hohe Disteln.

Die Kindertruppe sammelte sich an einer Stelle vor der Mauer, wo ein großes Loch in den Steinen klaffte – die Aussparung für einen Tragbalken. Es wurde still in der Gruppe, während jeder Einzelne sich fragte, ob er heute den Mut fassen würde, hineinzugreifen. Und wie weit würde man sich trauen, ins Dunkle zu fassen?

Meistens war es einer der älteren Jungs, der den Anfang machte. Er gab sich kühn, streifte den Ärmel hoch, stellte sich seitlich in Positur, schob die Hand unerschrocken vor, wurde dann aber vorsichtiger, tastender. Sie alle kannten die Geschichte von dem Jungen, der seine Hand in die Maueröffnung steckte – und als er sie herauszog, war sie verdorrt, die Haut spannte sich braun über den dünnen Knochen, die Finger waren schwarz geworden. Diese Vertrocknung wanderte von nun an seinen Arm hinauf und ließ den Jungen als Greis sterben, bevor er dreizehn Jahre alt war.

Nur das erste Kind, das hineinfasste, fühlte das Gespinst der Trichternetzspinnen oder schrie auf, weil Getier über die Finger lief – nicht aus Angst vor den Insekten, sondern aus Furcht vor dem viel größeren Schrecken, der in diesem dunklen Loch hauste. Die Jungs prahlten damit, dass sie es bis zum Ellenbogen wagten. War ein Neuling unter ihnen, wurde er derb gezwungen oder gehänselt, bis er sich vorwagte, manchmal mit Tränen der Angst auf der Wange. Mit den Mädchen war man nachsichtiger. Trotzdem wurde auch ihr einmal zugerufen: „Wilhelmine, Mine, Mine – dein Vater tut dem Habsburger diene! Traust du dir? Sonst ist er bald nicht mehr Offizier!"

Damals hatte sie sich verantwortlich gefühlt für den Ruf ihres Vaters, ja der ganzen Familie de Martin. Also war sie an die Maueröffnung getreten und hatte die Fingerspitzen hineingeschoben. Sie war etwa acht Jahre alt gewesen und das Loch war für sie auf Augenhöhe. Solange sie ihre hellen Finger noch im Tageslicht sehen konnte, beschleunigte nur die Aufregung ihren Herzschlag. Sobald sie aber ihre eigene Hand nicht mehr erkennen konnte, war es das Herzklopfen der Angst. Sie stellte sich vor, dass ihre Hand durchbohrt wurde, dass glühendes Pech darüberlief, und auch wenn sie versuchte, sich Mut zu machen, indem sie sich ausmalte, dass ihre Hand vergoldet war, wenn sie sie wieder hervorzog, dass wertvolle Ringe an allen Fingern steckten – stets überwogen die Schrecknisse.

An diese Mutprobe musste Maria denken, als eine kleine Horde maskierter Kinder über den Domhof lärmte, denn an anderen Tagen hatten die Kinder Angst vor diesem Platz, der einmal Richtstätte gewesen war. Aber am Rosenmontag hatten weder die geschriebenen noch die ungeschriebenen Gesetze Gültigkeit. Schon zweimal war eine Patrouille der Preußen über den Domhof marschiert, um daran zu erinnern, dass den Vorschriften des Polizeipräsidenten Struensee unter allen Umständen Folge zu leisten war.

Maria hatte den Tag im Haus verbringen wollen, in jener stillen Kammer mit dem Kruzifix. Aber auf die Texte für neue Zeitungsanzeigen konnte sie sich nicht konzentrieren. Anna hatte am Vortag entbunden. Maria mischte sich niemals ins Gewerk der Hebammen. Zu deren überlieferten Regeln gehörte, dass eine Nonne am Kindbett nichts verloren hatte – es sei denn, die Mutter ging dem Tod entgegen. Doch Anna hatte unablässig nach ihr gefragt, und Maria war am Abend bei ihr gewesen. Sie hatte ein gesundes Mädchen zur Welt gebracht, das sie nicht mehr von ihrer Seite geben wollte. Nur Maria verstand, warum es für Anna der Beweis war, dass ihr vergeben war. Sie bat darum, das Kind „Maria" nennen zu dürfen und wollte Maria zur Patin. Da hatte sie gerne zugestimmt. Wenn sie nun etwas ungeduldig war, so lag das nicht nur daran, dass sie nach Anna sehen wollte. Vor allem wollte sie sehen, was sich auf den Straßen tat.

Es war ein grauer, kalter Tag, der Winter hatte Ausdauer in

diesem Jahr. Auf der Hohe Straße, etwa dort, wo die Schildergasse mündete, hatte das Militär einen Posten eingerichtet. Einer ihrer Wagen stand quer zur Straße und sollte offenbar verhindern, dass private Karnevalswagen diesen Weg nahmen. Es waren nur fünf Soldaten dort, aber zwei von ihnen bewachten eine ganze Reihe von Gewehren. Dass die Waffen dort sichtbar standen, war zweifellos eine Mahnung.

Maria konnte den Posten unbehelligt passieren. Alle Maskierten aber mussten eine Karte vorzeigen, die sie nach preußischer Weisung bei sich zu führen hatten. Die Armen konnten sich solche Karten aber nicht leisten, daher gab es einen Wortwechsel: Ein Mann mit einer Pappmaske vor dem Gesicht behauptete, er laufe immer so herum, weil er eben hässlich sei. Sein Kumpan, der in einem Anzug aus bunten Fetzen steckte, erklärte, auch das sei keine Maskerade, sondern sein übliches Gewand, weil er eben Lumpensammler sei. Und das Weib in ihrer Mitte ließ in breiter Mundart verlauten, die abenteuerliche Perücke aus rotem Rosshaar trage sie, weil sie ansonsten kahl wie ein Kohlkopf sei.

Es hätte lustig sein können, wenn die preußischen Amtsträger irgendeine Art von Humor besessen hätten. Stattdessen hatten sie Waffen ... Und so traf Maria recht besorgt in Annas Haus ein. Die Nachbarinnen waren gekommen, um der Wöchnerin beizustehen, aber da Karneval war, ging es dabei laut und lustig zu. Immer wieder wurden Gläser mit Genever gefüllt, es gab *Kromkochen*. Das Haus wimmelte von Kindern, die sich kleine Geschenke und Leckereien erhofften. Denn im Haus einer Frau, die „ein Kleines aus dem Kunibertspütz geholt hatte", war das üblich. Man hatte den Kindern mit Ruß Schnauzbärte oder Sommersprossen gemalt, sie sprangen mit Eimerchen auf dem Kopf durchs Haus.

Anna saß mit ihrem Neugeborenen im Bett und wollte wissen, ob sie es auf Aschermittwoch taufen lassen konnte. Der Johann sei Karneval feiern und Theodor müsse arbeiten, weil die Preußen ja keinen Rosenmontag kannten ... Gottfried sei am Morgen beim Zanolli gewesen, der in diesem Jahr wieder „Held Karneval" sei, auch wenn es keinen Umzug gäbe. Warum er bei ihm gewesen sei? Na, weil an Karneval doch alle da feiern wollten. Im Gürzenich hätte man aus der verbotenen Karnevalszeitung gelesen. Und nein, sonst hätten sie wohl nichts vor, denn der geheimnisvolle Mann – nun flüsterte Anna – habe sich nicht gemeldet. Niemand wisse, an wen Gottfried seinen Brief geschickt habe. Und ob die kleine Maria nicht ein wunderschönes Kind sei?

Dann kam jemand in der Aufmachung eines nordamerikanischen Wilden und berichtete, einige Reisende hätten sich bei der Registrierung sehr aufgeregt, weil sie nur wegen des Umzugs nach Köln gekommen seien und nun erfahren mussten, dass dieser verboten war. Dann riefen einige Kinder: „Der Zoch kütt! Der Zoch kütt!" Jemand behauptete, eine große Gruppe sei vom Neumarkt aus auf der Schildergasse unterwegs und sie hätten aus Protest einen Harlekin in Ketten bei sich. Dann hieß es, Frau von Groote, die Armenmutter des Viertels, sei auf dem Weg, um Anna die Aufwartung zu machen, und alle waren bemüht, sich manierlich zu geben.

Maria machte sich auf den Rückweg. Die Wolken waren den Dächern sehr viel näher gekommen. Man hörte Gelächter und Spaßlieder aus den Häusern, die Narrenratschen hallten von den Hauswänden wider, doch nirgends sah man mehr als drei oder vier Leute zusammen, denn alles andere hätte als Zusammenrottung gegolten. Von der Schildergasse tönte ihr Leierkastenspiel entgegen. Die Kölner besuchten einander in Maskerade, nach einem Umtrunk zog man gemeinsam weiter. So hatte man es immer zu Karneval gehalten, bis die Preußen verlangt hatten, dass ein Umzug angemeldet werden müsste und nur einen vorgeschriebenen Weg nehmen dürfte – um es dann in diesem Jahr zu verbieten.

Auf der Schildergasse hatte sich dennoch eine große Gruppe zusammengefunden. Strohperücken, Pappmasken, bemalte Gesichter, Federschmuck, Fantasieuniformen. – Maria wurde von jemandem, der sie nicht erkannte, an den Händen gefasst und einige Male im Tanz herumgewirbelt, bevor er wieder in der Menge verschwand. Sie blieb am Rande – die Gruppe zog, ohne dass ein Anführer erkennbar gewesen wäre, zur Hohe Straße hin. Schon kam die Straßensperre in Sicht. Über dem Lärm der Leierkästen und Trommeln hörte man das Rufen von Befehlen. Maria sah, wie Soldaten aus den nebenliegenden Häusern strömten und zu den bereitgestellten Waffen griffen. In der tanzenden Menge hatte niemand ein Auge dafür. Maria erkannte nur flüchtig Johann, der mit einem Papierlorbeer bekränzt den Bacchus gab. Gottfried sah sie nicht.

Die Soldaten schlossen die Reihen, die Gewehre hatten sie noch über der Schulter. Nun war der Menge der Weg versperrt und die ersten bemerkten dies. Jetzt entdeckte Maria auch Gottfried. Aus der Gruppe der Männer, bei denen er stand, hob einer einen Stock empor, an dessen Spitze ein Fisch aus Pappmaschee prangte: der Stockfisch Struensee!

Von der Polizeisperre aus wurde gerufen: „Auf Weisung des Polizeipräsidenten und im Namen seiner Majestät, des Königs von Preußen, ist der Karnevalszug in diesem Jahr untersagt!"

Maria drängte sich in die Menge.

„Die Schwester Maria!", sagten einige erfreut, als wäre ihr Erscheinen die Garantie, dass nichts Schlimmes geschehen würde. Sie erreichte Johann und fasste ihn bei dem Laken, das er sich über die Kleidung geworfen hatte. „Die Anna verlangt nach dir!", sagte sie.

Johann sah sie überrascht an. „Schwester Maria – warum denn? Ist etwas mit ihr?" Maria bereute ihre kleine Lüge, als sie Johanns großen Schrecken sah.

„Nein, aber die Frau von Groote ist bei euch!"

Johann nahm rasch den Lorbeer ab, denn in dieser Aufmachung wollte er natürlich nicht vor der Adeligen erscheinen.

Von der Sperre aus wurde die Aufforderung wiederholt, den Umzug aufzulösen, aber jemand rief zurück: „Dat is kein Karnevalszug – wir ham doch uns Mädcher dabei, die dürfe doch nit in der Zoch!" Die Frauen machten sich mit lautem Geschrei bemerkbar. Sie glauben, es sei ein Spaß, dachte Maria. Sie konnte sich nicht den Weg zu Gottfried bahnen.

Den Soldaten wurde der Befehl gegeben, die Gewehre zu laden.

Maria sah sich nach Johann um. Er drängte sich durch die Menge, verschwendete keinen Blick mehr an das Geschehen, war schon im Schatten der Häuser und damit aus der Schusslinie. Gott segne Anna und die Kleine, dachte Maria.

„Lasst uns dem guten König von Preußen ein Ständchen bringen!", rief jemand und stimmte „Heil dir im Siegerkranz" an. Die Menge fiel ein mit Leierkasten und Trommelschlag. Maria sah nur noch Schultern und Rücken. Sie war klein von Gestalt, musste sich wieder an den Rand drängen, um zu sehen, was an der Straßensperre geschah. Der Leutnant schien verunsichert. Wurde seinem König gehuldigt oder wurde er verspottet? Maria erkannte den Leutnant wieder, der sie wegen der Zahnschmerzen aufgesucht hatte. Sie dankte Gott – wenn sie nur zu dem Offizier gelangen konnte, um ein persönliches Wort an ihn zu richten!

Das Lied war zu Ende, plötzlich rief eine Frau: *„Dieu et liberté!"* – der Ruf der belgischen Patrioten. Die Menge drängte sich zusammen.

Maria zwängte sich hindurch, nahm die Ellenbogen zu Hilfe, doch plötzlich hielt sie jemand fest. Es war Gottfried.

„Lass mich los!", herrschte sie ihn an.

Aus der Menge wurde gerufen: „Frankreich steig aus deinem Grab, rette uns vor Tyrannei, rette uns vom Preußen-Joch!"

„Dieu et liberté!"

„Vive l'Empéreur!"

Die Soldaten bekamen den Befehl, die Gewehre in den Anschlag zu nehmen.

„Er wird nicht schießen lassen!", sagte Maria und versuchte, sich loszureißen. „Er wird nicht schießen lassen, wenn ich mit ihm spreche!"

Plötzlich war es ganz still. Die Soldaten standen und blickten über die Läufe ihrer Waffen; den Maskierten wurde der Ernst bewusst, sie standen reglos. Auch Gottfried und Maria waren stehen geblieben. Die nächste Bewegung, das nächste Wort war das Entscheidende. Aber in die Stille klang etwas anderes: Klaviermusik. Innig und fehlerlos gespielt, brach sie jäh ab, setzte mit einem neuen Stück an, brach auch dieses wieder ab, nicht wegen eines falschen Tons, sondern wegen eines geheimnisvollen Zwangs, der die Klavierspielerin im Griff hielt. Man flüsterte von der verrückten Preußin. Ein Auftakt von Mozart ging über in ein Lied von Schubert, mischte sich mit einer Etüde, traf sich mit einem Marsch und verlor sich in Beethoven.

Die Töne trieben zwischen den Häusern wie heimatlose Geschöpfe. Und mit ihnen begannen Schneeflocken zu fallen. Erst nur einzeln, als wären Kundschafter geschickt worden, dann dichter. Bald schon konnte man die Soldaten der Straßensperre nur noch schemenhaft erkennen.

„Geht nach Hause, ihr guten Leute", rief jemand. Niemand wusste, ob es von den Preußen kam oder aus den eigenen Reihen. Das Klavierspiel wurde dumpf. Es schien sich aufzulehnen, wurde unmelodisch. Den Gewehren der Preußen hätte man getrotzt, aber diese Musik des Irrsinns vertrieb die Menge. Die ersten verschwanden in den Seitengassen.

Die Klavierspielerin versuchte sich an „Gott erhalte Franz den Kaiser."

Gottfried ließ Maria los. Auf seinen Schultern sammelte sich der Schnee. „Heute wird es keine Revolution geben", sagte er.

Am Abend verfasste Struensee einen offiziellen Bericht. Er ließ Berlin wissen, dass es ihm gelungen sei, den Wunsch des Königs umzusetzen und die verwerfliche Lustbarkeit des Karnevals zu unterdrücken. Und dass dies aus Fürsorglichkeit um die gute deutsche Moral geschehe, hätten die Kölner sehr wohl verstanden: Sie hätten dem König ein Ständchen gebracht, ein

Zeichen ihrer inzwischen gutherzigen Anhänglichkeit an das verehrungswürdige Haus der Hohenzollern.

Er schrieb noch einen zweiten Bericht – nur für die Augen des Polizeiministers gedacht. Darin sprach er vom aufrührerischen Geist der Rheinländer, von den nicht enden wollenden Forderungen nach Sonderrechten, was nichts anderes meinte als die Wahrung der französischen Institutionen. Er schrieb von einer großen Verschwörung der Kölner mit den belgischen Patrioten, der er auf der Spur sei, erwähnte ein papistisches, antipreußisches Netzwerk zwischen Köln, Aachen und Brüssel. Ziel sei die Loslösung des Rheinlands von Preußen und die Gründung einer belgisch-rheinischen Konföderation, einer Republik womöglich. Er habe Namen! Die Geistlichkeit spiele die wichtigste Rolle, Pfarrer und sogar Klosterfrauen! Bald schon werde er Beweise liefern, seine Spitzel seien tief in dieses Netzwerk eingedrungen. Sie hielten ihn auf dem Laufenden über jeden „Warenverkehr" zwischen Köln und Aachen, denn diese Firma der Klosterfrau sei doch nichts anderes als die geheime Poststelle der Verschwörer. Raffiniert sei das, aber er sei ihnen auf die Schliche gekommen. Berlin müsse nun auf Rom einwirken – man müsse den Heiligen Stuhl daran erinnern, dass preußische Truppen ihn gegen die Revolution verteidigt hätten. Und Rom müsse seine Kirchendiener für den Vaterlandsverrat bestrafen – oder zumindest einwilligen, dass die preußischen Behörden dies täten. Und dann … dann würde es in Köln Verhaftungen geben und Prozesse und Exempel!

Als Maria an diesem Abend ins Bett ging, schmerzten ihr die Hände, besonders die Rechte, die sie damals in das Mauerloch gesteckt hatte. Sie träumte, dass sie sehr tief hineingriff, bis sie ein Papier fühlte. Mehrmals versuchte sie vergeblich, es zu greifen, dann endlich zog sie es hervor. Es war das Rezept für den *Ächten Carmeliterinnengeist*. Es war handgeschrieben und begann mit den Worten *Dieu et liberté*.

20

Gottfried war unruhig. Immer wieder sah er in den großen Gastraum hinüber. Gelächter und Tabakschwaden mischten sich über den Köpfen der Gäste. Wachs tropfte von den hölzernen Leuchtern herab. Die Schankmädchen suchten sich mit Bierkrügen und Kaffeekannen den Weg. Das Holz schwitzte die Hitze des Tages aus, die Luft war schwer und feucht.

Er saß im Nebenraum des sogenannten *Mainzer Kaffeehauses* mit einigen anderen Mitgliedern des *Patriotischen Lesezirkels*. Die Preußen hatten die Gründung solcher Zirkel einst gefördert, deren Pflichtlektüre vor allem der von Görres herausgegebene *Rheinische Merkur* gewesen war. Nachdem Görres es sich jedoch mit Berlin verdorben hatte, waren die Behörden solchen Klubs gegenüber misstrauisch geworden und in diesen Tagen hatten sie besonderen Grund: In Paris waren im Juli die Wogen hochgeschlagen, nachdem die Abgeordnetenkammer aufgelöst worden war. Seit zwei Wochen gab es keine zuverlässigen Nachrichten mehr aus Frankreich, nur Gerüchte von Unruhen, von einer neuerlichen Revolution gar. Die Preußen hatten ihre Garnison in Koblenz in Alarmbereitschaft versetzt.

Am Vortag hatte ein Reisender Gottfrieds Buchhandlung betreten. Seine Kleidung – die kurzen Schöße seines Gehrocks, die gedeckten Farben, die Steghosen und der hohe Hut – wiesen darauf hin, dass er sich häufig in der Gesellschaft der großen Metropolen bewegte, aber dort nicht aufzufallen trachtete. Er war jung, höchstens Mitte zwanzig, hatte aber einen kühlen, abweisenden Zug um die Augen, als habe er schon jenes Alter erreicht, in dem man aus einer gewissen Ermüdung heraus begann, Menschen auf Abstand zu halten. Er ging zwischen den drei Regalreihen umher, nahm das ein oder andere Buch hervor, blätterte, antwortete schließlich auf Gottfrieds Frage, erzählte, dass er noch bis nach Rastatt hinunter wollte, man habe ihm aber gesagt, dass man dort bis zu vier Tage auf die Erlaubnis zur Weiterreise warten müsse. Gottfried ließ sich nicht anmerken, dass er die Parole erkannt hatte. Sein junger Besucher griff in die Innentasche seines Gehrocks und brachte ein sehr klein gefaltetes Papier zum Vorschein.

„Das haben Sie verfasst?", fragte er feststellend.

Gottfried erkannte das Flugblatt, das er geschrieben und nach Straßburg geschickt hatte. Jetzt musste er bekennen – auch wenn ihm sein Besucher fremd war und ein Spitzel der Preußen sein konnte.

„Ja, das habe ich verfasst. Allerdings hatte ich erwartet, diesen Text in vielfach gedruckter Fassung wiederzusehen."

„Das werden Sie!", versprach der Mann. Er kündigte an, alles zu erklären, wenn Gottfried seine Mitstreiter zusammenrief, und wollte genau wissen, wie viele es denn seien. Gottfried antwortete ausweichend.

„Ich habe nur das, um Ihr Vertrauen zu rechtfertigen", sagte er und tippte auf die Vorlage für die Flugblätter, die vor Gottfried auf dem Pult lag. „Und das hier." Er zog ein weiteres Schreiben aus der Rocktasche. Es waren einige Zeilen des Aachener Pfarrers Nelessen, der sich für den Überbringer verbürgte. Gottfried kannte aber weder die Handschrift noch die Unterschrift des Geistlichen, der nach allem, was man hörte, enge Verbindungen zu der belgischen Geistlichkeit pflegte.

„Pastor Nelessen sagte mir, dass Sie sehr gut bekannt sind mit Schwester Maria Clementine?"

„Ja. Sie hat aber mit der ganzen Angelegenheit nichts zu tun!", erwiderte Gottfried ungewollt barsch.

„Ich weiß!" Der Besucher zeigte ein verschwörerisches Lächeln. „Sie ist nur eine arme alte Nonne!"

Gottfried missfiel diese Bemerkung und die Art, in der sie gemacht wurde. Er sagte seinem Besucher zu, dass der Patriotische Lesezirkel sich am nächsten Abend im *Mainzer Kaffeehaus* treffen würde und dass er dazukommen solle. Dann gingen sie vorläufig auseinander.

Nun saß Gottfried im Nebenraum des Cafés und sah unruhig zur Tür hin. Wer würde erscheinen: der junge Besucher oder die preußische Polizei?

Fast alle Mitglieder des Lesezirkels hatten sich eingefunden: Traxel, Raveaux, der Schulamtskandidat Schattenbrand, natürlich Johann und Theodor und die beiden Venedeys – Vater und Sohn. Alles in dem Kaffeehaus hatte sich erhoben, als der alte Michel Venedey eintrat. Er war einer der Väter der rheinischen Verfassung gewesen, die nie politische Realität geworden war. Als Notar setzte er sich unter der preußischen Herrschaft dafür ein, dass die Landverteilungen der Revolution nicht zugunsten des Adels rückgängig gemacht wurden. Zu Napoleon hatte er jedoch ein sehr zwiespältiges Verhältnis: *„Nichts ist mir unbegreiflicher, als wie höchst liberale und selbst republikanisch gesinnte Männer enthusiastisch für Napoleon gesinnt sein können"*, da dieser seiner Einschätzung nach *„an nichts Edles im Menschen glaubte."* Da Theodor aber Napoleon für den Retter und Verwirklicher der Revolution hielt, blieb er als Einziger sitzen, als die beiden Venedeys sich hinzugesellten.

Sie saßen um einen rissigen Eichentisch versammelt, ein jeder hatte seinen Krug Bier vor sich, mancher schon den zweiten, und Scherze und kurze Lieder verdrängten das politische Gespräch.

„Es ist ja nicht so, als hätten uns die Preußen nicht auch Gutes gebracht", sagte Traxel in einem Tonfall, der einen Witz erwarten ließ. „Sie haben die Straßen nach Berlin ausgebaut, man kann jetzt in fünf Tagen dorthin reisen und die Post ist sogar in drei dort. Nur – wer will von uns schon nach Berlin? Oder wer hat dorthin schon Post zu schicken?"

Es gab bestätigendes Gelächter, aber man wandte auch die Köpfe zu Gottfried und jemand sagte: „Na, es gibt ja auch solche, die dort um Siegel nachfragen!"

Gottfried ignorierte die Anspielung auf Maria. In dieser Runde saßen einige, die sich mit der Herrschaft der Preußen abgefunden hatten, da es immerhin eine *deutsche* Herrschaft war. Der junge Venedey etwa gehörte einer jener studentischen Burschenschaften an, die glaubten, wenn es erst einmal eine deutsche Nation gab, dann kämen die Reformen schon von selbst. In solchen Kreisen wollte man von einer souveränen rheinischen Nation oder einer Konföderation mit Belgien nichts wissen.

Dass der Gast lange auf sich warten ließ, schien nichts Gutes zu verheißen. Gottfried befürchtete schon, der stets wachsame Struensee habe den Besucher verhaften lassen, da erschien er endlich im Gastraum. Er folgte Gottfrieds Wink in den Nebenraum und stellte sich dort unter dem offenbar falschen Namen Lonvert vor, unter dem er sich auch in das Polizeiregister eingetragen hatte. Das Dürftige und Geheimzuhaltende, was er ansonsten über diesen Mann wusste, hatte er schon früher am Abend gesagt. Lonvert begrüßte zuerst den alten Venedey, erklärte, dass er sich sehr geehrt fühle, diesen Vater der ersten republikanischen Bestrebungen kennenzulernen. Venedey nahm diese Anerkennung mit einer stillen Freude entgegen, die ihn um zehn Jahre zu verjüngen schien. Lonvert nahm seine Hand und hielt sie sehr lange, versprach dem Greis, dass in hundert Jahren jedes Kind der rheinischen Nationen seinen Namen mit Stolz nennen würde.

Dann wandte er sich an alle: „Der Zeitpunkt ist gekommen, an dem die Völker die Entscheidungen des Wiener Kongresses rückgängig machen! Das Volk von Frankreich hat abgesetzt seinen König!", sagte er mit leichtem Akzent.

Es gab Gemurmel in der Runde – kein erfreutes oder gar begeistertes Murmeln, sondern ein beunruhigtes.

„Das Volk von Belgien wird sich seinen eigenen Staat erkämpfen, Polen nicht anders, Italien wird die Habsburger verjagen!"

Er sprach immer noch sehr gedämpft. Theodor, der bisher als Einziger weder zu dem Erscheinen des Mannes noch zu seinen Worten eine Reaktion gezeigt hatte, nickte Johann zu und der schloss die Tür zum Gastraum. Nun erhob sich Lonvert.

„Und überall man mich fragt: Was ist mit unseren rheinischen Brüdern? Sind sie ganz im Wahn von der deutschen Nation gefangen oder glühen sie noch für die Freiheit, für die *Gleichheit,* so wie sie es taten, als sie an das Seite Frankreichs kämpften?

Vor einigen Jahren gab es auf der Wartburg in Sachsen ein großes Fest der Reformation und ein Fest der deutschen Erneuerung. Man schichtete einen Scheiterhaufen auf und warf alle Bücher ins Feuer, von denen man sagte, sie verderben die deutsche Volk. Und welche Bücher wurden verbrannt als Erstes? Der *Code Civil,* den ihr, meine rheinischen Brüder, eure Verfassung nennt. Und nun frage ich euch ...", er stützte sich mit beiden Händen auf die Tischplatte, „könnt ihr, wollt ihr einer deutschen Nation angehören, in der man die Idee der Gleichheit vor dem Gesetz verteufelt, nur weil sie französisch ist?"

Diesmal war das Murren mühsam unterdrückte Empörung.

Alle Achtung, dachte Gottfried, der junge Besucher hatte sich sehr gut vorbereitet. Keine Diskussion wurde im Rheinland so ereifert geführt wie die um das französische Recht, das den Preußen ein Dorn im Auge war.

„Meine Freunde: Der Scheiterhaufen auf dem Wartburgfest zeigt euch eines: Euer ärgster und gefährlichster Feind ist nicht der König von Preußen, es sind die Nationalen! Sie wollen euren Kindern, euren Enkeln erzählen, dass es in der Völkerschlacht bei Leipzig um die Befreiung von Napoleons Joch gegangen sei!" Er sah zu Gottfried und zu Theodor, den einzigen Veteranen an diesem Tisch. „Ihr wisst: Ihr seid in Leipzig nicht befreit worden! Lasst diese Leute nicht eure Geschichte schreiben! Verliert nicht den Mut!", fuhr Lonvert fort. „Ihr seid bei Leipzig nicht gescheitert, ihr seid bei Waterloo nicht gescheitert. Wenn sie euch zwingen, ihre Siege zu feiern, spürt ihr, dass es waren nicht eure Siege. Ihr spürt, dass dies ist nicht eure Geschichte. Ihr seid deutsch – aber das Rheinland gehört nicht Deutschland! Ihr spürt, dass ihr seid eine eigene Nation!"

Nun nickten alle – nicht eben eine entflammte Reaktion.

„Die rheinische Nation mag auf der Landkarte keine Grenzen haben, aber ihr tragt sie hier." Er legte seine Hand aufs Herz, sehr ruhig, fast andächtig. Johann beobachtete die Geste mit einem leuchtenden Blick.

„Ihr werdet das Vordringen der nationalen Lüge verhindern, indem ihr eine freie", er schlug auf den Tisch, „rheinische", er schlug wieder auf den Tisch, „Nation ausruft! Ihr werdet hissen eure Fahne neben der Trikolore Frankreichs und der Fahne des freien Polen, denn wir sind Freunde und Nachbarn und keine Feinde!"

Bei diesen Worten war Johann aufgesprungen. In seiner sprachlosen Begeisterung wirkte er auf anrührende Weise unbeholfen.

Lonvert sah ihn mit der Zufriedenheit des erfolgreichen Redners an: „Franzosen und Polen werden zu euch stehen, wenn die Stunde gekommen ist, in der ihr den preußischen König und seine nationalen Steigbügelhalter vertreibt!"

Man hörte ein schwerfälliges: „Jawohl!" Geräuschvoll ließ man die Krüge auf die Tischplatte schlagen.

Der junge Gast griff tief in seinen Gehrock, man hörte Futter reißen. Er zog und brachte ein buntes Stück Stoff zum Vorschein. Gottfried erkannte die rot-weiß-grünen Farben, die sich die nie verwirklichte rheinische Republik 1794 gegeben hatte.

„Wer von euch will diese Fahne an sich nehmen und sie hissen in der Stunde der Befreiung?"

„Ich!", rief Johann sogleich. Es war offensichtlich, dass niemand ihm hatte zuvorkommen wollen. Lonvert reichte ihm die Fahne, hielt kurz die Hand darauf wie bei einem gemeinsamen Schwur. Die feierliche Stimmung ergriff auch jene, die sich des Zuspruchs für die kleine Rede enthalten hatten.

Lonvert nahm Platz, nippte an dem Krug Bier und warf Gottfried einen Blick zu, der heißen sollte: „Sagen Sie mir: Habe ich meine Zeit verschwendet?"

Gottfried sah vor sich – die Blickrichtung all derer, die ihren Gedanken nicht mehr auf Abwegen folgen wollten.

„Was sollen wir tun?", fragte Theodor. Während Lonvert sich in ausflüchtenden Erörterungen erging, hob er seinen Hut vom Boden, scheinbar in abwesender Geste. Er drehte ihn so, dass nur Gottfried und Theodor sehen konnten, was darinnen war: ein ganzer Packen eingedrehter Blätter. Gottfried wusste sogleich, dass dies die gedruckten Flugblätter waren.

Er verstand die Geste: Lonvert wollte in dieser Runde keine Pläne offenbaren, offenbar traute er den übrigen Mitgliedern des Zirkels nicht. Gottfried sah es nun als seine Aufgabe, sie loszuwerden.

21

„Als wäre ich ein Handlungsreisender in Sachen Revolution, der minderwertige Ware anbietet!", scherzte Lonvert, nachdem der Letzte aus dem Zirkel sich verabschiedet hatte.

„Der bedauernswerteste Sklave ist nicht der, der geprügelt wird, sondern der, der nicht weiß, dass er ein Sklave ist." Theodor sprach, als würde er von einem unsichtbaren Blatt ablesen. Sie saßen nur noch zu viert am Tisch: Gottfried, Theodor, Johann und Lonvert. Der sah Theodor kurz sinnend an wie jemand, der gelernt hatte, sein Urteil nach einem kurzen Moment zu fällen. Dieses Urteil fiel wohl zugunsten der verkleinerten Runde aus, denn er legte nun seinen Gehrock ab, rief nach Kaffee, legte die Ellenbogen auf die Tischplatte und begann ohne weitere Vorrede: „Die Leute verlassen für einen Aufstand nicht ihr Haus. Wenn man ihnen sagt: Am Samstag ist Revolution, dann sagen sie: Am Samstag passt es nicht, da hat die Tante Anna Geburtstag."

Johann lachte aufgekratzt. Theodor lächelte immerhin zustimmend. Gottfried aber fühlte sich in seinem eigenen Zaudern überführt. Die Dinge des Alltags verlangten bei ihm nach ihrem Recht. Er hatte Frau und Kinder und fragte sich in diesem Moment, ob er nicht am Bett seiner Tochter sitzen sollte, um ihr die Geschichte von den Heizelmännchen zu erzählen, statt einen Aufstand vorzubereiten, der auch sie in Gefahr bringen konnte. Er wollte sich sagen, dass er es um ihrer Zukunft willen tat. Und wenn es für ihn mit Gefängnis endete? Was sollte dann aus seiner Familie werden? Er dachte an Marias Warnungen: dass ein verbitterter Junggeselle wie Theodor oder übermütige Jünglinge wie Johann und Lonvert schlechte Ratgeber für ihn sein mussten ...

„Eine große Erhebung entsteht nur dann, wenn die Leute bereits sind in Bewegung." Lonvert sprach nun sehr leise. „Das Entscheidende ist die Anlass! Wenn die Obrigkeit Feste anordnet, ist das Versammlungsverbot aufgehoben. Unsere Aufgabe ist es, zu nutzen einen solchen Anlass." Nun hob er den Hut auf, nahm die Flugblätter hervor und gab sie Gottfried. In gedruckter Form kam ihm sein eigener Text fremd vor, anstößig, übertrieben.

Lonvert beugte sich noch tiefer über die Tischplatte und sie taten es ihm gleich. „Am 25. August wird in den Niederlanden der Geburtstag des Königs Wilhelm begangen. Es soll eine Oper aufgeführt werden: *Die Stumme von Portici*. Es war schon immer ein Vorteil aller Freiheitsliebenden, dass Zensoren zwar sehr eifrig sind, selten aber klug. Die Botschaft dieses Stückes ist ihnen entgangen: Die Stumme steht für die geknebelten Völker. Die Publikum wird diese Botschaft verstehen. Wir werden dafür sorgen, dass sie es verstehen ... Und nun brauchen wir einen ähnlich Anlass hier in Köln ..."

„Der Besuch der Prinzen Wilhelm und Albrecht!", sagte Johann sogleich. Lonvert machte eine Handbewegung, die zeigte, dass er darauf hinauswollte.

„Es wird wohl die üblichen Akklamationen durch die Stadtväter geben", sagte Theodor finster. „Einige Parolen würden das ins rechte Licht rücken."

„Glaubt ihr, ihr könnt den Schlüssel des Rathauses bekommen?" Lonvert hatte in die persönliche Anrede gewechselt.

„Ein Großteil der Truppen wird zum Manöver in Koblenz sein", sagte Theodor. „Ich arbeite in einem der Forts, wo das Depot noch nicht ausgebaut ist. Die Waffen lagern in einem Schuppen auf dem Gelände. Jeden Dienstag kommt ein Dreckbauer und leert die Latrinen. Niemand legt Wert darauf, seinen Wagen zu durchsuchen, wenn er das Gelände verlässt. Wir könnten ohne Weiteres ein Dutzend Gewehre und Munition beschaffen."

„Hervorragend! Und was ist mit den Stadt … beamten? Stehen sie auf eurer Seite oder aufseiten von Preußen?"

Theodor sah Gottfried an und der antwortete: „Sie stehen aufseiten ihrer persönlichen Sicherheit. Wenn man ihnen verständlich macht, dass die Revolution sich nicht gegen sie richtet, werden sie einfach nur aus dem Weg gehen. Der Polizeipräsident ist unser Feind. Er wird alle nur erdenklichen Maßnahmen gegen uns ergreifen."

„Dann solltet ihr nicht das Rathaus, sondern das Polizeipräsidium angreifen."

„Alle hier hassen Struensee!", erklärte Johann mit feuriger Vorfreude. „Wenn wir sagen, dass es gegen ihn geht, marschieren sogar ein paar Preußen mit!"

„Nun dann: Auf die letzten Tage im August!" Lonvert hob den Krug und sie taten es ihm gleich.

Als er absetzte, fragte Gottfried: „Und was ist dann? Wir können das Rathaus höchstens einige Tage besetzt halten. Die Preußen werden mobilisieren – dann ist der Spuk vorbei und wir enden im Kerker."

„Bewaffnet die Arbeiter", sagte Lonvert. „Allein in Aachen bekommt ihr so ein Freicorps von tausend Mann zusammen. Diese Leute haben nichts zu verlieren."

Eben diese Aussicht beunruhigte Gottfried. „Nun, die große Französische Revolution hat gezeigt, wohin das führt."

„Im Gegensatz zu den Revolutionären sind wir gute Katholiken", sagte Lonvert mit einem undurchschaubaren Lächeln. „Nutzt die Kanzeln! Die Priester sollen den Leuten erklären, dass es geben wird einen neuen Staat, der gerecht ist für alle."

„Aber das ist es eben: Was für ein Staat soll das sein?", fragte Gottfried.

Lonvert lehnte sich wieder zurück. „Freunde, diese Frage wird mir überall gestellt! Und ich antworte darauf: Hätten wir jemals darauf verzichtet, Kinder in die Welt zu setzen, nur weil wir nicht wissen, ob es wird ein Junge oder ein Mädchen? So ist es auch mit einem neuen Staat: Ist er einmal ausgerufen, findet sich vieles von selbst!"

„Und alles ist besser als Preußen", bekräftigte Theodor.

Lonvert hob seinen Krug. Gottfried ließ seinen unangetastet. Das, was seine Zeit in der Armee unerträglich gemacht hatte, war das Bewusstsein, den Entscheidungen anderer ausgeliefert zu sein.

Lonvert bemerkte seine Zurückhaltung und sagte nun: „Richte doch der Schwester Maria einen Gruß von mir aus!"

„Von wem soll ich sie grüßen? Lonvert ist ja nicht dein richtiger Name."

„Nein, aber da sie mit Pfarrer Nelessen zu tun hat, kennt sie mich unter diesem Namen!"

Das missfiel Gottfried. Es missfiel ihm, dass Dahergereiste Geheimnisse mit Maria teilten. Was glaubte dieser Lonvert über sie zu wissen, dass er sie wie eine Mitverschwörerin erwähnte?

„Ich werde morgen in aller Frühe aufbrechen", sagte Lonvert. „Was ihr aus Belgien hört, wird meine nächste Botschaft sein."

Der Wagen rollte. Noch gab es die Möglichkeit abzuspringen. Doch weil Gottfried mit Sicherheit wusste, dass er fortwollte, war er bereit hinzunehmen, dass er nicht wusste, wohin die Reise ging.

In dieser Nacht lag Gottfried wach und konnte nicht aufhören zu schwitzen. Es war kein Schweiß, der aus den Poren trat, sondern ein Schweiß, der auf einer Zwischenschicht lag, auf einer Haut, die zwischen der Seele und dem Fleisch gespannt war. Dort schwitzte er mit einer quälenden Anstrengung.

Zum ersten Mal hatte er auf diese Art geschwitzt, als Sophia gestorben war, und dann noch einige Male in den Nachtlagern der Armee, aber immer nur dann, wenn er sich nicht bewegte. Er wollte sich daher auch jetzt bewegen, aber er wagte es nicht aufzustehen. Marianne schlief neben ihm. Er hörte ihren ruhigen Atem. Sie roch im Schlaf anders als am Tag, irgendwie nach Kamille, mit der sie ihre Haare spülte.

Aus ihrem Bauch hatte die Hebamme zwei tote Kinder gezogen. Sie hatten nicht geweint damals. Nicht bei dem ersten blau und rot verschmierten Körper, der reglos in den Tüchern lag, und auch nicht bei dem zweiten drei Jahre später. Er vertraute darauf, dass die Tränen eines Tages ihren Weg finden würden. Sie hatten sich wie der Schweiß irgendwo im Körper verirrt. Er glaubte an eine bessere Zeit, in der er weinen konnte – das war seine Vorstellung von einer besseren Zeit.

Er hörte Schritte auf der Straße. Sie kamen näher und er wusste, dass sie auf der Höhe seines Hauses anhalten würden. Dort stand jemand in der Dunkelheit. Um diese Uhrzeit durfte niemand umhergehen außer den Nachtwächtern und den Patrouillen. Und dennoch stand dort jemand und sah zu seinem Haus hin. Gottfrieds Puls wurde heftiger – die Schritte entfernten sich langsam. Schritte in der Nacht waren beklemmender als jedes Wehklagen.

Er wollte nach seinen Kindern sehen. Nicht, weil es etwas zu befürchten gab, sondern weil sein Anblick sie beruhigte. Markus und Pauline. Nächstes Jahr am Weißen Sonntag würde Pauline zur Kommunion gehen. Sie würde ihr Taufversprechen erneuern und damit ein Bündnis, das ihre Familie über den Tod hinaus einte.

Er dachte an Maria. Er dachte nichts Bestimmtes. Der Schlaf

war ihm zu nahe, als dass die Gedanken weit hätten kommen können. Er dachte, dass sie alleine in dem Haus am Domhof lebte und schlief. Er dachte an Gott. Immer, wenn er an Maria dachte, dachte er auch an Gott.

Er dachte an Marianne, als sie noch die Tochter des Wirts am Waidmarkt gewesen war. Weil er der Einzige an dem Dienstagstisch war, der keine Frau mehr hatte, hatte er sie geheiratet. Er hatte begonnen, sie zu lieben, nachdem sie Markus zur Welt gebracht hatte. Er sah die fraglose Zuneigung zwischen Mutter und Kind und wollte dazugehören. Es war, als würde man in einem Haus, in dem alle Fenster erleuchtet waren, an die Tür klopfen. Im Laufe der Jahre hatte er immer seltener an diese Tür geklopft – nicht weil er befürchtete, dass man ihm nicht öffnete, sondern weil immer mehr Lichter erloschen waren. Bei einem Haus, in dem nur noch ein Fenster erhellt war, klopfte man nicht, weil man davon ausgehen musste, dass sich dort jemand grämte.

Gottfried fragte sich, ob im Haus am Domhof noch Licht brannte. Wenn ja, dann nicht, weil Maria sich grämte, sondern weil sie über ihren Rezepturen saß, an dem kleinen Destillierkolben, an dem er sie oft angetroffen hatte, tintenbefleckte Papiere mit Tabellen vor sich, Öl und Pulverreste auf der Schürze, den Abdruck der Brille unter ihren Augen, müde und zufrieden. Ob sie ihm eine Tinktur zusammenstellen konnte, die seine Seele vom Schweiß befreite?

In seinen jüngeren Jahren hatte er geglaubt, dass nur die dunklen Dinge bedrohlich waren: die Angst, die Wut, der Hass. Inzwischen hatte er gelernt, dass die anderen Dinge viel gefährlicher waren: die Liebe, die Freundschaft, die Hoffnung. Sie waren die Meute, die ihn in Schach hielt, sodass er es nicht wagte, sich zu bewegen.

Seine Schulter schmerzte ihn, aber er drehte sich nicht um, weil er fürchtete, dass Marianne ihn mit weit geöffneten Augen anstarren könnte, ihn und seine Gedanken. Er horchte auf die Schritte und konnte nicht aufhören zu schwitzen.

22

Anna hielt den Kopf gegen den Gewitterregen gesenkt und richtete ihren Blick nur auf den nächsten Schritt. Ihre Röcke hatte sie fast bis zu den Knien gerafft, aber es war niemand in den Gassen, der sich daran hätte stören können. Nur an der Ecke zum Domhof hörte sie Laufschritte durch den Regen patschen. Die Böen auf dem Hof schienen in ihr ein Spielzeug zu sehen und mehr als einmal kam sie ins Stolpern. Als der Donner den Boden erzittern ließ, bekreuzigte sie sich rasch und war erleichtert, als sie in Marias Laden Schutz fand.

„Kind, was machst du denn für Sachen?", tadelte Maria freundlich und half ihr aus dem nassen Umhang.

„Sie haben doch gesagt, ich soll es Sie gleich wissen lassen, wenn ..."

Für Anna war es eine Abmachung um das Seelenheil ihrer kleinen Tochter: Maria hatte ihren Teil erfüllt, sie hatte mit ihren Gebeten und ihrem Gottvertrauen dafür gesorgt, dass es ein gesundes Mädchen wurde, das die ersten und unvermeidlichen Kränkeleien des Wiegenkindes gut überstanden hatte. Nun war es an Anna, ihren Teil der Abmachung zu erfüllen. Aus ihrem gekreuzten Brusttuch zog sie ein Papier hervor: das Exemplar einer Flugschrift, die Theodor und Johann heimlich weiterreichten.

„Gottfried hat das geschrieben", sagte Anna, als sie mit einem Handtuch ihre Haare trocknete.

Maria trat mit dem Blatt ans Licht. Der Wind wurde in Tür- und Fensterspalten hörbar, eine unschuldige Erscheinung der Natur, aber der Mensch hörte darin ein Unheil verkündendes Seufzen und Stöhnen. In klaren Lettern stand auf dem Blatt gedruckt:

Die nichtswürdige Regierung will also keinen Frieden, keine Versöhnung mit ihren aufgebrachten katholischen Untertanen!

Der Hochmut eurer Regierung wird einen zweiten Tag von Jena erleben. Der Handschuh ist für uns Katholische hingeworfen! Nun wohl, die 5 Millionen, die ihr einstweilen noch Preußen nennt, heben ihn freudig auf und schwören euch ewigen, unversöhnlichen Hass. Auf, ihr Katholiken in Frankreich, Österreich, Bayern, Belgien. Es gibt kein gemeinsames Deutschland mehr! Auf, ihr Katholiken aller Länder; vor dem Glauben verschwindet aller Völker Unterschied – bewaffnet euch gegen die russisch-preußische Knuten- und Gamaschenherrschaft, gegen diesen scheußlichen Militär- und Beamtendespotismus, der kein Versprechen mehr hält.

„Das ist Anstiftung zum Aufruhr!", sagte Maria. „In zwei Tagen kommen die Kronprinzen in die Stadt."

„Eben darum." Anna drückte das schlammige Wasser aus ihren Rockzipfeln. „Sie wollen das in der Menge verteilen. Morgen in aller Frühe wollen Theodor, Gottfried und einer von den Maurergesellen Waffen aus dem Depot im Fort IV stehlen. Theo und der Maurer haben ja Passierscheine für das Fort, sie haben auch alles ausgespäht, einer wird die Wachen beschäftigen. Die Waffen liegen noch in einem Holzschuppen, aber sie haben bereits an der Rückwand Bretter herausgebrochen und Ziegel davor gestapelt. Gottfried wird sich als Dreckbauer ausgeben und mit einem Wagen in das Fort kommen ... Sie haben alles ganz oft durchgesprochen und einen genauen Plan vom Fort haben sie auch. Tja, das haben die Preußen jetzt davon, dass sie Theo dazu gezwungen haben, für ihn zu arbeiten!" Anna sagte es mit einer gewissen diebischen Genugtuung und nicht ohne Stolz.

„Was ist mit Johann?", fragte Maria.

„Der soll dafür sorgen, dass das Flugblatt unter die Leute kommt."

„Was für eine Narretei!" Maria ging einige Schritte. Dass sie Johann, den jungen Familienvater, aus dem waghalsigsten Teil der Unternehmung heraushalten wollten, sprach vielleicht für einen Rest von Vernunft. Aber es zeigte, dass sie sich selbst der

Aussichtslosigkeit bewusst waren. Und auch Gottfried hatte eine Familie, die ohne ihn der Armut anheimfallen würde. Maria wusste, dass es keinen Sinn hatte, ihm die Sache auszureden. Gegen Theodors Einfluss kam sie so wenig an wie gegen das Hereinbrechen der Nacht.

Sie nicht – aber es gab einen, der eine größere Macht hatte über die Geschicke der Menschen.

„Es war richtig von dir, zu mir zu kommen, Anna!"

„Ich habe es Ihnen doch versprochen. Und wenn Sie für uns alle beten, dann wird schon alles gut werden, so wie es auch mit meinem Töchterchen gut gegangen ist, obwohl …" Sie brach ab und sah auf die Pfützen, die sich um sie auf dem Boden gebildet hatten.

Was Anna darunter verstand, dass „alles gut werden würde", vermochte Maria nicht zu sagen. Sie glaubte nicht an eine *katholische* Revolution, auch wenn sie in den letzten Tagen vieles darüber aus ihrer alten Heimat, den belgischen Niederlanden, gehört hatte.

Als der Gewittersturm sich erschöpft hatte, machte Anna sich auf den Heimweg. Maria verschloss die Tür hinter ihr. Sie war alleine im Haus und zog sich in die Kammer zurück, die auch ihre Hauskapelle war. Sie kniete mit dem Rosenkranz in der Hand nieder, eine Haltung, die aufgrund ihres Alters alles andere als bequem war. Doch nach einer Weile war sie so tief in die Zwiesprache versunken, dass sie die Beschwerden nicht mehr bemerkte. Und als sie sich wieder erhob, hatte sie Klarheit darüber, was zu tun war.

Das heftige Klopfen an der Tür ließ für Gottfried augenblicklich keinen Zweifel an der Art seiner Besucher: Es waren Struensees Polizisten. Gottfried war einzig überrascht von seiner Gelassenheit, mit der er, eine Kerze in der Hand, in den Laden hinunterging, um aufzusperren. Marianne, bereits im Nachtgewand, war ihm gefolgt und blieb im Halbdunkel der Bücherregale zurück.

„Sie sind der Buchhändler Gottfried Prangenberg?"
Gottfried nickte.

„Sie sind verhaftet. Wir haben eine Anzeige, dass Sie sich der Verbreitung ruchbarer Schriften schuldig gemacht haben – und wir haben einen Beweis!"

Gottfried nickte nur. Zu einer Revolution gehörten auch Verhaftungen. Da ihm nun schon widerfahren war, was er im schlimmsten Falle befürchtet hatte, fühlte er sich im Moment seiner Festnahme befreit. Der Aufstand konnte – musste – seine Lage nur noch bessern.

„Ich darf mir noch meinen Gehrock holen?", fragte Gottfried.

„Sie soll das tun!" Der Polizist nickte zu Marianne hin. Sie eilte in das Dunkel davon und kehrte mit dem Kleidungsstück zurück. Im Schein der Kerze, die auf dem Pult stand, sah Gottfried nur kurz in ihr Gesicht. Marianne wusste nichts von dem geplanten Einbruch in das Depot, nichts von den Flugschriften, die morgen in der Menge verteilt werden sollten, die sich versammeln würde, um die beiden Kronprinzen zu sehen.

„Gehst du bitte gleich zu Theodor und sagst ihm, dass ich nicht kommen kann?", sagte Gottfried. Seine Worte waren zu belanglos, um Misstrauen bei den Polizisten zu wecken, und auch Marianne schien es nur um die üblichen Treffen der Freunde zu gehen. Sie nickte.

Als er den Gehrock aus ihren Händen entgegennahm, berührten sie einander kurz. Es genügte ihm, um sie stumm zu fragen, und es genügte ihr, um zu antworten, dass sie nichts von den Dingen hielt, die ihm am Herzen lagen, dass sie aber umso deutlicher spürte, dass *er* ihr am Herzen lag. Sie hatte Angst um ihn, und die Angst kannte die Wahrheit besser als jedes andere Gefühl.

Als man Gottfried in die dunkle Gasse davongeführt hatte, holte Marianne ihren Umhang, schärfte Markus ein, auf seine kleine Schwester achtzugeben und eilte in die Magdalenengasse.

Anna, Theodor und Johann saßen in der Küche zusammen. Es war erstickend heiß, auch wenn nur ein kleines Feuer in dem ummauerten Ofen brannte.

„Sie haben Gottfried verhaftet", sagte Marianne ohne Gruß. „Jemand hat ihn wegen der Verbreitung ruchbarer Schriften angezeigt."

„Das Flugblatt!" Johann fluchte auf Struensee.

„Wer wusste, dass es von ihm war?" Theodor bearbeitete die brennenden Lohkuchen mit dem Schürhaken. Als er aufstand, erdrückte seine Gestalt das wenige Licht im Raum.

„Ich war bei der Maria!", entfuhr es Anna. „Der hab ich so ein Blatt gebracht und gesagt …"

„Du dumme Gans!", rief Marianne aus.

„Was hast du der Nonne sonst noch erzählt?" Wie gegen ungeheure Gewichte ankämpfend kam Theodor näher, den Schürhaken in der Rechten.

„Alles … Aber sie würde das nie den Preußen sagen … Sie war das nicht!" Anna drückte ihre Tochter an sich.

„Warum?" Theodor stand auf der anderen Seite des Tisches, die linke Seite glutrot, die rechte schwarz bis auf den Schürhaken, der durch seinen Schimmer ein eigenes Leben zu besitzen schien.

„Sie hat das Kind gesegnet." Anna vergrub ihr Gesicht an der Haube des Mädchens und von ihren folgenden Worten waren nur „Sünde" und „Fürsprache" zu verstehen.

„Warum gehst du damit nicht zu einem Priester? Warum zu diesem Preußenluder?"

„Theo, ich bitte dich: Sie ist eine geweihte Klosterfrau!"

„Eine Verräterin ist sie!" Der Schürhaken schnellte empor, Marianne wich zur Tür zurück, Anna duckte sich, verbarg das Kind ganz in ihren Armen. „Sie hat den Preußen bei Waterloo einen Schleichweg gezeigt und streicht dafür seit Jahren einen Judaslohn ein! Und sie hat es wieder getan, um das Wappen für ihre Wässerchen zu bekommen! Habe ich es dir nicht wieder und wieder gesagt? Und trotzdem bist du zu ihr gegangen?"

Der Schürhaken schwebte auf Höhe von Annas Kopf. Tränen liefen ihr über die Wangen.

„Mach dich nicht unglücklich!", brachte Marianne hervor. Ihr Zorn auf Anna schreckte vor Theodor zurück. Schützend legte sie der jungen Mutter den Arm um die Schulter. „Mach dich nicht unglücklich!"

Theodor sah sie an wie ein Fremder, der unvermittelter Dinge hinzugekommen war. Jetzt erst schien er die Wirkung seines Anblicks zu verstehen und senkte den Schürhaken.

„Was glaubst du, was für ein Mensch ich bin?" Er streckte seine freie Hand aus und berührte das schlafende Mädchen. „Niemals würde ich es zulassen, dass einer euch etwas zuleide tut! Niemals!" Er sah sich zu Johann um, in dessen Augen eine aufgepeitschte Liebe zu seinem Bruder glühte, die sich beweisen wollte. „Und daher wird die Nonne büßen. Dein Gottfried wird morgen Abend wieder frei sein – und die Nonne wird ihren letzten Verrat begangen haben!"

„Aber wenn die Preußen Bescheid wissen ...", wandte Johann ein.

„Wir machen es wie geplant, nur ohne Gottfried."

Da die Kronprinzen nur auf der Durchreise waren, gab es kein Besuchsprogramm. Dennoch hatten der Festungsingenieur der Stadt Köln und sein Stellvertreter von Pregnitz die vergangenen Tage damit verbracht, alle Baustellen in dem Ring aus Forts, der Köln umgab, in Augenschein zu nehmen. Nötigenfalls könnten sie jeden Fortschritt gegenüber dem künftigen König und seinem Bruder darlegen.

Auch über dem Fort IV lag daher eine gespannte Erwartung. An den Routinen, das war man der eingeübten Disziplin schuldig, änderte das nichts. So trafen im ersten Morgengrauen die zivilen Arbeitskräfte ein. So klar und symmetrisch die sternförmige Anlage dieser Festungswerke auf den Plänen auch war, in ihrem Innern gab es eine unüberschaubare Zahl von Innenhöfen, verdeckten Wehrgängen, in die Erde gegrabenen Unterkünften und Verbindungswegen. Sollte es einem Feind gelingen, das äußere System der Wälle und Gräben zu überwinden, war alles dazu gedacht, ihn zu verwirren und zu einer aufreibenden Verteilung der Kräfte zu nötigen. Hatte man den einzigen schmalen Zugang passiert, wurde einem der Blick auf die Umgebung durch hohe Erdwälle verwehrt. Man fühlte sich eher verschlungen als geschützt. Fast nirgends hatte man die Wahl der Wege in solch einer Anlage – man wurde geführt, vorbei an Wach- und Kontrollposten und vorbei an Schießscharten, die für den Uneingeweihten unsichtbar blieben.

Nach den Monaten, in denen er hier arbeitete, kannte Theodor jeden Winkel des tödlichen Labyrinths. Als sie in dem Innenhof eintrafen, in dem die Arbeitskolonnen eingeteilt wurden, brannten noch Fackeln. Dass man sie keiner weiteren Kontrolle unterzog und keine verstärkte Bewachung zu sehen war, zeigte ihm, dass es keine Warnung gab.

Eine unscheinbare Passage, zu schmal für einen Wagen, führte in einen Nebenhof. Dort gab es ein aus Holz gezimmertes Provisorium, das man nach der Julirevolte in Frankreich widerwillig mit Waffen bestückt hatte. Zwei Wachsoldaten warteten dort auf ihre Ablösung. Eine eisenbeschlagene Holztür führte in das Innere des Walls, der diesen Hof umfasste. Dort drinnen entstand das künftige Munitionslager. Theodors erste Aufgabe an diesem Tag war es, Ziegel in einen Schubkarren zu schichten und sie in das Innere zu bringen, wo die hölzernen Stützstreben durch gemauerte Säulen ersetzt werden sollten. Diese Ziegel wiederum hatte er neben dem Holzschuppen aufgeschichtet. Es war ein Leichtes gewesen, während dieser Arbeit einige Bretter aus dem Schuppen zu lösen, sodass man hineinkriechen konnte. Jetzt legte er dieses Loch frei, wandte sich dabei immer wieder nach dem einzigen Zugang zu diesem Innenhof um. Endlich erschien Jakobs, der es an Gottfrieds Stelle übernommen hatte, den Wagen des Dreckbauern zu fahren. Er zeigte sich kurz am Zugang und gab damit das Signal.

Theodor hatte die Schubkarre derart beladen, dass das hölzerne Rad in seiner Aufhängung zitterte, als er es über den festgetretenen Lehmboden schob. Faber erwartete ihn an dem schwach ausgeleuchteten Eingang zum unterirdischen Festungswerk.

„Jakobs ist hier", sagte Theodor knapp. Faber nickte, ging ihm einige Schritte voraus, setzte sich auf den Boden, das rechte Bein ausgestreckt und in einer Rinne platziert, die das Regenwasser in den unbefestigten Boden gewaschen hatte. Theodor begann, Ziegelsteine auf das Bein zu schichten, verteilte die gesamte Ladung um die Stelle, an der Faber auf dem Boden lag, kippte dann den Holzkarren. Durch einen kurzen Blickwechsel verständigten sie sich darüber, dass sie bereit waren ...

Faber schrie wie im größten Schmerz auf.

„Zur Hilfe! Zur Hilfe!", rief Theodor, lief wie von Schrecken getrieben in den Hof hinaus. „Helft uns, oder er verliert sein Bein!"

Die beiden Wachsoldaten sahen einander an.

„Sein Bein ist unter den Ziegeln begraben ... zertrümmert womöglich! Helft uns!" Er wusste wohl, mit welchen Quälereien die Preußen ihre Soldaten zum Gehorsam anleiteten – den Posten zu verlassen, konnte schlichtweg den Tod bedeuten. Doch war der Innenhof eben ihr Posten und damit auch die Baustelle im Wall. Der eine Soldat lief herbei.

„Ihr müsst ihn ausgraben ... vorsichtig!" Theodor zeigte auf den schreienden Faber. „Gibt es eine Trage? Wo können wir eine Trage finden?", rief er dem anderen Soldaten zu.

„Na, im Sanitätsraum ... Ich werde das melden!" Von Fabers Schreien angespornt, lief der zweite Soldat über den Verbindungsgang hinaus, und Theodor war allein im Hof.

Er löschte rasch die einzige Fackel; auf den Kuppen der Wälle lag schon das Morgenlicht, doch hier unten hielt sich die Nacht und bot ihm Schutz. Er räumte die letzten Ziegel von dem Zugang, den er in die Seitenwand des Schuppens gebrochen hatte, und zwängte sich hindurch. Musketen und Schwarzpulver – nur so viel, wie sie verbergen konnten; die Bleikugeln lagen schon in einem Haus am Neumarkt bereit.

Zwei Gewehre hatte er bereits nach draußen geschoben, als einer in den Hof trat, der von dem Lärm zuvor nichts mitbekommen hatte. Theodor hatte die Wachwechsel, die Appelle und die Kontrollgänge der Offiziere seit Wochen ausgespäht. Die Genauigkeit der Preußen würde ihnen zuarbeiten. Es gab bei ihnen keine Abweichungen von den Dienstplänen. Aber es gab in diesem Fort einen Leutnant, der immer wieder von Zahnschmerzen heimgesucht wurde. Es war ihm nicht gelungen, sich mit verschiedenen Tinkturen zu kurieren, da hatte er endlich den Mut gefasst, den erkrankten Zahn ziehen zu lassen. Doch die Erleichterung hatte nur wenige Wochen angehalten: Seit Tagen pochte es nun wieder in einem der Backenzähne. Und dieser Schmerz, der in seiner Auswirkung auf das Gemüt mit nichts anderem zu vergleichen war, trieb den jungen Offizier über das Gelände. Der Schmerz hielt ihn derart gefangen, dass ihm das Treiben beim Depot fast nicht aufgefallen wäre. Aber die Instinkte des preußischen Offiziers machten sich dann doch bemerkbar, und er fragte sich, warum das Munitionsdepot – dieses schändliche Provisorium, das einer preußischen Festung unwürdig war – unbewacht war. Er trat näher und hörte, dass dort drinnen jemand zugange war. Im nächsten Moment schoben sich ihm aus einem Loch in den Brettern die Läufe mehrerer Musketen entgegen.

Er war ein in jeder Hinsicht besonnener Mann. Mit dieser Einstellung war es ihm auch gelungen, die Karnevalsunruhen zu zerstreuen, ohne dass jemand zu Schaden kam. Er wusste also, das derjenige, der sich dort unerlaubt Zutritt verschafft hatte, das Gelände nicht ungesehen würde verlassen können. Er wusste aber nicht, mit wie vielen Saboteuren er es zu tun hatte und ob diese bewaffnet waren. Also ging er, ohne sich bemerkbar zu machen, um die Wachmannschaft zu alarmieren.

Als Theodor wieder aus dem Schuppen hervorkroch, wusste er daher nicht, dass er entdeckt worden war. Verwundert war er alleine darüber, dass Jakobs noch nicht in dem kleinen Hof erschienen war, um die Musketen, zwischen Tuch und Brettern verborgen, zu seinem Latrinenwagen zu bringen. Zumindest schien es Faber gelungen, den Wachsoldaten ganz mit seiner Rettung aus dem Ziegelberg zu beschäftigen. Von beiden war noch nichts zu sehen. Als Jakobs immer noch auf sich warten ließ, dachte Theodor bei sich: Das wäre nicht geschehen, hätte Gottfried, wie vorgesehen, diese Aufgabe übernommen.

Erst der Widerhall von vielfachem Laufschritt weckte die Anspannung in ihm. Er richtete sich auf, den Blick auf den engen Zugang zu diesem Hof gerichtet. Das Klappern von Metallteilen klang ihm entgegen, der schwere Tritt genagelter Stiefel auf festem Grund – dann quollen die Soldaten in den Hof: Auf dumpfe Zurufe hin bildeten sie eine Reihe, die Gewehrkolben in die Schultern gedrückt, die Läufe auf ihn gerichtet. Sieben Soldaten, die Abstände zwischen ihnen peinlich exakt, die Gesichter unbeweglich, angestrahlt von der Morgensonne, die nun über den östlichen Wall emporstieg.

Theodor trat langsam vor. Die Läufe zielten nicht nur auf ihn, sondern auch auf das Munitionsdepot.

Für ihn gab es nun keinen Zweifel mehr an dem Verrat, den man an ihnen geübt hatte. Man hatte sie nur auf das Gelände gelassen, um sie in diese Falle zu locken. Die Nonne hatte sie verraten.

„Stehen bleiben!", rief der Leutnant mit hohler Stimme, die Worte leicht erdrückt von der geschwollenen Wange. Doch Theodor ging noch einige Schritte. Als er das Depot in seinem Rücken wusste, breitete er die Arme aus.

„Stehen bleiben!"

Theodor folgte, senkte aber die Arme nicht – eine Salve, verirrte Kugeln, einige Funken, die von einem der Eisenbeschläge in das Innere des Depots fielen ... Er spürte diese Explosion, die ihn zerreißen würde, als eine Wohltat.

Doch der Leutnant war ein besonnener Mann und er sagte nur: „Verhaften, den Mann!"

23

Als von Pregnitz der Zwischenfall in Fort IV gemeldet wurde, kam es ihm nur ungelegen. Eine neuerliche Caprice Claras beschäftigte ihn. Sie hatte sich in den Kopf gesetzt, in großer Garderobe zum Empfang der Kronprinzen zu erscheinen, und wollte nicht einsehen, dass es über ihre Kräfte ging.

Von Pregnitz sagte dem Boten, er würde umgehend in das Fort kommen, und schärfte ihm noch ein, dass nichts von diesem Vorfall zu Struensee dringen sollte. Der Polizeipräsident würde es gegenüber den Kronprinzen aufbauschen zu jener allgegenwärtigen Gefahr von Verschwörung und Aufstand, mit der er seine heimliche Herrschaft über die Stadt rechtfertigte.

Dann gab er der Haushälterin die Anweisung, sie solle seine Frau vom Ankleiden abhalten und stattdessen dafür sorgen, dass sie ihre *Medizin* nahm.

„Ja, verehrter Herr: Die Medizin is ja dat Problem! Nähm die Madam das Laudanum nicht, käm sie ja nicht auf die Idee, dass sie fliegen könnte!"

Von Pregnitz hatte auch in der Bearbeitung von Problemen eine strenge Reihenfolge. Der Vorfall im Munitionsdepot stand nun an erster Stelle, gefolgt von den Verhaltensverwirrungen seiner Frau. Das unverschämte Auftreten der Dienstboten folgte erst auf einem der hinteren Plätze, deswegen ließ er die Worte unerwidert. „Lassen Sie sie Klavier spielen, damit sie sich beruhigt", sagte er nur.

Marianne hatte eine schlaflose Nacht verbracht. Welche Strafe drohte Gottfried für die Verbreitung „ruchbarer Schriften"? Nach der Frühmesse suchte sie das Gefängnis auf, aber man wollte sie nicht zu ihm lassen. Aus zahlreichen Winkeln der Stadt schien Militärmusik zu klingen, „Vivat"-Rufe hallten aus den Toreinfahrten. Die Karrenschieber, Korbträgerinnen, Schürzenträger, Kistenschlepper und Gänsemägde kümmerte das jedoch wenig. Man amüsierte sich nur über das ein oder andere Bürgerpaar, das herausgeputzt „zu den Preußen ging".

Marianne wurde von Befürchtungen und Ratlosigkeit gleichermaßen durch die Gassen getrieben. Ein seltsames Gefühl von Schuld kam hinzu. Sie hatte Gottfried etwas verweigert, sodass ihm das Leben mit ihr nicht genügte. Nur deswegen war er Theodors Einflüsterungen gefolgt. Sie blickte auf ihre bisherige Ehe wie auf die Ereignisse eines Tages: Sie hatte diesen Tag begonnen mit einer hoffnungsfrohen Erwartung, und dieses Gefühl hatte sie auch über die erste Erschöpfung hinausgetragen. Doch dann war der Moment gekommen, in dem sie begriffen hatte, dass das Versprechen nie eingelöst werden würde. Die Schuld daran hatte sie Gottfried gegeben. Aber nicht er hatte sie getäuscht. Es waren die Illusionen der Jugend gewesen, die nach zwei Fehlgeburten zerbrachen. Aber es war leichter gewesen, Gottfried dafür verantwortlich zu machen, genauso wie er die Preußen dafür verantwortlich machte, dass das Leben seine Versprechen nicht eingelöst hatte. Sie neidete ihm sein Aufbegehren. Es war gerechter als ihre Verbitterung. Es war sinnvoller. Es war eine Möglichkeit.

Jetzt, am Abend ihrer Ehe, da sie Gottfried mit dem Hereinbrechen der Nacht zu verlieren drohte, erkannte sie, dass nicht er ihr die namenlose Enttäuschung bereitet hatte. Aber es war nicht zu spät. Es gab keinen Grund mehr hinzunehmen. Und so wusste sie auch, wohin sie der Weg an diesem Morgen führen würde: auf den Domhof, zu der Nonne. Denn mit ihr hatte alles begonnen. Diese Frau hatte sich etwas angemaßt. Marianne vermochte es nicht zu benennen, aber als sie auf den weiten verlassenen Platz trat, wurde jenes Gefühl in ihr stärker, dringlicher, zorniger. *Menschenfischerin,* dachte sie.

Sie würde Gottfried aus ihrem Netz befreien.

Maria wurde vom Ertönen der Ladenglocke herbeigerufen. Marianne ließ sie nicht zu Wort kommen, nicht einmal zu einem Gruß.

„Wer gibt dir das Recht?", rief sie. „Weil du betest, während wir den Fußboden scheuern? Weil du in deinen lateinischen Büchern liest, während wir unsere Kinder baden? Weil du gebenedeit bist unter den Unternehmerinnen? Gottfried gehört dir nicht, auch wenn du ihm einmal das Leben gerettet hast! Wie kannst du glauben, über ihn derart verfügen zu dürfen?" Mit jedem Satz war sie einen Schritt weiter auf Maria zugegangen.

„Wovon sprichst du?", fragte die. Sie hatte in den Jahren, da sie es mit Kranken, Irren, Soldaten und Entwurzelten zu tun gehabt hatte, gelernt zu erkennen, wann ein Mensch den Boden der vernünftigen Entscheidungen verlassen hatte. Aber sie wich nicht davor zurück.

„Der Theodor wird dir den Hals umdrehen!", sagte Marianne mit einer glasigen Vorfreude in den Augen. „Erst werden sie die Preußen davonjagen und dann wirst du für deinen Verrat bezahlen – den von damals und den von heute!"

„Den von damals – was treibt dich denn dazu, nach fünfzehn Jahren diese Geschichte zu glauben, ich hätte den Preußen bei Waterloo zu ihrem Sieg verholfen? Und welchen Verrat soll ich heute begangen haben?"

„Du hast Gottfried angezeigt und das beweist mir, dass Theodor recht hat!"

„Unfug!"

„Scheinheilige!" Das Gefühl der Ohnmacht brach aus Marianne heraus. Sie stieß eine ganze Reihe Flaschen von der Theke herunter. *Räuberessig, Kölnisch Wasser, Carmeliterinnenwasser.* Ein Duft von Kräutern stieg auf, durchmischt von scharfem Spiritus.

„Du hast ihn verraten – hierfür!" Marianne packte eine der Flaschen, deren Etikett das preußische Wappen zeigte. „Du hast dich verkauft! Du hast Gottfried verkauft!" Sie warf die Flasche nach Maria. Die musste nur wenig zur Seite treten, um auszuweichen. Die Flasche zersprang an der Wand, nur der Teil, auf dem das Etikett klebte, blieb in einem Stück.

„Komm wieder zu Sinnen, Marianne!", rief Maria drohend, stützte beide Hände auf die Theke, bereit, ihre Waren vor weiterer Raserei zu schützen. „Warum sollte ich Gottfried an die Preußen ausliefern, wenn ich ihn damals vor ihnen gerettet habe?"

„Eben darum! Für dich ist er wie dein Eigentum, seit du ihm damals das Leben gerettet hast! Deswegen bist du nach Köln gekommen, um eine Schuld einzufordern … Er musste bezahlen für dein gutes Einvernehmen mit den Preußen!"

„Auf solch wirre Gedanken würdest du nicht kommen, wenn du wüsstest, was sich in Waterloo wirklich zugetragen hat!" Maria wollte sich nach den Scherben bücken, aber Marianne hielt sie am Ärmel.

„Dann sag es mir! Oder gibt es etwas, das du vor mir, als Gottfrieds Weib, verheimlichen willst?"

Maria sah ihr ins Gesicht und lächelte fade: „Wenn *er* es dir nicht erzählt hat, dann nicht um seinetwillen, sondern um meinetwillen."

„Was?" Marianne ließ sie nicht los.

„Komm mit."

Marianne folgte Maria in jenen Raum, der Büro und Kapelle in einem war. Als Maria sich dort in den Stuhl mit der hohen gedrechselten Lehne setzte, wurde Marianne bewusst, dass sie es mit einer alten Frau zu tun hatte, denn es geschah mit bedächtiger Rücksicht auf schmerzende Knochen. Und für einen Moment empfand Marianne Scham, die ihren Zorn besänftigte. Sie setzte sich auf den Schemel, ohne dazu aufgefordert worden zu sein, denn Maria fing schon an zu sprechen: von jenem Tag im Juli vor fünfzehn Jahren …

„Ich könnte dir auf keiner Landkarte zeigen, wo ich gewesen bin. Für einen solchen Ort gibt es keine Landkarte. Die Sonne sah aus wie ein hinterleuchteter Fleck auf einer Theaterbühne, denn in der Luft lag sehr viel Ruß und Pulverdampf. Es roch nach Blut und aufgewühlter Erde und das war der ‚frische' Geruch. Ansonsten stank es nach Exkrementen und verbranntem

Fleisch. Ich hatte schon immer eine empfindliche Nase und mir deshalb ein Tuch vor das Gesicht gebunden, getränkt mit Räuberessig. So weit ich sehen konnte, lag der Boden bedeckt mit Leibern von Menschen und Tieren. Ich muss wohl der einzige Mensch gewesen sein, der in der Lage war, sich auf seinen beiden Beinen fortzubewegen.

Man lernt sehr rasch zu beurteilen, welchem Verwundeten man noch helfen kann. An zehn von ihnen geht man vorüber und versucht, ihre Blicke nicht zu sehen, denn wenn sie nur noch schauen können und nicht mehr schreien ... Überhaupt wird an solchen Orten nach einer Weile weniger geschrien, als man denkt. Es ist seltsam, wie still und auf eine Weise höflich ein Mensch sein kann, wenn er so zugerichtet ist. Den Toten zerriss ich die Hemden, den Lebenden legte ich damit Verbände und Aderpressen an. Manchmal musste ich mich für eine Weile in eine Erdmulde ducken, denn es wurde immer noch geschossen.

Ich hörte immer wieder dieses Geräusch. Ein Geräusch, als würde jemand mit einem Bleuel auf nasse Wäsche einschlagen. Ich sah mich um, doch lange konnte ich die Ursache nicht finden. Dann sah ich diesen Mann. Er hielt eine Muskete beim Lauf und schlug mit dem Kolben auf die Verwundeten ein, meist auf den Kopf. Er schlug sehr gezielt. Du musst dazu wissen, man hält es eben so, wenn einem Verwundeten nicht mehr geholfen werden kann, gibt ihm jemand den Tod. Manche Soldaten treffen sogar vor der Schlacht eine Absprache, dass sie einander in diesem Fall nicht leiden lassen. Aber dieser Mann war in einem Blutrausch. Er schlug nach allem, was sich noch regte. Er erschlug viele, die ich zuvor versorgt hatte.

Ich fürchtete mich vor ihm und seinem Wahn. Wir waren dort draußen die Einzigen, die an anderen zu handeln vermochten. Ich versuchte zu retten, er wollte töten. Mir schien sogar, dass er vor allem auf jene einschlug, an denen er einen Verband entdeckte. Ich mied seinen Weg, entfernte mich so weit es nur ging von diesem Geräusch zerspringender Schädelknochen.

Ich fand Gottfried. Jemand hatte ihn mit Säbelhieben zugerichtet. Du kennst die Narben: Er war an der Schulter verletzt und hatte einen tiefen Schnitt im linken Oberschenkel, darin steckte die abgebrochene Säbelklinge. Ich ging, um aus den Hemden der Toten Verbandszeug zu reißen – und plötzlich war das Geräusch ganz nahe. Dieser Mann, ganz von Blut überströmt, schlug auf jeden ein, der dort lag. Immer genau drei Mal, als müsse er einem inneren Gesetz gehorchen. Er kam immer näher, und er kam Gottfried immer näher. Ich bat Gott um Hilfe. Da lag eine Bajonettklinge neben mir im Gras, ich nahm sie, stand auf und rief: ‚Hör auf! Hör auf!‘ Er ließ auch ab, sah sich nach mir um, kam auf mich zu. Ich war nur eine weitere Aufgabe für ihn, eine besonders dringliche. Diese Lebensregungen, die machten ihm Angst, das Wimmern, das Kriechen, das konnte ich spüren. Deswegen erschlug er sie, deswegen wollte er mich erschlagen.

Ich warnte ihn, ich hob die Klinge, er stürzte sich auf mich, ich stieß zu. Es war alles wie auf eine seltsame Weise einstudiert, als hätten wir dies in den verschiedensten Zeitaltern bereits getan, als wären wir dazu verdammt, uns auf den Feldern des Gemetzels immer wieder zu treffen und dies zu wiederholen. Er hatte keine Gesichtszüge. Er hatte eine Maske aus Blut, Ruß und Erde und seine Augen darin wirkten sehr rein, als gehörten sie nicht dorthin. Es fehlte ihm ein Teil seines Haarschopfes und ich glaube, auch ein Ohr. Er sank nieder, riss mich beinahe um, ich stolperte zurück.

In diesem Moment erst sah ich Theodor. Er hatte diesem Mann einen Säbel in den Rücken gestoßen. Theodor packte mich beim Arm und zerrte mich zu Gottfried, sagte, ich müsse ihn sofort verbinden, damit sie fortkonnten. Dieser Teil des Schlachtfeldes sei verloren, sie müssten zu den französischen Truppen finden, die sich nach Paris zurückziehen würden, und dergleichen. Er sprach sehr ruhig, fast als würde er es aus einem Buch ablesen. Gottfried war nicht in der Lage, etwas zu sagen, aber sein Blick heftete sich an mich. Ich kniete neben ihm, er fasste mich beim Ärmel. Theodor konnte das nicht sehen. Es war ein stummer Hilferuf. Während Theodor sprach, hielt Gottfried sich an mir fest und sein Blick bat mich, ihn nicht Theodor zu überlassen. Ich hatte keinen von diesen beiden Männer je zuvor gesehen, aber in der Art, wie Gottfried mich ansah, erkannte ich den Schrecken dieser Schicksalsgemeinschaft, aus der Gottfried entkommen wollte. Er war nicht bereit, alles für diese Gemeinschaft zu opfern. Er hatte etwas anderes als diese Gemeinschaft, Theodor nicht.

Theodor ging fort, um einen Wagen zu suchen. Und ich versuchte, Gottfried zu retten, nicht nur vor seinen Wunden, sondern vor allem vor Theodor. Ich fand einen getöteten preußischen Soldaten, nahm seine Uniform und zog sie Gottfried an. Dann brachte ich ihn zu einem der Sammelplätze. Er hatte das Glück, dass seine Desertion in den Wirren nach der Schlacht von Charleroi nicht bemerkt worden war.

Ich weiß nicht, wann er Theodor wiedersah, warum der nicht nach Paris ging, wie er es vorgehabt hatte. Aber seine Bitterkeit, seine tiefe Bitterkeit gilt nicht der Niederlage auf dem Schlachtfeld, sondern der Entscheidung seines Freundes: gegen ihn und für das Leben. Ein Leben in Unfreiheit und Unterdrückung, aber ein Leben. *Das* ist der Verrat, den Theodor mir zum Vorwurf macht. Wenn er behauptet, ich hätte den Preußen mit meiner Ortskenntnis zum Sieg verholfen, dann meint er damit Gottfrieds Entscheidung gegen ihn."

„Wer hat diesen Mann getötet, diesen Mann im Blutrausch?", fragte Marianne.

„Ich weiß es nicht. Ich weiß nicht, welche von den beiden Verletzungen tödlich war. Mir ist es einerlei, denn ich empfinde weder Schuld noch Reue. Ich könnte darin den Beweis sehen, dass ich diesen Mann nicht getötet habe, denn sollte uns das nicht bedrücken? Es sollte nicht unsere Aufgabe sein, menschliche Leben gegeneinander abzuwägen. Es ist nicht unser Recht. Aber es ist auch nicht mein Recht, Gottes Richterspruch vorzugreifen."

„Und dennoch glaubst du, es steht dir zu ... Warum hast du Gottfried angezeigt?" Marianne stand auf.

„Ich habe ihn nicht angezeigt."

„Anna war bei dir und gab dir das Flugblatt!"

„Ich habe ihn nicht angezeigt!", wiederholte Maria. „Es stimmt: Die Preußen haben von mir verlangt, dass ich ihnen über das, was sie verräterische Umtriebe nennen, berichte, da ich immerhin dieses Geld vom preußischen König beziehe und sein Wappen haben wollte. Aber ich habe es nicht getan. Ich würde Theodor nicht anzeigen, obwohl ich weiß, dass er mich hasst. Und ich würde erst recht niemals Gottfried anzeigen, den ..." Sie brach ab. Das Wort, das das Gegenteil von Hass meinte, schwebte im Raum.

Für einen Moment wollte das Marianne recht geben in ihren Verdächtigungen, in ihrer Eifersucht. Dann kam ihr ein Satz aus den Paulusbriefen in den Sinn: Und hätte ich die Liebe nicht ... Maria war nicht ihre Gegnerin, nicht ihre Konkurrentin. Die Vergangenheit war wie ein Schlingkraut gewuchert, das man nicht zurückgeschnitten hatte. Nun nahm es ihnen die Luft und die Möglichkeit, sich frei zu bewegen. Und darin erging es ihr nicht anders als Maria. Also sagte sie: „Was können wir tun?"

Es war fast dunkel, als Maria sich erhob, leicht schwankte und auf ihrem Arbeitstisch suchte. Aufträge, Abrechnungen, Entwürfe für Werbeanzeigen. Ein Brief, der die Unruhen in Aachen als Belastung für den zu erwartenden Umsatz bezeichnete. Schließlich hatte sie das Flugblatt gefunden.

Morgen, dachte sie.

Noch einmal würde sie alles in ihrem Leben aufgeben. Das erste Mal hatte sie es im Alter von siebzehn Jahren getan, als sie ins Kloster eingetreten war. Das nächste Mal war es wegen der Aufhebung des Klosters gewesen. Und nun geschah es wieder aus ihrer eigenen Entscheidung. Sie wandte ihren Blick zu dem Gekreuzigten.

Nie war sein Elend, nie war seine Angst größer gewesen als in dem Moment, da er sich für das Leiden entschied. Und nie war er mehr Mensch gewesen. Nie hatte es einen herrlicheren Moment für die Menschheit gegeben als diesen einen, in dem einer, der die Wahl hatte, sich für die dunkelste und quälendste Seite des Menschseins entschied.

Und schon lange hatte sie sich ihm nicht mehr so nahe gefühlt.

24

Auch am nächsten Tag kursierten Aufrufe zu einer großen Versammlung auf dem Neumarkt. Obwohl es den Zeitungen nach wie vor verboten war, darüber zu berichten, ging die Kunde von den Aufständen in Brüssel und Aachen von Mund zu Mund. Der holländische König hatte auf sein Volk schießen lassen und rief Truppen zusammen, doch schon solidarisierten sich die ersten katholischen belgischen Offiziere mit dem Aufstand. In Aachen hatten Arbeiter eine große Textilfabrik gestürmt. Den Fabrikanten war daraufhin erlaubt worden, eine Bürgerwehr zu gründen.

„Sie werden uns nicht spalten!", rief einer der Redner auf dem Neumarkt. „Sie werden uns nicht gegeneinander aufhetzen!" Doch keiner der Ratsherren erschien auf dem Neumarkt, keiner der Vertreter des rheinischen Adelstages. In diesen Kreisen sprach man vom Pöbel, dem Einhalt geboten werden musste. Der zweite Stadtkommandant hatte die Truppen angefordert, die am Manöver in Koblenz teilnahmen.

„Wir müssen das Rathaus stürmen, bevor sie hier sind!", sagte einer in der hitzigen Versammlung im Gasthaus zur Stadt Prag.

„Wie denn ohne Waffen?"

„Wo sind die Waffen, die uns versprochen wurden?"

Johann stand mit glühendem Gesicht auf einer Bank: „Wir wurden verraten, mein Bruder wurde verhaftet!"

„Dann müssen wir erst recht handeln! Unsere Brüder in Frankreich haben es uns vorgemacht!", rief einer im langen Rock des verarmten Studenten.

„Agitator!", rief jemand. „Man will uns nur in die Arme Frankreichs treiben!"

„Na und? Es sind die Arme von Freunden! *Vive la France! Vive Napoléon!*" Der Ruf wurde vielfach wiederholt, manche aber murrten.

„Frenschbüttel! Was wir wollen, ist weg von Preußen! Deutsch sein, aber eigenständig!"

„Die Republik, das wollen wir!"

„Die Republik war die elendste Zeit, die wir in Köln je hatten!"

„Euer Napoleon steht so oder so nicht aus dem Grab auf, um uns zu retten!" So stritten die einen bei der Tür, die anderen an der Theke, die dritten an einem der großen Tische.

In diesem Moment zwängte sich Anna durch die Neugierigen, die bei der Tür standen. Sie hatte ihre Jüngste in einem bunten Tragetuch vor sich gebunden und war außer Atem vom schnellen Laufen. Struensees Polizei war in ihrem Haus gewesen und hatte nach Johann gesucht.

„Eure Namen stehen ohnehin schon auf einer Liste!", rief sie in den Raum. „Struensee hat seine Schergen ausgeschickt und keiner von euch wird heute Abend nach Hause zurückkehren können! Vergesst das Rathaus – das Polizeipräsidium müssen wir stürmen!"

„Nana, Zückersche ...", ließ sich einer belustigt vernehmen.

„Sie halten eure Männer dort fest, eure Söhne und Brüder!", sagte Anna zu den Frauen in der Menge. „Und wir werden sie befreien!"

„Die Anna hat recht!", rief eine mit markterprobter Stimme und schob ihren massigen Körper durch die Menge wie eine Galionsfigur.

„Den Struensee, den jagen wir aus der Stadt!"

„Schluss ist mit der Preußenknute!"

Anna fasste das Kind nach: „Weg mit dem Struensee!"

„Weg mit dem Struensee!", wurde skandiert. Die Masse geriet in Bewegung – ihr Ziel war klar: das Polizeipräsidium.

Als der Pulk aus der Schankwirtschaft drängte, zog er alle mit, die sich auf dem Neumarkt versammelt hatten, auch die, die nur aus Schaulust gekommen waren.

„Weg mit dem Preußenhund!", riefen die einen.

„Frankreich, steig aus deinem Grab!", riefen andere und drängten die Wachen, die den Platz umstanden, zur Seite. Deren Offiziere sahen sich ratlos an, schickten sofort um Verstärkung. Sogar von den Bürgern, die zum Promenieren auf den Neumarkt gekommen waren, schlossen sich einige dem Zug an, der wie mit einem machtvollen Sog die Menschen aus den Häusern und Seitengassen holte. „Napoleon und die Verfassung!", war zu hören. Auf ihrem Weg die Schildergasse hinauf wurde die Menge stetig größer.

Vor dem Polizeipräsidium in der Schildergasse standen nur wenige Wachen, die mit engem Schulterschluss den Zutritt verwehrten.

„Struensee, komm heraus!", ertönte es.

„Gib unsere Männer frei!", rief Anna gegen die Fassade und schob sich nach vorn. Ihre Haube war verrutscht und das schreiende Kind hielt sie wie eine Drohung. Die Wachen hatten ihre Waffen gesenkt, um die Menge auf Abstand zu halten, doch die Hinteren drängten, sodass den Vordersten der Lauf fast auf der Brust saß. Anna zwängte sich in dem Moment, da sich die Tür öffnete, zwischen sie.

Struensee erschien, seinen Gehstock in der Hand. Schmähungen und Pfiffe empfingen ihn. Geschützt von den Körpern der Soldaten ließ er zornige Erwiderungen hören, doch seine Stimme zitterte. Er schnappte nach Luft, schlug mit dem Silberknauf nach denen, die ihm am nächsten standen. Er wurde niedergeschrien.

„*Vive la France!*"

„Fort mit den Preußenbütteln!"

Und dann erhob sich Lärm aus einigen Musikinstrumenten, eine Geige ertönte mit kreischendem Gejammer, eine Flöte pfiff mit schrillen Tönen, eine Quetsch presste die Luft zu Geheul. „Da Struensee, wir spielen dir eine Katzenmusik – das ist dein Abschiedslied!"

In diesem Moment holte einer der Wachsoldaten aus und schlug mit dem Gewehr nach demjenigen, der ihm am nächsten stand. Blut spritzte Anna ins Gesicht.

Johann legte schützend einen Arm um sie. „Sie wollen uns schlachten wie die Belgier!", rief er. „Packt sie!"

Die Menge drängte vor. Struensee wich in das Haus zurück, die Wachen mit ihm, die Tür wurde verriegelt.

„Warum schickt uns niemand Soldaten?", rief Struensee aus und hastete die Treppe hinauf. In seinem Büro riss er das Fenster auf, doch auf der Gasse wogte nur die Menge der Aufgebrachten. Ein Stein schlug neben ihm im Fenster ein. Glas splitterte.

„Napoleon und die Verfassung! Weg mit den Preußenhunden!"

Anna gab das Kind an die Frau weiter, die ihr am nächsten stand und zog sich an dem Gitter hoch, das eines der unteren Fenster schützte. „Wir richten hier unsere eigene Polizei ein!", rief sie. „Schafft Barrikaden herbei! Wir werden nicht weichen, bevor Struensee nicht fort ist und unsere Männer frei sind!" Dann löste sie das Tuch, das sie umgebunden hatte. Es war die grün-weiß-rote Fahne der rheinischen Republik.

„*Dieu et liberté!*", rief sie und schwenkte die Fahne. „*Dieu et liberté*, Gott und die Freiheit!" Hundertfach wurde der Ruf wiederholt.

„Köln gehört wieder uns!"

Clara von Pregnitz hörte die Rufe und Töne, doch sie vermischten sich zunächst mit den eingebildeten Klängen, die sie meist begleiteten. Auf dem Bett liegend sah sie mit geschlossenen Augen die Gestalten, die diese Laute erzeugten: Menschen mit Katzenköpfen, kriechende Wesen, übergroße Wiegenkinder, deren aufgerissene Münder ganze Häuser zu verschlingen drohten ...

Clara setzte sich auf. Ihr Herz war nicht in der Lage, dem erwachenden Körper Kraft zu geben. Sie war im Morgenrock, hatte aufgelöste Haare – und in den Straßen war Revolution.

Clara zog an der Klingelschnur. Dann setzte sie sich auf die Bettkante. Es waren nur wenige Schritte von ihrem Bett bis zum Fenster, für sie aber war es ein Weg zwischen Leben und Tod. Dennoch musste sie ihn wagen. Sie hielt sich an einer Stuhllehne, an einer Tischkante und endlich am Vorhang. Sie sah in die Hohe Straße hinunter: Menschen im Laufschritt, alle strebten in dieselbe Richtung, sogar die Hunde. Sie konnte nicht sehen, was sie zusammenrief, aber sie konnte es hören: „*Vive la révolution*! Es lebe die Revolution!"

„Madame?" Die Haushälterin hatte den Raum betreten.

„Was ist da draußen los?"

„Dem Struensee spielen sie eine Katzenmusik!"

„Das ist ein Aufstand!" Clara tastete sich zu dem Frisierhocker.

„Na, Madame, übertreiben Sie mal nicht ..."

„Wo sind meine Kinder?"

„Die sind doch auf dem Gut ihres Onkels in der Sommerfrische ..."

„Es ist September ... Es ist ihnen etwas zugestoßen ..."

„Nein, Madame, gehen Sie mal schön wieder ins Bett!"

„Wo ist mein Mann?"

„Der ist im Dienst. Und er würde es gar nicht gern sehen, dass Madame da im Morgenrock ..." Die Haushälterin kam auf sie zu. Clara hob abwehrend die Hand.

„Fassen Sie mich nicht an! Ihr hasst uns alle!"

„Na, na, Madame ..."

„Schicken Sie nach der Nonne. Es geht mir nicht gut. Die Schwester Maria soll herkommen."

„Ja, das geht wohl nicht. Sie hören doch, was da draußen los ist. Sie sollten einfach wieder ins Bett gehen!"

„Mein Mann muss herkommen! Er soll befehlen, dass die Nonne kommt!" Clara stand auf und schwankte, weil ihr schwarz vor Augen wurde. „Helfen Sie mir beim Ankleiden!"

„Dazu müsst ich Sie aber dann doch anfassen."

„Sie sind frech und aufsässig!"

„Nein, Madame, ich tue nur, was Ihr Herr Gemahl gesagt hat." Die Haushälterin sah sich nach der Laudanum-Flasche um. „Ich werd nach ihm schicken, sobald Sie wieder im Bett liegen!"

Die schwache Clara obsiegte, obwohl die andere mahnte, dass es eine Revolution zu verhindern galt. Wieder im Bett liegend, stritten die beiden miteinander. Es war, als zerrten sie um das Herz, das so heftig schlug, weil es nicht fliehen konnte, und schließlich zerriss es mit einem heftigen Schmerz.

„Der Bürgermeister! Der Bürgermeister!", wurde gerufen. Steinberger blieb am Rande der Menge stehen, er misstraute ihr. Anna drängte sich durch die Leute, um zu hören, was er sagte: Er erklärte, dass die Polizeigewalt nun wieder in den Händen der Stadt sei. Jubel ertönte. Er verkündete, dass man eine Bürgerwehr aufstellen werde und dass alle guten und rechtschaffenen Männer aufgefordert seien, sich zu dieser zu melden. Die preußischen Behörden hätten eine Bewaffnung in Aussicht gestellt.

„Fallt nicht darauf herein!", rief Johann. „Das führt nur dazu, dass die Besitzenden auf die Armen schießen wie in Aachen!"

Ihm wurde lautstark recht gegeben, einer aber rief: „Ja, und die ärm Söck sin doch die Preußen!" Es gab Gelächter.

„Der Herr Oberbürgermeister hat sich an uns gewandt", meldete sich nun der Mann neben Steinberger zu Wort.

„Das ist der Löwenstein von der Maurerzunft!", sagte Johann.

„Ich habe ihm zugesichert", fuhr der andere fort, „dass die

Maurer ihn unterstützen werden, um die Ordnung in der Stadt wiederherzustellen!" Johann und Anna sahen sich an. Es konnte keinen Zweifel daran geben, dass die Behörden nach Theodors Verhaftung in den Maurern die treibende Kraft hinter den Unruhen entdeckt hatten.

„Was hat das zu bedeuten?", flüsterte Anna.

„Ich muss zumindest mit ihnen sprechen", erwiderte Johann. Sie trennten sich mit einer flüchtigen Berührung.

„Die Preußen müssen unsere Verfassung anerkennen!", rief der Student.

„Sie sollen unsere Männer freilassen!", forderte Anna.

„Ihr guten Bürger von Köln, nehmt euren Platz in der Bürgerwehr ein! Morgen wird ein preußisches Regiment aus Koblenz eintreffen. Sie werden mit uns über die Ordnung in der Stadt wachen!"

Nach den Worten des Bürgermeisters gingen die ersten ihrer Wege. „Lasst euch nicht täuschen!", warnten andere. In einzelnen Gruppen wurde heftig debattiert.

Die Menge derer, die vor dem Polizeipräsidium ausharrten, wurde in den folgenden Stunden kleiner. Ein ganzer Pulk brach auf, um dem Erzbischof „die Meinung zu geigen", da er sich zu einem willfährigen Knecht der Preußen gemacht hatte. Und schließlich musste auch Anna heimkehren, da sie sich um ihre beiden anderen Kindern kümmern musste.

So sah sie auch nicht, dass Maria raschen Schrittes zum Präsidium kam. Sie wurde von den Verbliebenen mit Erleichterung gegrüßt, da die Klosterfrau vielen als die gute Seele der Stadt galt. Maria erwiderte keinen Gruß und erwirkte Einlass durch die Wachen, die sich wieder hervorgewagt hatten.

„Die wird die Preußen ins Gebet nehmen!", sagten manche.

„Sie wird für uns alles zum Guten wenden!"

Aber als sie nach mehr als einer Stunde das Gebäude immer noch nicht verlassen hatte, gab es aufgebrachtes Flüstern: „Die Preußen haben die Schwester Maria verhaftet!"

25

„Ich habe das geschrieben!", erklärte Maria ruhig.

Struensee saß hinter seinem Schreibtisch, seine Hände zitterten leicht, die Ecken des Blattes vibrierten. Maria hatte den Text des Flugblattes handschriftlich kopiert und ihm vorgelegt.

„Das ist die Vorlage, nach der ich es habe drucken lassen."

Als sie das sagte, war ihr nicht, als würde sie die Schuld eines anderen auf sich nehmen, sondern eher, als würde sie sich mit dem Mut eines anderen schmücken. Ich hätte es drucken lassen sollen, dachte sie. Ich hätte es mit den Lieferungen meiner Wässer verteilen sollen.

Es ging nicht um die Abkehr von einem protestantischen Herrscher; es ging um die Abkehr von einer Staatsidee, die mehr der Maschine glich als dem lebenden Organismus. Ein Organismus hatte Seele. Die Seele einer Gesellschaft war ihre Fähigkeit zu glauben. Der preußische König hatte vor fünfzehn Jahren zugesichert, dass er den Glauben seiner neuen Untertanen respektieren würde. Seine Beamten aber waren zu dem Schluss gekommen, dass die Volksfrömmigkeit, die sie in den neuen Provinzen vorfanden, unberechenbar und unkontrollierbar war. Und das war eine Gefahr für den Staat und seine alles durchdringende Macht – der Aufstand in Belgien zeigte es.

„Ich habe das abgefasst", sagte sie noch einmal. „Wir werden es nicht länger hinnehmen, dass man uns die Prozessionen verbietet, die unsere Seelen erfreuen, und uns das Marschieren befiehlt, damit wir auf den Schlachtfeldern von morgen das Leben lassen!"

„Das alles ist unerhört!" Struensee sprang auf. „Da draußen steht ein Mob und ruft ‚*Vive la France*'. Und Sie wollen mir sagen, dass man sich über die Einschränkung von Prozessionen beschwert! Dabei waren es doch die Franzosen, die Ihnen das untersagt haben ... und ein Teil dieser Leute sind vor das Palais des Erzbischofs gezogen und beschimpfen ihn aufs Übelste.

Aber *Sie* wollen mir sagen, dass die preußische Regierung den katholischen Glauben nicht würdigt! Sie …"

„Sie haben nichts verstanden, auch wenn Sie sich das Sagen in dieser Stadt angeeignet haben!", unterbrach Maria ihn. „Wo Sie einen Widerspruch sehen, ist es doch immer nur derselbe Grund: Die Menschen wehren sich dagegen, dass man ihren Glauben zu einem Werkzeug der Politik macht!"

Dieu et Liberté", wiederholte Struensee den Ruf, der vielfach unter seinem Fenster erklungen war. „Gott und die Freiheit … Genau das ist es doch, was den Glauben zur Politik macht!" Er hob das Papier an und schlug einige Male darauf. Die Adern auf seiner Stirn waren geschwollen, seine Lippen aber waren blass geblieben. Maria mutmaßte, dass er es einmal mit einem Leberleiden zu tun haben würde.

„Wenn die Herrschenden den Glauben zur Politik machen, so ist das Unterdrückung", sagte sie. „Wenn das Volk aber den Glauben zur Politik macht, so geht es um Befreiung!"

„Und das von einer Katholikin!" Struensee markierte ein Auflachen. „Von einer Nonne! Von einer, die Gehorsam gegen Rom gelobt hat!"

„Eben darum habe ich das Recht, wenn nicht sogar die Pflicht, den Heiligen Vater in Rom zu fragen, warum er es zugelassen hat, dass das Rheinland, dass Polen, dass Belgien als ‚Kompensationsobjekt' an die Fremden gegeben wurden!"

„Die Fremden? Weib, du redest dich um Kopf und Kragen!" Struensee ließ sich wieder auf den Stuhl fallen und nahm die Feder zur Hand. „Glaube ja nicht, dass dich dein gutes Einvernehmen mit dem Königshaus länger schützen kann!" Er begann hastig zu schreiben. „Mit dem Dukatenlegat wird ebenso Schluss sein wie mit dem Wappenprivileg! Alles wirst du verlieren, alles! Und du kannst von Glück reden, wenn der König dir die Gnade gewährt, dass du dich für den Rest deiner Tage in ein Klausurkloster zurückziehen darfst!"

Maria hörte diese Drohungen mit aller Gelassenheit. Es war das, was sie zu tun bereit war. Sie räusperte sich. „Es gibt aber eben jenen Buchhändler, den Sie zu Unrecht festhalten! Er hat sich nichts zuschulden kommen lassen!"

„Hat er denn nicht dieses schmähliche Flugblatt drucken lassen?"

„Er hat gar keine Druckerpresse. Sie haben sein Haus bereits durchsucht, Sie wissen das. Wenn man ihm etwas vorwerfen wollte, dann einzig die Tatsache, dass er dieses Flugblatt in die Hände bekam und es nicht zur Anzeige brachte!"

„Nun, und das ist schon eine Menge!"

Maria legte beide Hände auf den Schreibtisch: „Hören Sie nicht, was die Leute rufen? Sie fordern die Freilassung ihrer Männer! Lassen Sie Gottfried Prangenberg gehen! Die Leute werden glauben, einen Sieg errungen zu haben, und werden sich beruhigen. Und Sie haben ja jetzt mich!"

Struensee hielt im Schreiben inne. Ihm schien bewusst zu werden, welch wertvolle Geisel er in Maria hatte. Solange sie in diesem Hause war, musste er um seine Sicherheit nicht fürchten.

„Es mag einige in dieser Stadt geben, die sich darüber wundern, welch erfolgreiches Unternehmen Sie in wenigen Jahren aufgebaut haben. Aber bei Ihrer Durchtriebenheit muss einen das wohl kaum überraschen."

„Ich bin nur eine arme, alte Nonne, die in stürmischen Zeiten lebt."

Schritte erklangen im Vorraum. Struensees Angst offenbarte sich dadurch, dass er aufsprang wie ein gehetztes Tier. Der wilde Blick, den er Maria zuwarf, verriet, dass er zu allem bereit war. Maria aber spürte immer noch jene Ruhe in sich, die aus einer tiefen Geborgenheit entsprang.

Es war jedoch kein Aufrührer, der sich Zutritt zu dem Haus verschafft hatte; es war von Pregnitz, der in das Büro des Polizeipräsidenten trat. Ohne ein Wort schloss er die Tür hinter sich und lehnte sich gegen diese, als müsse etwas ausgesperrt werden.

„Warum hat die Armee diesen Mob noch nicht zerstreut?" Struensee gestikulierte aufgebracht zum Fenster hin. „Warum schickt von der Lund mir keine Nachricht?"

„Der Stadtkommandant hat sich mit dem Herrn Oberbürgermeister bereits in Verbindung gesetzt", erwiderte Pregnitz, hatte den Kopf dabei leicht zurückgelehnt und die Augen geschlossen, als würde er horchen.

„Mit dem Oberbürgermeister ..." Struensees Atem wurde hörbar schwer.

„Ja." Pregnitz drehte den Kopf, sodass er Struensee ansehen konnte, und sagte wie im Genuss: „General von der Lund hat die Einwilligung zur Aufstellung einer Bürgerwehr gegeben. Er wird die Waffen dafür bereitstellen."

Struensee schien zu begreifen, dass das Militär sich mit den Bürgern verbündet hatte – gegen ihn. Maria versuchte Pregnitz anzusehen, ob dieser Schritt aus der Not heraus geboren worden war oder ob es sich um einen perfide entwickelten Plan handelte. Pregnitz aber beantwortete diesen Blick nur mit seinem undurchschaubaren, fast entrückten Lächeln.

„Sie wollen diese Fanatiker bewaffnen?", schrie Struensee.

Pregnitz löste sich von der Tür. „Bei all Ihrer Unerbittlichkeit fehlt es Ihnen doch an der Fähigkeit, einen kühlen Kopf zu bewahren. Aus Aachen hören wir, dass die Bürgerwehr die Ruhe wiederhergestellt hat. Es empfiehlt sich also auch für Köln."

„Es wäre überhaupt nie so weit gekommen, wenn ..."

Pregnitz brachte Struensee mit einer Geste zum Schweigen und wandte sich an Maria: „Verehrte Schwester, der Zustand meiner Frau hat sich besorgniserregend verschlechtert. Diese Tumulte haben sie in große Angst versetzt. Und Sie wissen sicherlich besser als ich, wie es um ihr Herz bestellt ist."

Diese formelle, teilnahmslose Ausführung ließ Maria ohne Erwiderung.

„Clara hat mehrmals nach Ihnen verlangt – ob Sie wohl so freundlich wären, nach ihr zu sehen?"

„Diese Nonne geht nirgendwohin!", rief Struensee aus. „Sie hat gestanden, das hier abgefasst zu haben!" Er winkte mit dem Flugblatt. „Sie ist verhaftet!"

„Schwester Maria – wären Sie wohl so freundlich?", sagte
Pregnitz, als habe er Struensee nicht gehört.

„Ich bin hierhergekommen, weil man jemanden beschuldigt
hat, dies getan zu haben. Ich werde erst gehen, wenn man diesen Mann aus dem Arrest entlassen hat!"

„Na also!" Pregnitz klatschte in die Hände. Maria fuhr zusammen, ebenso wie Struensee – das zeigte ihr, dass sie mit dem
Polizeipräsidenten einen Gedanken teilte: Nicht die Aufrührer
waren die Gefahr, sondern Pregnitz, dessen Macht nicht einzu-
schätzen und dessen Verhalten unberechenbar war.

„Und da haben wir uns gefragt, was Ihre größte Angst ist,
liebe Schwester Maria! Nun haben wir die Antwort: Sie haben
Angst davor, dass jemand Ihretwegen leiden muss!"

„Ich hoffe doch, dass ich diese Angst mit allen Menschen
christlichen Bekenntnisses teile ... Vielleicht nicht mit jenen,
die sich aufgrund ihrer Profession an allerlei Ausflüchte gewöhnt haben." Maria machte mit einem Blick auf die Uniform
deutlich, wie diese Bemerkung zu verstehen war.

Pregnitz lachte. „Die spitze Zunge der Kirchenleute! Wie
heißt denn dieser Mensch, den man zu Unrecht beschuldigt?"

„Diese Katholiken stecken doch alle unter einer Decke!",
warf Struensee ein.

Maria zögerte: Sie hatte keinen Grund, Pregnitz zu trauen,
und ihr war nicht wohl dabei, ihm Gottfrieds Namen zu nennen. Ihr war, als würde sie ihn damit ausliefern. Allerdings hätte er ihn ohnehin aus den Akten ersehen können.

„Gottfried Prangenberg", sagte sie.

„Nehmen Sie das Wort meiner Profession, die Sie so wenig
schätzen, dass er heute noch freigelassen wird!"

„Das haben Sie nicht zu entscheiden! Das ist eine zivile
Angelegenheit!"

Pregnitz ging einige Schritte nach vorn. „Dies ist eine Gar-
nisonsstadt, Struensee, hier gibt es keine zivile Angelegenheiten. Aber wenn Sie darauf beharren, kann ich die Festungs-
wachen abziehen lassen und Sie können sich mit den Bürgern

daselbst auseinandersetzen." Er hatte das Fenster erreicht und öffnete es, sodass man die aufgebrachten Stimmen von der Gasse hörte.

Struensee murrte etwas von Anmaßung und Vermessenheit, drohte mit einem Nachspiel, an das er aber selbst nicht zu glauben schien.

„Seien Sie unbesorgt, gute Schwester Maria! Erweisen Sie inzwischen meinem Haus die Ehre und sehen Sie nach meiner Frau!"

Er kehrte zur Tür zurück und öffnete diese. Maria zögerte. Ein Offizier hatte ihr das Wort auf Gottfrieds Freilassung gegeben, aber sie wollte nicht ihm vertrauen, sondern allein Gottes Fügung.

„Sie werden als Offizier Ihr Wort nicht brechen!", stellte sie fest.

„So wenig, wie eine Nonne Ihre Gelübde brechen würde!" Über diese spitze Bemerkung tauschten sie einen Blick aus; was immer Pregnitz glaubte, über sie erraten zu haben: Es beunruhigte sie nicht. Die Liebe, die sie zu Gottfried empfand, konnte ihr niemand zum Vorwurf machen, denn es war jene Nächstenliebe, zu der sie sich verpflichtet hatte.

„Wenn Sie das Haus verlassen, sollten Sie einige beruhigende Worte zu diesen Leuten dort draußen sagen. Es ist an der Zeit, dass sie nach Hause gehen", sagte Pregnitz.

„Meine Worte können leider nicht richten, was die Gewehrkolben schon verdorben haben", erwiderte Maria und ging.

Pregnitz wandte sich zu Struensee mit dem Lächeln eines Mannes, der wusste, dass alles in seinem Sinn verlief. Struensee dagegen atmete schwer. Er spürte die Schlinge, die sich um seinen Hals zuzog.

„Das Bedürfnis nach einem Nachtmahl wird die Menge dort unten bald deutlich verkleinern", sagte Pregnitz. „Zu später Stunde wird Sie dann eine Kutsche erwarten. Sie sollten Ihre längst fällige Dienstreise nach Berlin antreten."

„Ich soll *was*? Die Stadt verlassen? Dem Pöbel nachgeben?"

„Sie sollen Preußen dienen. Das dort", Pregnitz deutete zum Fenster, „dient nicht dem preußischen Interesse!"

„Man muss durchgreifen! Preußen ist siegreich, weil es für Prinzipien steht und weil wir nicht wie die Franzosen jeder Volkslaune nachgeben!"

„Es gab eine Revolution in Frankreich, einen Aufstand in Belgien, Unruhen in Aachen – der Flächenbrand wird hier enden!" Pregnitz tippte auf Struensees Schreibtisch.

„Indem Sie eine geständige Aufwieglerin laufen lassen?" Struensee winkte mit dem Flugblatt.

„Sie wären so unglaublich töricht gewesen, die Nonne in dieser Situation zu verhaften! So etwas nennt man dann Öl ins Feuer gießen!"

„Ah!" Struensee straffte seinen Körper. „Und es facht das Feuer also nicht an, wenn der Pöbel behaupten kann, er hätte den Polizeipräsidenten aus der Stadt getrieben? Den Polizeipräsidenten, der vom preußischen König eingesetzt worden ist?"

Pregnitz hob seinen Säbel an und setzte sich auf die Tischkante.

„Das Volk, mein lieber Struensee, ist dumpf. Im Augenblick wissen sie nur, dass sie unzufrieden sind. Und uns, als Autoritäten, kommt es zu, ihnen zu sagen, *womit* sie unzufrieden sind. Mit der preußischen Herrschaft? Natürlich. Aber das werden wir nicht ändern. Mit Ihnen als Polizeipräsidenten? O ja! Und das können wir ändern. Oder anders ausgedrückt: Die Kölner lieben diese Nonne – also *darf* sie gehen. Köln hasst Sie – und deswegen *müssen* Sie gehen!"

„Ha! Dazu haben Sie gar keine Befugnisse! Wer sind Sie denn schon? Der stellvertretende Festungsingenieur ... der stellvertretende!"

Ohne ein weiteres Wort zog Pregnitz ein Schreiben aus der Innentasche seines Rockes und reichte es Struensee. Während dieser es studierte, sagte Pregnitz: „Sie wissen, dass der Kronprinz eine ganz persönliche Schwäche für diese Stadt hat. Er sagte mir erst wieder bei seinem kurzen Besuch auf der Durchreise, dass Köln eben jenen Zauber der Jahrhunderte hätte, der dem bauwütigen Berlin fehle. Es ist ihm daher ein Bedürfnis, Köln für die preußische Krone, für *seine* Krone zu sichern. Da musste ich ihm leider sagen, dass kaum etwas die Kölner stärker für eine Rückkehr unter französische Herrschaft begeistere, als das Verhalten des Polizeipräsidenten."

Struensee ließ sich auf den Stuhl fallen.

„Aha. Deswegen hat das Militär nichts gegen die Zusammenrottungen unternommen, obwohl ich … Sie haben das eingefädelt! Sie …"

Pregnitz nahm ihm das Schreiben mit einer raschen Bewegung ab. „Seien Sie nicht gram, Struensee! Sie haben der preußischen Krone einen großen Dienst erwiesen! Sie sind der Sündenbock, der dem Volkszorn geopfert wird. Sie haben einfach zu viele Leute vor den Kopf gestoßen. Es war mir ein Leichtes, den Bürgermeister und den Regierungspräsidenten davon abzuhalten, sich auf die Seite ihrer aufgebrachten Bürger zu stellen, indem ich Ihre Entlassung versprach. Sie werden sehen: Die Lage hat sich morgen schon beruhigt, sodass es kaum in die offiziellen Berichte muss … Ach nein, Sie werden es nicht sehen, weil Sie die Stadt dann schon verlassen haben! Man wird sich Ihnen aber dankbar zeigen: Ich hörte, dass ein Posten in Breslau zu besetzen sei."

„Eine Schande ist das … dass der künftige König nach der öffentlichen Meinung taktiert! Gefallsucht ist eines Monarchen unwürdig!", sagte Struensee geschwächt.

Pregnitz erhob sich: „Tja, das ist das wahre Erbe Napoleons. Oder sein Fluch, wenn Sie so wollen: Dass man seine Kräfte nicht damit verschwendet, ein Volk zu zwingen, sondern dass man Kraft dadurch gewinnt, es überzeugt zu haben!"

Struensee war damit erledigt. Auf seiner inneren Liste strich Pregnitz diesen Namen durch. Und auch der Aufstand verschwand nun von dieser Liste. Eine kleine Unsicherheit empfand Pregnitz bei der Frage, was danach die größte Dringlichkeit besaß: der Zustand seiner Frau – oder der Saboteur, der in Fort IV gefasst worden war. Er hielt es aber für angeraten, sich diesem Burschen erst zuzuwenden, wenn Struensee Köln weit hinter sich gelassen hatte. Der Maurer hatte nicht allein gehandelt, so viel stand fest. Aber Struensee sollte es nicht noch für sich verwenden können, dass es die von ihm oft erwähnte Verschwörung also doch gab. Nein, das würde Pregnitz dem neuen Stadtkommandanten von Pfuel zum Geschenk machen, denn es war immer von Vorteil, sich einen General gewogen zu machen.

Er setzte also den Namen seiner Frau an die nächste Stelle. In den folgenden Stunden würde es seine alleinige Pflicht sein, ihr beizustehen. Das war nicht eben eine Herausforderung, aber doch eine Gelegenheit, ein gutes Beispiel in jener Beherrschtheit zu geben, an der es hierzulande so sehr mangelte.

26

Maria kniete am Bett der sterbenden Clara von Pregnitz. Sie sah auf ihre eigenen Hände, in denen der Rosenkranz lag. Es waren alte Hände mit hervortretenden Adern, dünner Haut und dunklen Flecken. Hände, um die sie immer häufiger Angst hatte. Oft rief sie nach ihrem Gehilfen Gustav, weil sie ihnen manche Tätigkeit nicht mehr zumuten wollte. Sie würde es kaum noch wagen, in jenes Mauerloch zu greifen, obwohl sie wusste, dass die Gefahren darin nur eingebildet waren.

Sie sah auf Claras Hand, die ganz ruhig und weiß neben dem Körper auf dem Betttuch lag. Für Maria war es eine junge Hand, auch wenn sie zu einem sterbenden Körper gehörte. Clara hatte ihre Anwesenheit kaum zur Kenntnis genommen, nur einmal hatte sie nach ihren Kindern gefragt und war dann in jenen Dämmerschlaf geglitten, der dem Tod vorausging.

Maria wusste nicht, was es über diese Frau zu bedauern oder zu bekräftigen gab, und suchte Zuflucht im Vaterunser, weil dieses Gebet die Protestanten mit den Katholiken verband, mochte sie auch sonst so vieles trennen. Aber je öfter sie es innerlich stumm wiederholte, desto fremder wurden ihr die Sätze – wie das Handwerkszeug einer eigenartigen Zunft. Diese scheinbar zusammenhanglose Reihung von Bitten sollte das Gebet sein, das Jesus Christus ihnen hinterlassen hatte?

Dein Wille geschehe ... wie im Himmel so auf Erden ... Unser tägliches Brot gib uns heute ... Und vergib uns unsere Schuld ...

Aber über ihre Verwunderung erkannte sie, wie unmittelbar dieses Jahrtausende alte Gebet ihr an diesem Tag zusprach: Bei dem widerstreitenden Willen der Menschen in dieser Stadt zwischen Aufstand und Maßregelung konnte sie nur darauf hoffen, dass Gottes Wille am Ende alles fügte. Und sie hoffte, dass sie in alledem nicht schuldig geworden war. In der Stille dieses Sterbezimmers erschien es ihr plötzlich als großer Fehler, dass sie versucht hatte, Gottfried in Schutz zu nehmen. Sie hatte keinen Zweifel daran, dass Pregnitz Wort halten würde und für seine Freilassung sorgte. Was aber dann?

... wie auch wir vergeben unsern Schuldigern ... Und führe uns nicht in Versuchung ...

Als sie ihre Ausbildung in der Klosterapotheke begann, hatte sie sagenhafte Dinge über den Spiritus gehört, der in der Lage sein sollte, alle jene wunderbaren Eigenschaften aus den Pflanzen herauszuholen. Als sie die klare Flüssigkeit zum ersten Male sah, war sie enttäuscht gewesen. Erst im Laufe der Jahre, während sie den Spiritus anwendete, war sie Teil seines Geheimnisses geworden. Und ebenso empfand sie nun im Bezug auf das *Vaterunser.* Dieses Gebet war so rein, so wahrhaftig, dass es das Wesentliche in einem Gemüt offenbarte. Mithilfe dieser Worte erschloss sie sich Pregnitz' Absichten. Dieser Mann wurde von der Faszination für die menschlichen Leidenschaften angetrieben, nicht aus Boshaftigkeit, nicht aus Machtgier, sondern aus Unverständnis. Mochte es nun ein Mangel von Geburt an sein oder eine Folge der Erziehung: Die Unvernunft der Gefühle, das Übermächtige der Angst, das Sprunghafte der Impulse war ihm fremd.

Und erlöse uns von dem Bösen ...

Pregnitz würde für Gottfrieds Freilassung sorgen. Nicht weil er sein Wort gegeben hatte, sondern weil er neugierig war. Der Liberale und die Nonne, politische Freiheit und ewiges Gelübde, Familienvater und Unternehmerin. Er würde ihnen so manches zumuten, nur um zu sehen, was geschah.

Auf diese Erkenntnis antwortete Maria mit einem Versprechen: Sie würde Gottfried niemals wiedersehen. Sie wusste noch nicht, wie sie das in einer Stadt wie Köln bewerkstelligen wollte, noch konnte sie es Gottfried verbieten, sie aufzusuchen. Aber sie war sich dessen sicher, so sicher, wie sie sich ihrer ewigen Gelübde war ... Und diese Sicherheit offenbarte ihr, dass es kein Versprechen war, sondern eine Vorahnung.

Sie kniete am Bett einer Sterbenden und spürte, wie jene Seele, die sich zum Aufbruch bereitmachte, auch ihr den Blick öffnete. In ihrer Zukunft sah sie Gottfried nicht mehr. Sie würde ihn niemals wiedersehen. Immer wieder wiederholte sie dies vor sich selbst und immer wieder entsprach es dem Unsichtbaren der Vorahnung. Das beunruhigte sie so sehr, dass sie am liebsten zu seinem Haus gegangen wäre, um sich zu vergewissern, dass er heimkehrte ... Aber das Empfinden der Vorsehung war übermächtig. Es war ihr nicht gegeben, daran etwas zu ändern. Und endlich überkam sie jene Trauer, die an das Bett einer Sterbenden gehörte, denn auch ein Teil ihres Lebens würde ihr verloren gehen. Vielleicht würde ihr Gott eines Tages, vielleicht an ihrem letzten Tag, die Frage beantworten, ob es seine Gnade war, mit der er ihr bei der Einhaltung der Gelübde zu helfen gedachte. Oder war er jener eifersüchtige Gott des Alten Testaments, der Moses zur ewigen, heimatlosen Wanderschaft verdammte? Ich weiß ja, dass du am Ende aller Tage mit unseren Fehlern gnädig sein wirst, dachte sie.

Irgendwann fiel sie in einen leichten Schlaf und hatte einen seltsamen Traum. Da war ein Mann mit einem zuckenden Augenlid, der erst sehr ungeduldig in einem großen Buch blätterte und dann begann, Seiten herauszureißen. Sie wusste nicht, ob sie ihn daran hindern sollte.

Sie wurde geweckt durch das Eintreffen des Pfarrers und des Majors. Einer der Dienstboten musste ihr aufhelfen, denn in ihrem Alter waren die Gelenke nicht mehr in der Lage, sich selbst aus solch unbequemer Haltung zu befreien. Maria wusste, dass die Protestanten keine Sterbesakramente kannten. Daher zog sie sich in die Dunkelheit des nächtlichen Zimmers zurück, als der Pfarrer die Bibel aufschlug.

Er las: *„Ist jemand unter euch krank, so rufe er die Ältesten der Gemeinde zu sich, damit sie über ihm beten und ihn mit Öl salben im Namen des Herrn. Und das Gebet des Glaubens wird dem Kranken helfen …"*

Nach und nach trafen noch andere aus der evangelischen Gemeinde ein. Sie alle waren schwarz gekleidet. Maria hörte, wie manche einander zuflüsterten: „Was will denn die Nonne hier? Ist die Frau von Pregnitz etwa konvertiert?"

Pregnitz selbst saß auf einem Sessel beim Bett, er hatte die Beine übereinandergeschlagen und die Hände auf dem Knie verschränkt. Seinen Blick hielt er inständig darauf gerichtet und machte ganz den Eindruck eines Mannes, der in eine Konzertdarbietung vertieft war.

Weil Maria jemanden unwillig vom Rosenkranz flüstern hörte, verbarg sie diesen in einer Kleiderfalte, hörte aber nicht auf, seine Perlen durch ihre Finger zu führen. Alles, was der Pfarrer sagte oder vorlas, war auf Deutsch. Aber eben deswegen konnte sie es nicht mitsprechen, da sie an die römisch-lateinischen Rituale gewöhnt war. Da das Flüstern über ihre Anwesenheit mit jedem Besucher erneut begann, trat der Pfarrer schließlich auf die andere Seite des Bettes und reichte ihr die Bibel.

„Verehrte Schwester, würden Sie uns wohl aus dem Römerbrief lesen?"

Ehedem hatte man Maria beigebracht, dass man als Katholik das Seelenheil verwirkt hatte, wenn man die Bibel des Dr. Luther auch nur anfasste. Doch das war damals, vor der Revolution gewesen.

Ein wenig brachte es sie in Verlegenheit, dass sie die Feierlichkeit dadurch störte, dass sie ihre Sehhilfe suchen musste. Dann las sie die Stelle, auf die der Pfarrer den Finger legte und die mit den Worten begann: *„Ich bin überzeugt, dass die Leiden der gegenwärtigen Zeit nichts bedeuten im Vergleich zu der Herrlichkeit, die an uns offenbar werden soll."* Es waren die Worte des Apostel Paulus, und es berührte sie auf sonderbare Weise, dass sie durch das „ich" zu ihren Worten wurden. Sie las weiter und schloss mit den Zeilen: *„Denn wir sind gerettet, doch in der Hoffnung. Hoffnung aber, die man schon erfüllt sieht, ist keine Hoffnung mehr. Wie kann man auf etwas hoffen, das man sieht? Hoffen wir aber auf das, was wir nicht sehen, dann harren wir aus in Geduld."*

Aus ihrer Erfahrung mit Kranken und Sterbenden wusste Maria, dass Claras Leben beendet war, noch bevor sie ihr den Puls gefühlt hatte. Ein blaues Licht, das von sehr weit herkam, kündigte den Morgen an. Die Dienstboten begannen pflichtschuldig zu weinen, der Pfarrer und die Anwesenden sprachen ein letztes Gebet für die heimgegangene Schwester. Dann wurde ihnen ein Morgenmahl in Aussicht gestellt. In aller Stille verließen sie den Raum.

Pregnitz stand Maria gegenüber auf der anderen Seite des Bettes. Er sah auf die Tote herunter. Ihr Gesicht hatte nicht die Schönheit, die man jüngeren Verstorbenen oft nachsagte. Es war weiß und eingefallen mit dunklen, offen stehenden Lippen, sodass die Zähne leicht entblößt waren. Ein Gesicht, das vor allem daran erinnerte, wie schnell das Leben einer Fratze weichen musste.

In Pregnitz' Miene ließen sich weder solche Gedanken ablesen, noch war sonst irgendein Gefühl erkennbar. Sein Warten auf eine bisher unbekannte Regung schien enttäuscht zu werden. Ohne den Blick von der Toten zu wenden, sagte er: „Sie sind in Ihren Gedanken sehr durchschaubar, verehrte Schwester. Und Sie dürfen sich nicht zu dem falschen Schluss hinreißen lassen, dass ich die Gesellschaft dieser Frau nicht über alles geschätzt hätte."

Nun sah er Maria an. Das Tageslicht hatte den Kerzenschein schon entkräftet und gab seinen Augen etwas Durchscheinendes. In seinem Blick lag ein unvermeidlicher, nächster Schritt. „Worin die Krankheit meiner Frau begründet lag, konnten auch die Ärzte nicht erschöpfend erklären. Ihr Tod aber", er hob die Hand, als wollte er Maria von einer Unterbrechung abhalten, die sie gar nicht beabsichtigte, „ihr Tod hat eine ganz offenkundige Erklärung: Ihre Nerven, vielmehr noch ihr Herz war den Aufregungen nicht gewachsen, die durch die Tumulte der vergangenen Tage entstanden sind."

Auch wenn Maria sich aus medizinischer Sicht dieser Ansicht anschloss, schwieg sie doch, weil sie seine Folgerung ahnte.

„Man mag diesen Aufstand nicht als Revolution bezeichnen, aber ein Opfer hat er gefordert." Er sah wieder auf seine verstorbene Frau.

„Sie dürfen nicht glauben, dass ich die Gesellschaft dieser Frau nicht über alles geschätzt hätte!" Wenn ein beherrschter Mensch wie Pregnitz sich wiederholte, so war das dem Ausbruch eines anderen Menschen gleichzusetzen. „Und das gehört geahndet", fuhr er fort. Maria wusste, dass sie es ihm nicht ausreden konnte.

„Sie haben es versprochen", sagte sie nur.

„Ja. Ich halte mein Versprechen selbstverständlich. Ich werde ihn freilassen, Ihren Buchhändler." Aber in diesen Worten schwang mit, dass sein Versprechen ihm nicht alle anderen Maßnahmen verbot. „Auch Sie sind nun als Gast in meinem Haus eingeladen!", ergänzte er, aber Maria war ruhelos.

„Ich möchte umgehend nach …"

„Da die Lage in der Stadt sich immer noch nicht beruhigt

hat, habe ich zum Schutz meiner Gäste eine Wache postiert. Sie sollten diesen Schutz annehmen, solange die Gassen nicht sicher sind."

Maria begriff, dass sie eine Gefangene war, bis Pregnitz das getan hatte, was ihm nun unvermeidlich erschien.

27

In aller Heimlichkeit und Eile bestieg der Polizeipräsident Struensee zu später Stunde die Kutsche, die vor dem Amtsgebäude gehalten hatte. Beobachtet wurde er dabei nur von einigen Heranwachsenden, die es verstanden, sowohl der Aufmerksamkeit ihrer Eltern als auch der preußischen Wachen zu entgehen. Während der Wagen dem Stadttor entgegenstrebte, folgten sie ihm auf ihren eigenen Wegen durch nächtliche Hinterhöfe und Feuerschneisen, wagten sich dabei auch in die „feindlichen" Viertel. Als das Stadttor eigens für die Kutsche des verhassten Beamten geöffnet wurde, riefen sie aus dunklen Hauseingängen: „Dieu et liberté!" – „Napoleon und die Verfassung!"

Und prompt hörte man aus einem der im Dunkeln liegenden Häuser: „Ruhe da, dolle Janhagels!" Die Nachtruhe war den Kölnern heilig.

Als am nächsten Morgen die Fensterläden geöffnet wurden, grüßte man sich über die schmalen Gassen hinweg mit den Worten: „Der Struensee, der Stockfisch, is fott!"

In den preußischen Amtsblättern war davon nichts zu lesen. Dort hieß es nur: *„Seit dem bekannten Vorfall am 30. August ist die Ruhe und die Ordnung hier nicht im mindesten gestört worden. Es sind schon über 150 verdächtige Personen verhaftet, und die gerichtliche Untersuchung gegen dieselben hat begonnen. Die Mittheilungen glaubwürdiger Männer bestätigen, daß* *daselbst am gestrigen Tage Ruhe geherrscht und die Bürgergarde über die Meuterer die Oberhand gewonnen habe; der Zustand wird dennoch für prekär gehalten."*

Gottfried bemerkte die größere Anzahl an Patrouillen und Wachen. Man hatte ihm am Morgen erlaubt, nach Hause zu gehen. Er hatte eine aufgesprungene Lippe und zahlreiche Prellungen, denn das preußische Recht erlaubte es der Polizei, den Verdächtigen mit Schlägen zuzusetzen. Das hatte ihn nicht empört; für ihn war es der Beweis, dass alles, jede Maßnahme und jedes Opfer rechtens waren, um sich von dieser Obrigkeit zu befreien. Er würde schon dafür sorgen, dass seine Freilassung nicht dazu diente, die öffentliche Aufregung zu besänftigen.

Seine Kinder konnte er nur unter Schmerzen umarmen. Pauline war in Tränen aufgelöst, Markus zeigte jene Verlegenheit, in die sich Heranwachsende flüchteten, wenn kindliche Gefühle hervordrängten. Marianne war abseits stehen geblieben. Gottfried fragte nach Theodor.

„Verhaftet?" Gottfried versuchte, die dazugehörigen Bilder zu bekämpfen. Theodor konnte die Demütigungen eines preußischen Arrestes weit weniger ertragen als er. Das enge Band zwischen ihnen riss ihm wie Nägel in das Fleisch. Ihn würden sie nicht freilassen. Ihn mussten sie befreien. Gottfried fragte nach Johann, und Marianne erzählte eine wirre Geschichte: Die Anna habe der Maria unterstellt, bei den Preußen Anzeige erstattet zu haben wegen der Flugblätter. Und die habe alles an die Preußen verraten.

„Die Maria? Unfug!"

„Ich war bei ihr, ich weiß, dass sie es nicht war", sagte Marianne.

Gottfried saß auf einem Schemel bei den Bücherregalen. Aus der Küche klang Klappern, denn Marianne hatte die Kinder geschickt, ein Frühstück zu machen.

„Aber die Leute reden", fuhr Marianne fort. „Die Maria war lange beim Struensee und ist dann gleich zu einem der Festungskommandeure. Und aus seinem Haus ist sie bisher nicht herausgekommen."

„Sie wär bei uns, wenn man sie ließe! – Kam denn keine Nachricht aus Belgien?"

Marianne schüttelte den Kopf. „Du musst dich ausruhen und etwas essen", sagte sie.

„Wir müssen handeln, bevor sie den Theodor fortbringen! Sie haben der Bürgerwehr Waffen gegeben, sagst du? Wer aus dem Lesezirkel ist bei der Bürgerwehr?"

Marianne konnte nur den Kopf schütteln. Wie konnte Gottfried diese Leute dazu bringen, etwas für Theodor zu wagen, der für alle nur ein Sonderling war? Schlimmer noch: ein lebendiger Vorwurf dafür, dass alle anderen zu schnell bereit waren, sich zu arrangieren?

„Wo halten sie Theodor fest?" Gottfried stand auf. „Schick die Kinder heute nicht in die Schule. Du musst mir einige Sachen zusammenpacken. Es kann wohl sein, dass ich überstürzt nach Belgien hinübermuss, zu den Truppen dort …"

„Dann gehen wir mit!"

„Es ist für die Kinder zu gefährlich …" Da erst begriff er, dass Marianne in einer Art gesprochen hatte, die er sich lange vergeblich gewünscht hatte; und erst jetzt verstand er, was es bedeutete, dass sie zu Maria gegangen war. Und obwohl er so lange darauf gewartet hatte, vielleicht aber auch, weil er so lange darauf gewartet hatte, wusste er nichts darauf zu sagen. Er fasste Marianne bei beiden Armen. Ihm war, als müsste er sie willkommen heißen, eine beinahe kindische Aufregung erfasste ihn: „In Belgien herrscht noch Tumult, vielleicht gibt es einen Bürgerkrieg. Ihr müsst bleiben, wo es sicher ist. Entweder ich werde euch nachholen oder zurückkehren, wenn alles sich geändert hat!"

Er sah ihren Augen an, dass sie nicht daran glaubte; dass sie um ihn trauerte, weil *er* daran glaubte.

„Ich kann nicht in diesem Land bleiben … Heute schlagen sie mich wie einen Hund und morgen den Markus. Ich muss uns etwas schaffen, wo wir uns nicht tagein, tagaus schämen müssen, weil wir alles erdulden!"

„Geschämt habe ich mich bisher nicht", sagte sie. „Aber auch nichts anderes. Nichts anderes."

Er küsste sie wie in Besiegelung einer Komplizenschaft. Sie erwiderte den Kuss als Versprechen.

„Geh erst zu Johann und Anna", sagte sie dann. „Der Johann ist wie ohne Kopf, seit Theodor im Arrest ist."

So verabschiedeten sie sich.

Theodor stand an die Wand gelehnt wie ein Gegenstand, der bisher niemandem wichtig genug gewesen war, um ihn fortzuräumen. Von Pregnitz hatte sehr schnell erkannt, dass dieser Mann seines Lebens überdrüssig war. Es war daher nicht verwunderlich, dass er ein Geständnis abgelegt hatte, ohne in irgendeiner Weise bedrängt worden zu sein. Aber dieses Geständnis war für Pregnitz wertlos, denn der Maurer hatte für alles die alleinige Verantwortung übernommen und strahlte also nun die Ruhe, die Überlegenheit eines Menschen aus, der sich in jeder Weise für unangreifbar hielt, da er den Tod nicht fürchtete. Die Aristokratie der Lebensmüden, die man gemeinhin Heldentum nannte – Pregnitz verübelte Theodor diese Haltung, denn sie stand ihm nicht zu. Sie stand keinem von solch geringer Herkunft zu.

Durch den Armenvater der Severinstraße hatte Pregnitz alles über diesen Burschen erfahren: dass er als arbeitsscheu galt, selten zur Messe ging, offenbar auch nie zur Beichte, dass er in Sünde lebte, dubioser Abstammung war, sogar einer Räuberbande sollte er einmal angehört haben. Und natürlich war er im bonapartschen Heer gewesen, hatte es dort zum Unteroffizier gebracht. Immer wieder erfüllte es Pregnitz mit Abscheu, welcher Schlamm mit den Anmaßungen des Korsen emporgespült worden war! Obwohl dieser „Kaiser der Vorstädte" seit Jahren tot war, musste man die Folgen seines Wirkens immer noch aus allerlei Winkel und Ecken fegen. Kerle wie dieser Maurer gehörten vernichtet. Er tat es für Clara. So wie man gepflückte Blumen auf das Grab legte, so würde er ihr einen gebrochenen Menschen auf das Grab legen. Er würde diesem Aufrührer den Dünkel austreiben. Pregnitz würde ihn lehren, dass er kein Held war. Seine niedere Geburt hatte das nicht für ihn vorgesehen. Clara hatten diese widernatürlichen Anmaßungen derart geängstigt, dass es ihr Leben gekostet hatte.

Pregnitz würde dafür sorgen, dass der dort seine Freunde verriet, dass er an ihrem Unglück schuld sein würde. Und damit würde er ihn leben lassen … lange, in Eisen liegend, und an jedem Tag mit keiner anderen Beschäftigung, als sich seines Versagens bewusst zu werden.

Pregnitz trat einige Schritte in die Zelle und stellte zufrieden fest, dass alles aufs Peinlichste sauber gehalten war und kaum Schmutz unter seinen Stiefeln knirschte. In den Arrestzellen zeigte sich der Zustand eines Staates; von den Franzosen hatten sie schmutzige, baufällige Löcher übernommen, in denen die Gesinnung der Wärter nicht von der der Sträflinge zu unterscheiden gewesen war. Wenn der preußische Staat den menschlichen Schmutz in seine Obhut nahm, so wusste er ihn zu erziehen durch das Vorbild, das er gab: Reinlichkeit, Ordnung und strenge Disziplin statt Weingelage und Hurerei.

Theodor hatte immer noch nicht erkennen lassen, dass die Anwesenheit seines Besuchers ihn kümmerte, und so sagte Pregnitz ohne Gruß oder Einleitung: „Sie haben ganz unnötig das Wagnis auf sich genommen, sich in unseren Depots Waffen zu beschaffen. Der Rat der Stadt hat diese Waffen nun mit unserer Erlaubnis, aber er wendet sie eben nicht gegen uns, sondern gegen Leute wie Sie: Aufrührer, Meuterer.“

Die Worte schienen auf Theodor keine Wirkung zu haben.

„Und vielleicht haben Sie es ja gehört“, Pregnitz zeigte auf das hoch liegende vergitterte Fenster, „die Bürger dieser Stadt, die Sie ‚befreien‘ wollten, haben unsere Truppen mit Jubel begrüßt.“

Weil er so lange reglos dort gestanden hatte, hatte Theodors

Bewegung etwas Kolossales, obwohl er nur die Arme vor der Brust verschränkte, als er sagte: „Ich erinnere mich: Als wir 1806 in Berlin einmarschierten, wurden wir mit Jubel und Palmzweigen begrüßt, weil das preußische Volk sich seines ehrlosen, geflohenen Königs schämte. Wir wissen also beide, wie launisch es auf den Straßen sein kann. Und ich weiß, dass ich hier bin, weil ich mich erinnere."

Dieser Maurer mochte zwar ein einfacher Mann sein, aber dumm war er nicht, stellte Pregnitz mit einem Lächeln fest. Er war zum Tisch hinübergegangen, schob Papier und Tintenfass ein wenig hin und her.

„Weil Preußen diese dunkle Stunde hatte, konnte es sich zu den heldenhaftesten unter den Völkern erheben ..."

„... und konnte uns doch nicht nehmen, worum sie uns am stärksten beneiden: dass wir es waren, die die Menschen inspiriert haben! Wann hätte Preußen die Fantasie der Menschen je so sehr beflügelt wie es die Idee von *liberté, égalité, fraternité* getan hat?"

„Ja, aber mit der Fantasie ist das so eine Sache: Sie ist sehr flüchtig! Um über die Geschichte zu herrschen, braucht es ein wenig mehr. Und wer die Geschichte beherrscht, beherrscht das Volk. Sie möchten in diese Geschichte gerne als Freiheitskämpfer eingehen, aber in unseren Amtsblättern werden Sie nur als Störer der öffentlichen Ordnung genannt. Und das Volk, das Sie befreien möchten, glaubt uns offenbar." Pregnitz schob das Tintenfass an den Tischrand. „Nennen Sie mir die anderen Störenfriede! Sie haben nicht alleine gehandelt. Wer hat das Flugblatt abgefasst? Die Nonne war es nicht, das weiß ich. Hatte Struensee den Richtigen mit diesem Buchhändler? Wer von den Herren aus dem Lesezirkel wusste Bescheid? Ich will die Namen!"

„Sie können sie gewiss dereinst in den Geschichtsbüchern nachlesen – jedes Kind in der *rheinischen Republik* wird diese Namen einmal kennen!"

„Mein Freund: Schon Ihre Enkel werden Berlin sagen, wenn

sie Deutschland meinen. Sie werden nichts weiter sein als eine bizarre Fußnote, etwas, das überwunden gehört. Ein Opfer hat wenig Edles, wenn keiner es annehmen will, nicht wahr? Sie werden keine Bühne mehr bekommen, mein Herr. Über Sie wird ein Militärgericht befinden, es wird keine öffentliche Verhandlung geben, so wie Ihr geliebtes rheinisches Recht das vorsieht. – Nennen Sie die anderen Verschwörer!"

„Bei meinem Vergehen ist mir die Todesstrafe ohnehin gewiss. Wie wollten Sie mich wohl zwingen, anderen dieses traurige Los zu bereiten?"

Es gefiel Pregnitz, dass dies keine wirkliche Frage war, nur eine gegenseitige Bestätigung, denn umso größer würde die Verunsicherung bei seinem Gegenüber sein: „Ich habe nicht vor, aus Ihnen einen Märtyrer zu machen. Für Sie ist Festungshaft vorgesehen, und es liegt an Ihnen zu entscheiden, ob dies ein angenehmer Ort sein wird."

„Sie glauben, ich würde irgendjemanden bezichtigen, nur um mir Bequemlichkeiten zu verschaffen? Wie bequem könnte ich es wohl nach solch einem schäbigen Tun haben?"

„Ich weiß wohl, dass Sie viele Jahre im Krieg waren und an Entbehrungen gewöhnt sind. Es beleidigt Sie zweifellos, sollte man versuchen, Sie mit irgendwelchen Milderungen geständig zu machen." Pregnitz gab sich beschäftigt mit den Utensilien, die auf dem Tisch standen. „Ich frage mich aber, ob wohl die junge Frau Ihres Bruders ähnlich tapfer wäre." Pregnitz genoss den Augenblick, denn auch wenn Theodor keine Regung auf diese Worte hin zeigte, so war die Unruhe in ihm doch spürbar wie eine Welle. „Wie es ihr wohl in einem schlesischen Arbeitshaus ergehen würde? Und da einige gut beleumundete Personen bezeugen können, dass sie Unzucht begangen hat, würde man ihre Kinder zu deren Wohl in ein Waisenhaus geben, fern von dieser Stadt, wo ihr Name mit Schande belegt ist. Und Ihr jüngerer Bruder – nun, der war unbezweifelbar in die Verschwörung verwickelt. Ein Jahrzehnt im Militärdienst würden ihm solche Flausen schon austreiben."

Pregnitz war wohlig zumute. Clara hatte sich bis in den Tod hinein ängstigen müssen, nun sollten diese Leute dasselbe erleiden. „Also: Die Namen." Pregnitz drehte ein Blatt so herum, dass es auffordernd in Theodors Richtung zeigte. „Und zu jedem zwei, drei Sätze, welche Rolle diese Person in der Verschwörung gespielt hat. Vergessen Sie niemanden! Nicht die Pfaffen, nicht die französischen oder bayerischen Agenten, nicht die alten Liberalen oder die jungen Burschenschaftler!"

„Und dann sollte ich ausgerechnet Ihr Wort nehmen, dass meinem Bruder und seiner Frau nichts geschieht?"

„Ich kann Ihnen sogar unsere gemeinsame Freundin, die Schwester Maria schicken, die Sie darüber beruhigen kann, dass ich mein Wort zu halten pflege. Und der Herr von Struensee könnte Ihnen sagen, was mit denen geschieht, die es sich mit mir verderben, wenn er die Stadt nicht recht übereilt hätte verlassen müssen. Also: Sie sind den Herrschaften vom Lesezirkel nichts schuldig. Ich brauche eine Anklage gegen sie. Ansonsten wird Ihr Bruder seinen ersten Winter in der Kaserne wohl nicht überleben. Und seine kleine Frau … Nun, man könnte Ihnen auch in den Kasernen erzählen, was aus den Weibern der Arbeitsanstalten wird. Ich werde Ihr Geständnis heute Abend abholen."

Es war nur ein einfacher Schlüssel, der sich im Schloss drehte, nachdem Pregnitz die Zelle verlassen hatte. Theodor horchte auf den Klang der Schritte, die sich entfernten, horchte auf den Lärm der Stadt, aus dem einzelne Geräusche hervortraten: das Wiehern eines Pferdes, der Ruf eines Heringsweibes, Kinder, die einen Namen riefen. Wie lange all dies ihm schon fern gewesen war! Diese Zelle schien ihm der ehrlichste Ort zu sein, an dem er sich seit Langem befunden hatte. Es gab darin nichts außer einer Pritsche, einem Tisch und einem Stuhl. Aus dem Fenster konnte man nicht hinaussehen. Sein Leben war ein Raum ohne Fenster, mit einer Tür, durch die nur andere hineingelangen konnten, aber er war nicht in der Lage, hinauszugehen.

Das Licht war schon dabei zu schwinden, als er immer noch

so dastand und auf die leeren Blätter blickte. Dann ging er an den Tisch, nahm die Schreibfeder, tunkte sie in die Tinte und schrieb, ohne sich dabei zu setzen. Er unterschrieb und versuchte sich zu erinnern, wann er das letzte Mal etwas mit seinem Namen unterschrieben hatte. Es musste wohl damals in der Armee gewesen sein.

Er nahm den Rosenkranz aus seiner Westentasche und legte ihn auf das Papier. Dann zog er Gehrock und Weste aus, zog auch das Hemd über den Kopf und zerriss es in lange Streifen, die er aneinanderband. Er sah zum Fenster auf, nahm den Stuhl, trug ihn unter das Gitter, musste sich strecken, um das Ende des Stoffstrickes um einen der Stäbe zu binden. Das andere Ende legte er sich um den Hals. Es war nicht hoch genug, als dass es ihm das Genick brechen würde. Er würde jämmerlich ersticken. Die Versuchung würde groß sein, Halt an der Wand zu suchen. Aber er würde sich das Gesicht Annas vor Augen rufen, das der Kinder, das von Johann und von Gottfried. Und das Sonderbare war, dass er in all den Jahren nie so viel Freude bei dem Gedanken an sie empfunden hatte wie in dem Moment, da er den Stuhl unter sich forttrat.

28

„Wo immer sich fünf Personen oder mehr zusammenfinden, wird dies als Zusammenrottung angesehen, und alle Beteiligten werden unter diesem Vorwurf in Gewahrsam genommen!"

Die Worte des Ausrufers wurden von einigen mit Kopfschütteln bedacht. Ein Mann, der vor einem Haus am Fensterbrett lehnte und mit einem Bewohner sprach, rief: „Junge, bei den engen Gässchen hier muss man wohl zu fünft op der Knubbel komme!" Aus uneinsehbaren Stellen der Hinterhöfe kam

Gelächter. „Ist doch wahr!", fuhr der Mann fort. „So nen Driss könne se in Berlin mache, aber nit hier!"

Gottfried eilte ohne Gruß vorbei, und das Schweigen der Anwohner gab seinen vorwurfsvollen Kommentar dazu. Im Haus am Domhof hatte er Maria nicht angetroffen. Nur ihr junger Gehilfe, Peter Gustav Schaeben, war dort gewesen. Mit dem Pflichtbewusstsein der ersten alleinigen Verantwortung hatte er über alles in den vergangenen Stunden Auskunft gegeben: Maria war zum Haus des stellvertretenden Festungsingenieurs von Pregnitz gerufen worden, weil dessen Frau im Sterben lag. Gottfried war daraufhin in die Hohe Straße gegangen. Vor dem Haus war ein Wachsoldat postiert, der ihm, kaum dass er stehen geblieben war, in einem starken sächsischen Akzent befahl: „Gääh mol weiter, du!"

Gottfried verspürte einen großen Unmut über dieses „du". Als wären wir alle ihre Burschen und Lakaien, dachte er.

Johann begrüßte ihn ganz wie ein Hund, der seinen Herrn verloren hatte und nun jeden umwarb, der versprach, ihm diesen Herrn zu ersetzen. Seinen zweiten Sohn auf den Knien und dessen Stimmversuche übertönend erzählte er davon, dass man ihn für die Bürgerwehr abgelehnt hätte. Beim Bauunternehmer Leydel war er gewesen, doch der hatte ihm vorgeworfen, die Zunft in Verruf gebracht zu haben, er und sein Bruder. Man habe ihnen gar mit einem Zunftgericht gedroht. Aus dem Lesezirkel sei keiner bei der Bürgerwehr, soweit er wisse, nur die Üblichen: von Groote, DuMont, der Zuckerfabrikant Imhof und die Wallraf-Jünger.

„Der Geist und das Geld", so hätte Theodor das genannt. „Der Geist, der sich verkauft hat."

Und die Nonne habe sich auch verkauft. Sie habe alles verraten und dafür das Wappen für ihre Etiketten bekommen.

„Ich dulde es nicht, dass du so von ihr sprichst!", fuhr Gottfried ihn an. „Solche haltlosen Beschuldigungen helfen uns nicht!" Er sah Johann wohl an, dass der nur die Worte herunterschluckte, nicht aber von den inneren Vorwürfen gegen Maria ließ. Gottfried konnte keine Zeit darauf verwenden, Johann diese irrige Annahme auszureden – die Revolution drohte zu versickern. Aus Belgien war keine Nachricht gekommen – wenn sie am Ende der preußischen Justiz überlassen blieben, war es um alles geschehen.

Gottfried musste sich der Gleichgesinnten vergewissern, aber von den Mitgliedern des Lesezirkels wollte ihn keiner empfangen. Nur der alte Venedey ließ ihn in das Arbeitszimmer kommen, in dem er sich zwischen Aktenrollen und juristischen Werken wie eine Raupe eingesponnen hatte. Er gab keine Erwiderung auf das, was Gottfried sagte. Stattdessen sprach er von dem großen bevorstehenden Prozess gegen die Fabrikstürmer von Aachen und was man für sie vom Standpunkt des rheinischen Rechts aus ins Felde führen konnte.

„Einen solchen Prozess darf es niemals geben!" Gottfried schlug beide Hände auf die Tischplatte. „Die Preußen dürfen hier in Köln keinen Prozess gegen unsere Brüder aus Aachen führen, die so viel mehr gewagt haben als wir!"

„Aber Monsieur: Das ist keine Frage der preußischen Vorherrschaft. Es wurde Eigentum verwüstet! Es ist die Pflicht eines jeden Gesetzes, das Eigentum des Einzelnen zu schützen."

„Und welches Recht sieht das Gesetz für diejenigen vor, die nichts besitzen? Und davon hat es in diesem Lande viele, viel zu viele!"

„Sie echauffieren sich ungebührlich …"

Gottfried machte sich auf den Weg zum Maurermeister Leydel. Inzwischen war es Nachmittag geworden, Kinder trieben die Gänse zurück in ihre Gatter, Fuhrleute schirrten ihre Pferde aus, die Tiere schüttelten sich das durchgeschwitzte Fell und Wolken von Fliegen stiegen auf.

Der Maurermeister war nicht zu sprechen. Gottfried versuchte es noch einmal am Domhof, doch auf dem Weg kam ihm Anna entgegen; er sah ihr die schlechte Nachricht an, die sie bei sich trug. Als habe sie es mit letzter Kraft zu ihm geschafft, ließ sie sich in seine Arme fallen und begann zu weinen. Da wusste Gottfried, dass Theodor tot war, und er war Anna dankbar dafür, dass sie an seiner statt weinte.

Einige Neugierige blieben stehen und er herrschte sie an: „Schert euch fort!" Eine Revolution wollten sie nicht machen, aber für eine Sensation waren sie immer zu haben. Für Gottfried trugen sie alle die Schuld an Theodors Tod. Durch ihre Trägheit hatten sie ihn verraten. Er empfand mehr Wut als Trauer.

Als Anna ihren Anteil geweint hatte, tupfte sie sich mit dem Schürzenzipfel die Augen. Dann stammelte sie von der Totenglocke an der Elendskirche und dass sie sofort gewusst hatte, dass es Theodor meinte. Alle waren vor ihre Haustüren getreten, wie immer, wenn die kleine Glocke läutete. Der Diakon sei mit einem Amtmann zu ihnen gekommen: Im Arrest verstorben, hatten sie gesagt. Und sie hatte gedacht: Was hätte er auch sonst noch tun sollen?

Dass sie einen Bestatter bestimmen sollten, der die Leiche abholte. Welches Begräbnis sie sich leisten könnten, wurden sie gefragt.

„Keines", hatte sie geantwortet. Dann sollten sie sich an den Armenvater wenden, hatte man ihnen gesagt. Sie hatte erwidert, dass sie zur Maria gehen würde, und die Tür zugeschlagen. Johann hatte geschrien: „Die Nonne ist doch an allem schuld! Sie hat uns verraten! Theodor hat es gewusst!"

„Wie rasend ist er geworden", sagte Anna zu Gottfried.

„Et Zückersche, et Zückersche hät kein Salz mehr für die Tränen!", riefen einige Kinder, bis Gottfried ihnen mit einer Handbewegung drohte und sie kreischend davonliefen.

„Er hat in der Küche alles umgeworfen", fuhr Anna fort, „die Pfannen hat er herabgerissen, den Bratenspieß geschwungen, das Besteck auf den Boden geworfen, bis er das größte Messer gefunden hatte! Die Kinder haben so geweint, aber nicht mal das, nicht mal das … Ich hab sie zur Nachbarin gebracht und als ich zurückkam, war der Johann fort! Da bin ich zum Domhof, aber die Schwester Maria war nicht da. In der Hohe Straße sei sie, hieß es, bei den Preußen, aber da stand ein Wachsoldat und ließ mich nicht rein!"

Gottfried nahm sie zur Beruhigung in den Arm und sagte ihr, sie solle nach Hause gehen zu ihren Kindern. Er würde nach Johann suchen.

Sie weinte vor sich hin, als sie ging.

Gottfried kehrte an die Hacht zurück und ging die Mauer an der Neugasse entlang, die den Kirchengrund von der übrigen Stadt abgrenzte. Er patrouillierte und hoffte, dass er Maria oder Johann traf, bevor die beiden einander begegneten.

Im Hause von Pregnitz waren all jene Leute ein- und ausgegangen, die der Toten die letzte Ehre erweisen wollten. Mit der Dunkelheit kam der Bestatter. Eine ganze Weile, nachdem der Sarg hinausgetragen worden war, kehrte Pregnitz zurück.

Maria saß in dem, was man in Köln die gute Stube nannte und in Berlin vielleicht Salon. Auch wenn ihr Aufenthalt unfreiwillig war, empfand sie es nicht so. Tatsächlich hatte sie schon lange nicht mehr einen derart ruhigen Tag verlebt. Für jeden ihrer Wünsche gab es einen Dienstboten, und sie hatte die erbauliche Lektüre eines Predigtkommentars.

Als Pregnitz in den Salon trat, nahm er ihr gegenüber Platz, entfaltete ein Blatt und las es mit unbewegter, feinsinniger Miene. Dann sagte er: „Verehrte Schwester: Können Sie mir wohl erklären, warum keines der Zehn Gebote sich gegen Verrat richtet? Da heißt es nur: Du sollst nicht falsch Zeugnis ablegen wider deinen Nächsten. Aber Verrat ist ja meist die Wahrheit. Nur – es ist auch die niederträchtigste Sache, die man jemandem antun kann, eben ein Vertrauensbruch. Warum also ermahnt uns keines der Zehn Gebote, davon zu lassen?"

„Es gibt eine andere Geschichte über den Verrat in der Bibel, die deutlich genug ist!"

„Judas. Judas, der den Heiland verrät und sich erhängt." Pregnitz strich sich nachdenklich über den Hals. „Aber ohne

Judas gäbe es ja gar keine Heilsgeschichte! Könnte es nicht sein, dass der Verrat deswegen nicht zu den Todsünden gehört? Wollust, Völlerei, Faulheit – der Verrat ist nicht dabei." Er legte das Blatt auf den kleinen Teetisch. Maria sah die handschriftlichen Zeilen darauf.

„Worum haben Sie gebetet in den letzten Stunden?", fragte er.

„Warum glauben Sie, dass ich Ihnen auf solch eine Frage antworte?"

Er machte eine Geste des Zugeständnisses. Maria spürte, dass er eine Niederlage erlitten hatte. Etwas war nicht in seinem Sinn verlaufen. Sie wehrte sich nicht gegen das Gefühl der Genugtuung, die sie dabei empfand.

„Nun ist sie vorbei, die Revolution", sagte Pregnitz. „Wir mussten sie nicht niederschlagen, wir mussten noch nicht einmal viele Leute verhaften. Und ich dachte wirklich zu einem bestimmten Zeitpunkt, dass wir große Anstrengungen unternehmen müssten. Clara hatte ganz unnötig Angst. Der neue Stadtkommandant hat mich wissen lassen, dass er kein weiteres Aufsehen um die Sache machen will. Keine Namen, keine Anklagen, nach Berlin nur der Bericht, dass alles ein Strohfeuer gewesen sei. Das Rheinland ist zu deutsch für eine Revolution. Ich habe auch keine Namen." Er zeigte auf das Blatt. „Wenn die ganze Sache einen Drahtzieher hatte, dann hat er sein Wissen mit ins Grab genommen."

Pregnitz erhob sich. „Den Wachposten habe ich fortgeschickt, die Straßen sind wieder sicher. Ich danke für Ihre Gesellschaft und Ihren Beistand! Ich werde das in meinen Berichten nach Berlin nicht unerwähnt lassen, und das ist sicher in Ihrem Sinne, da der belgische Katholizismus im Augenblick einen schlechten Leumund hat." Er verbeugte sich und ging.

Maria nahm das Blatt zur Hand. In einer säuberlichen, geschwungenen Schrift stand darauf: *Ich habe alles alleine geplant und durchgeführt. Ich hatte keine Helfer und keine Mitwisser und niemand hat mich angestiftet. Ich tat es aus Hass auf Preu-*

ßen. Ich verfasste das Flugblatt und schwor Preußen ewigen
Hass.

Dieu et Liberté!
Theodor Greven

Maria begriff: Pregnitz hatte sich von Theodor einen Verrat erwartet, aber Theodor hatte den einzigen Fluchtweg genommen,
der ihm geblieben war. Maria stellte eine wortlose Frage an
Gott. Und die Antwort war, dass sie zu Anna und Johann gehen sollte.

Ich bin müde und erschöpft, dachte sie. Ich bin alt. Ich werde morgen zu ihnen gehen. Es fühlte sich richtig an.

Nur auf den Dächern lag noch Tageslicht, in der Gasse war
es dunkel und ihr war es recht so. Sie wollte nicht erkannt oder
angesprochen werden. Sie versuchte, an nichts zu denken – ob
sie etwas hätte verhindern können, hätte verhindern müssen.
Morgen würde sie darüber nachdenken. Jetzt betete sie stumm
den Rosenkranz und nahm jedes Wort sehr sorgsam, um an
nichts anderes denken zu müssen.

So war sie ganz versunken, als sie von der Hohe Gasse in die
Neugasse trat, und bemerkte nicht, dass ihr jemand entgegen-
kam, der jeden inneren Halt verloren hatte.

Gottfried nutzte die Mauernischen, um nicht gesehen zu werden. Den ganzen Tag über hatte er Aufrufe gehört und doch
wusste er nicht, ob es eine Ausgangssperre gab. Er würde nicht
nach Hause gehen, bevor er nicht sicher sein konnte, dass für
Maria keine Gefahr bestand.

Hinter den Fenstern flammten die Kerzen und Öllichter auf.
Er wusste, dass beim Brotschneiden nicht mehr über die Revolution gesprochen wurde. Es schien als wäre der Karneval
Kölns Fluch: Ganz und gar war die Stadt daran gewöhnt, dass
die Ausschweifungen und Regelverstöße einiger Tage so rasch
verschwanden wie ein Vogel auf dem Fensterbrett. Aber er
konnte nicht zur Tagesordnung zurück.

Ein schmaler, unsicherer Schatten erschien an der Ecke. Im Schein der Fenster erkannte er Johann, der auf die Pforte zuging. Gottfried löste sich von der Mauer. „Johann! Johann!" Der wandte den Kopf, blieb aber nicht stehen.

„Wo willst du hin?"

„Na, zu ihr!"

„Du bleibst stehen!" Doch als Gottfried sich ihm näherte, sah er das Schimmern in Johanns Hand.

„Johann, bleib stehen!"

Diesmal gehorchte Johann, doch er hob das Messer. „Sie hat uns verraten! Sie hat Theodor an die Preußen ausgeliefert, sie hat damals in Belgien …"

„Johann, du warst nicht dabei!" Gottfried ging langsam auf ihn zu. Er wusste, dass Johann so sehr Theodors Bruder war, dass jeder sich vor ihm in Acht nehmen musste, wenn er nicht Herr seiner selbst war.

„Sie hat uns verraten!", schrie Johann. „Sie tafelt jetzt mit den Preußen, sie lacht über uns, sie …"

„Sie steht auf keiner Seite, Johann, sie ist eine Nonne."

„Sie hat ihre Gelübde gebrochen!" Das sagte Johann sehr ruhig.

„Das sind nur die Zeiten, Johann, nur die Zeiten. Wir mussten alle Dinge tun, die wir nicht für richtig halten."

Leichte Schritte kamen die Neugasse herunter, Johann fuhr herum, Gottfried packte ihn am Arm, musste einiges an Kraft aufwenden, um ihn zurückzuhalten, spürte die Schmerzen in seinen Verletzungen.

„Es muss ein Ende damit haben!", zischte Johann.

„Nimm Vernunft an!"

„Du nimmst sie in Schutz, bis wir alle tot oder im Kerker sind!"

Es war der Kränklichkeit Johanns zu verdanken, dass Gottfried dem viel Jüngeren überlegen war und ihn von der Pforte wegziehen konnte. Plötzlich gab Johann nach, schnellte herum; es gab einen metallischen Laut, als die Klinge des Messers in den Stein traf. Mörtel bröckelte. Gottfried packte den Arm, dessen Hand das Messer hielt. Johann wehrte sich derb, trat, schlug, das Messer wirbelte vor Gottfrieds Augen, als hätte es ein eigenes Leben gewonnen.

„Mach uns nicht unglücklich …" Gottfried verspürte einen Schmerz an der Schulter und die warme Nässe des eigenen Blutes, aber er ließ Johann nicht los. Das Messer schnitt ihm in die Finger, dann plötzlich löste Johann sich von ihm, aber beide hielten das Messer gepackt, und es stach ein letztes Mal zu.

Eine Patrouille fand die Leiche, die ganz in die Mauernische gesunken war, erst im Morgengrauen. Die Behörden, die um jeden Preis die Ruhe in der Stadt wahren wollten, ließen sie in aller Eile wegschaffen. Aber das konnte in den engen Gassen nicht heimlich geschehen. Nach den Frühmessen wusste es jeder: Wie unter den Räubern war es da zugegangen in der Neugasse, aber es waren zwei Kölner Bürger, die dort aneinandergeraten waren, und nun lag einer tot und der andere war auf und davon. Weib und Kinder hatte er zurückgelassen. Er war wohl nach Belgien hinüber, denn die hatten alle etwas mit dem Aufstand zu tun gehabt.

Die Behörden ließen eine entsprechend knappe Meldung in die Zeitung setzen: Solcher Art waren die Leute, die Unruhe gestiftet hatten. Nun meuchelten sie sich gegenseitig. Aber man würde fortan strenger über den Frieden in der Stadt wachen, damit die Geschäfte und Gewerbe ungestört gehen konnten.

Das Geschäft der Klosterfrau aber blieb für eine ganze Woche geschlossen. Den Grund kannte im geschwätzigen Köln niemand.

Schwester Melisse

29

Die Frau, die zum Gang des Waggons hin saß, hielt sich an dem Henkel ihres Korbes fest, sodass ihre Knöchel weiß hervortraten. Das Mädchen neben ihr sah ganz sorglos aus dem Zugfenster hinaus. Die in ungewohnter Geschwindigkeit vorbeiziehende Landschaft kommentierte sie bisweilen mit den Worten: „Da, Mama, schau mal!"

Aber Mutter wollte nicht schauen, sie konnte nicht schauen. Die vorbeiziehende Landschaft bereitete ihr Übelkeit, und so fixierte sie ihren Blick auf etwas, das fest gegründet dastand: den Handkoffer des Mannes, der ihr gegenübersaß. Als der Zug einen Pfiff ausstieß, um sich an einer querenden Straße bemerkbar zu machen, schrie die Frau erschrocken auf.

„Ist Ihnen nicht wohl?", fragte der Mann mit dem Handkoffer.

„Ich vertrage nur … Das macht einem doch Angst, oder?" Sie nickte zum Fenster. „Man ist so völlig ausgeliefert!"

„Es ist ja nicht mehr weit bis Köln", sagte der Mann.

„Es geht immer vorwärts", sagte ein anderer, der in der Nachbarsitzgruppe saß und sich mit seinem Hut Luft zufächelte, denn trotz der geöffneten Fenster war die Augusthitze nicht zu vertreiben. „Es geht immer vorwärts", sagte der Mann noch einmal. „Haben Sie die Rede zur Eröffnung des Bahnhofes am Türmchenswall gehört?", fragte er sein Gegenüber. „Eine schöne Rede! Die großen und schlichten Worte unseres Feldmarschalls Blücher: Vorwärts! Vorwärts! Worte des Sieges und des Erfolges!" Er schien sich innerlich darin zu betten, zumindest machte er mit den Schultern entsprechende Bewegungen.

„Sie vergessen, dass er diese Parole auch ausgegeben hat, um das Rheinland zu verwüsten und seinen Einwohnern eine schmerzhafte Lektion zu erteilen", sagte der Mann mit dem Handkoffer.

„Ach, mein Herr, das ist doch fast dreißig Jahre her!"

„Deswegen ist es aber nicht ungeschehen."

„Manchmal braucht es eben eine Rosskur!"

„… die er vor allem den Rheinländerinnen angedeihen lassen wollte, so hat er es seinen Soldaten gesagt!"

„Mein Herr, bitte!", beschwerte sich der Fächelnde und zeigte auf die Frau und das Mädchen.

„Wenn es sie betroffen hätte, dann dürfen sie das wohl auch hören", sagte der andere. „Immerhin beauftragt man sie ja mehrmals im Jahr damit, das Abbild des Feldmarschalls zu bekränzen."

Der Fächelnde sah den Mann unwillig von der Seite an, und zwar von Kopf bis Fuß, als erwarte er davon eine Erklärung für die seltsamen Ansichten. An den grauen Haaren, die unter dem Hut hervorsahen, konnte man abschätzen, dass der Reisende mit dem Handkoffer diese Zeiten noch erlebt hatte. Und also beschloss der Bewunderer des Feldmarschalls ihm gewisse Einseitigkeiten zu erlauben und sah zum Fenster hinaus.

Sie passierten Müngersdorf, und es ging in die rheinische Ebene hinab: Der Zug wurde durch das Gefälle noch leicht beschleunigt, sodass er nun gewiss schneller fuhr als jede Kutsche. Die Frau atmete geräuschvoll gegen ihre Übelkeit an und befühlte ihre Stirn.

„Wenn Madame es wohl erlauben, dass ich Ihnen etwas zur Linderung anbiete?", fragte der Mann nun und öffnete den kleinen Koffer. In dem Deckel waren mehrere kleine Flaschen mit Schleifenband festgezurrt. Eine davon nahm er heraus und hielt sie der Frau hin.

Florida-Water, las sie auf dem Etikett und diese Aufschrift war von einer Reihe von Emblemen umgeben.

„Ich habe es aus Amerika mitgebracht. Das Wasser ist dort

noch von sehr reiner Qualität. Und mit diesem Wasser wird eine Reihe von Kräutern angesetzt und veredelt nach einer alten Rezeptur, die aus den Klöstern der Karmeliterinnen stammt. Florida war einmal eine spanische Niederlassung, daher gibt es dort noch Klöster."

Die Frau nahm die Flasche mit dankbarer Neugierde entgegen. „Trinkt man es?"

„Ja, Sie können es unverdünnt trinken, aber nur in kleinen Mengen. Am besten gibt man einige Löffel davon in heißes Wasser. Es ist aber auch zur Einreibung geeignet. Dann hilft es gegen Muskelschmerzen und taube Glieder."

„Schon wieder ein neues Wunderwasser?", fragte der Mann in den Nachbarsitzen spöttisch.

„Nein, es ist eine alte Rezeptur. Ein neues Herstellungsverfahren, aber eine alte Rezeptur, die ich von einer Nonne erhalten habe."

„Es sind immer irgendwelche Mönche oder Nonnen", winkte der Mann ab. „Die wurden alle aus ihren Klöstern vertrieben, hatten aber noch ein Buch unter dem Arm und auf dem Sterbebett haben sie es dann jemandem vermacht, mitsamt dem heiligen Wunder! Davon leben zwanzig Familien Farina, ein paar Mühlens, Zanollis, Schaeben …"

„Die Frau, von der ich dieses Rezept habe, lebt noch, soweit ich weiß."

„Sie meinen die Schwester Maria Clementine?", fragte die Frau. Über dem Gespräch hatte sie offenbar ihre Übelkeit vergessen.

Der Mann nickte und die Frau sagte: „Ja, aber sie ist sehr alt und bettlägerig, wie man hört."

„Mama, was ist bettlägerig?", fragte das Kind.

„Das ist, wenn man nicht mehr die Kraft hat, das Bett zu verlassen, weil man alt oder krank ist."

„Soll das heißen, Sie sind aus Amerika hergekommen, um der Klosterfrau ihr eigenes Melissenwasser zu bringen?", fragte der Fächernde mit einem neugierigen Blick in den Koffer.

Der Fremde nickte: „Der Schwester ist vielleicht nicht bewusst, dass ihr Wasser sogar schon in Amerika bekannt ist."

„Oh, das weiß sie bestimmt", sagte der Fächernde. „Sie hat es verstanden, ihr Melissenwasser in den letzten zehn Jahren in beinahe allen großen Städten unter die Leute zu bringen. Und natürlich bei den Königshäusern. Als der Fürst von Metternich vergangenes Jahr in Köln gewesen ist, hat er die Schwester persönlich aufgesucht und sie hat ihm ihr Wasser mitgegeben. Das hat sie wirklich sehr geschickt angefangen: Sie musste sich immerhin keine Geschichte von irgendwelchen Klosterleuten ausdenken, sie ist ja selber eine! Und die Menschen glauben ihr – ihr und ihrem frommen Heilwissen. Sie hat damit mehr Erfolg gehabt als so mancher *Eau-de-Cologne*-Fabrikant."

„Aber sie behält nichts für sich", erklärte die Frau eilig. „Sie ist eine sehr bescheidene Frau. Sie gibt so viel an die Armenfürsorge und die Hospitäler. Und sie hat so viele junge Frauen ermutigt, den Weg in die Profess zu gehen." So wie sie es sagte, gab es keinen Zweifel, dass alle Menschen der Region, vielleicht aber insbesondere die Frauen, sehr stolz auf die ungewöhnliche Geschichte der Maria Clementine von Martin waren.

Der Mann schloss den Koffer und sagte mit einem Lächeln, das darauf schließen ließ, dass er mehr über die Nonne wusste als die große Zahl ihrer Bewunderer: „Ja, sie hat die Bescheidenheit einer armen, alten Nonne."

Ankommende Züge riefen immer noch zahlreiche Neugierige an den Bahnsteig. Einige wollten nur Zeugen der Ungeheuerlichkeit werden, dass dieser große Berg aus Eisen durch Dampfkraft in Bewegung gesetzt, gehalten und schließlich wieder zum Stillstand gebracht wurde. Viele kamen, weil sie die Ankunft einer erwarteten Person herrief. Und andere waren neugierig auf alle jene, die man als Fremde erkennen konnte. Vielleicht hatten sie ja eine Geschichte zu erzählen? Für die Heranwachsenden war das auch eine Einnahmequelle: Weil sie sich den Ankömmlingen als Stadtführer anboten oder weil sie die interessantesten Neuigkeiten in den Gassen nur gegen eine kleine Aufmerksamkeit weitererzählten.

Diese Jungs mit den Holzschuhen hatten den Mann mit dem kleinen Handkoffer sofort erspäht. Er war ein Fremder. Auch wenn die Stadtmauern und Stadttore immer mehr die Aufgabe verloren, die eng verwobene Innenwelt Kölns von den losen Fasern der weiten Welt zu trennen, so erkannte man doch immer noch diejenigen, die nicht zu den Einwohnern der Stadt gehörten. Durch seine Kleidung verriet sich der Ankömmling als einer, der nicht einmal aus der Region stammte, wo man das Einfache schätzte: Er trug einen dunkelgrünen Gehrock aus gutem Tuch, eine Weste in derselben Farbe und auch ebensolche Hosen. Die vorwitzigen Jungen gaben ihm daher schnell den Spitznamen „Laubfrosch". Auch die goldene Uhrkette war ihnen aufgefallen, die über der Weste lag. Also musste er ein wohlhabender Laubfrosch sein.

Während der Mann also die Formalitäten erledigte, die ihm den Aufenthalt in dieser Stadt der preußischen Rheinprovinz erlauben sollten, eilten schon die Gerüchte durch die Gassen: dass er aus Amerika komme, dass er dort eine Nonne aus der Hand der Indianer befreit habe und diese Nonne habe ihm ein geheimes Klosterrezept verraten …

Es gab daher eine gewisse Enttäuschung, als der Mann jede Hilfe ablehnte, um sich in der Stadt zurechtzufinden. Nach einem kurzen Blick in einen Brief machte er sich zielstrebig auf den Weg in die Schildergasse. Es war das Haus mit der Nummer 109, das er aufsuchte, das Haus des stellvertretenden Stadtkommandanten Kellermeister von der Lund. Eine Preußensache also, und die Gassenjungen verloren das Interesse.

Ein Dienstmädchen öffnete die Tür, der Besucher stellte sich vor und reichte ihr eine Karte. Mit dieser englischen oder amerikanischen Sitte, sich bekannt zu machen, war das Mädchen nicht vertraut. Erst nach wiederholter Aufforderung nahm sie die Karte und führte den Mann in den Salon.

Zu ihrer Verwunderung verlangte er, das Stubenmädchen

Pauline zu sprechen. Sie sagte nichts zu diesem Wunsch, sondern knickste artig und gab umgehend dem Hausherrn Bescheid. Der betagte von der Lund hörte sich die kleine aufgeregte Geschichte mit der gebotenen Gelassenheit an und erklärte, er würde sich des seltsamen Gastes annehmen.

Der alte General empfing den Fremden mit der ihm eigenen Autorität und erklärte, dass er zunächst einmal wissen müsse, warum er Pauline zu sprechen wünschte. Immerhin stehe das Mädchen in seinen Diensten und er sei für den Leumund der bedauernswerten Waise verantwortlich, weswegen er ...

Aber an dieser Stelle hatte sein Besucher die Unverschämtheit, ihn zu unterbrechen: „Ich komme im Auftrag eines Mannes, dessen Verantwortung für diese junge Frau eine ältere ist: im Auftrag ihres Vaters nämlich."

„Ihr Vater war, wenn ich mich recht entsinne, ein gesuchter Mörder", meinte von der Lund skeptisch. „Und ihre Mutter starb kurz nach der Flucht dieses Galgenvogels ..."

„Er hat es in Amerika zu einigem Reichtum gebracht", sagte der Besucher, „und er hat mich damit betraut, seinen Nachlass seinen leiblichen Kindern zu eröffnen."

Von der Lund kam dies so vor wie in einer der sentimentalen Geschichten, die Domestiken zu lesen pflegten. „Pauline steht unter Vormundschaft der katholischen Kirche. Genauer gesagt ..."

„Sie ist, wie so viele Waisen in dieser Stadt, ein Mündel der ehrwürdigen Schwester Maria Clementine Martin, ich weiß", sagte sein Gegenüber. „Aber Pauline hat vor einigen Monaten ihren 21. Geburtstag gefeiert. Also hat sie nun das alleinige Anrecht auf das Erbe."

„Dann sind Sie also Anwalt?", fragte von der Lund, nicht ohne eine gewisse Geringschätzung in der Stimme. Er wusste, welche Plage dieser Berufsstand in der angelsächsischen Welt war.

„Ich handele im Namen ihres Vaters", sagte der andere knapp.

„Darf ich fragen, über welche Summe des Erbes wir hier sprechen?"

„Das geht Sie nichts an!", sagte der Besucher genussvoll. „Aber die Summe würde zweifellos reichen, um dieses Haus mit allem, was darinnen ist, zu kaufen."

Von der Lund war es nicht gewohnt, dass man so mit ihm sprach. Aber auch seine Verärgerung hatte die Last des Alters zu tragen. Er wusste, dass man es in der Neuen Welt mit den Umgangsformen nicht so genau nahm, also hielt er es für sein gutes Recht, seinen Gast darüber zu belehren. „Mein Herr, ich habe in diesem Haus und wohl auch in diesem Land die Pflicht, die guten Sitten zu wahren. Bei Ihnen mag es ja sein, dass allein das Vermögen über die Art bestimmt, wie Menschen einander begegnen. Hierzulande aber kennen wir die Vorrechte des Standes und der Geburt. Sie stammen auch aus einem deutschsprachigen Land …"

„Und Sie stammen aus einer anderen Zeit. Halten Sie nur fest an dem, was Sie Geburtsrechte nennen, und es wird Sie und Ihresgleichen in die Tiefe reißen!"

Es war in einem freundlichen Plauderton gesagt, aber dieses Menetekel berührte von der Lund auf eigenartige Weise. Er spürte, dass er es mit einem Mann zu tun hatte, der nicht ruhen würde, bis dieser Tag gekommen war, an dem die bestehende Ordnung einer anderen weichen musste. Oder vielmehr: dass dieser Mann der erste Bote aus einer Welt – einer Neuen Welt – war, in der dies schon eingetreten war.

„Sie lassen die guten Manieren eines Gastes vermissen …", begann von der Lund und wurde wiederum unterbrochen: „Ich habe nicht verlangt, mit Ihnen zu sprechen. Es ist Pauline Prangenberg, nach der ich gefragt habe."

Von der Lund spürte wachsende Missstimmung über diesen Besucher. Aber wenn der General in ihm auch verlangte, dass diese Frechheiten nicht unbeantwortet blieben, so sah der alte Mann doch keinen Sinn mehr in Wortgefechten. „Überbringen Sie Ihre Nachricht!", sagte er in dem herrischsten Ton, den er aufbringen konnte. „Und dann verlassen Sie mein Haus!"

Wenige Momente später trat Pauline in den Salon. In den Gesinderäumen war schon einiges über diesen Besucher geflüstert worden und die Ankündigung des Herrn Generals hatte ein Übriges getan, dass Pauline sich unwohl fühlte: Ihr war gesagt worden, der Fremde komme im Auftrag ihres Vaters. Pauline wurde ungern an ihren Vater erinnert. Er war zum Mörder geworden, und ihre Mutter war im folgenden Winter an Kummer gestorben. Sie hatte, mehr auf Ermahnung von Schwester Maria hin, seine Briefe beantwortet und hatte darüber Stillschweigen bewahrt, denn der Makel, die Tochter eines Mörders zu sein, lastete schwer auf ihr. Allein der Fürsprache von Schwester Maria hatte sie es zu verdanken, dass sie im Alter von vierzehn Jahren ihre erste Anstellung in einem gut beleumundeten Haushalt gefunden hatte. Inzwischen war sie Stubenmädchen bei einer der ersten preußischen Familien im Rheinland. Musste man sie denn jetzt noch um ihres Vaters willen aufsuchen?

Sie machte einen leichten Knicks, so wie sie es in diesem Haushalt gelernt hatte. „Sie wünschen mich zu sprechen, mein Herr?"

Sie hielt den Blick gesenkt, auch so hatte sie es gelernt. Erst als der Angesprochene nichts sagte, sah sie auf. In diesem Moment kam der Mann auf sie zu. Sie war zu überrascht, als dass sie hätte ausweichen können, und so nahm er ihre Rechte und legte etwas hinein.

Pauline sah auf den Rosenkranz mit den dunklen Perlen und dem versilberten Kreuz. Der Rosenkranz ihres Vaters.

„…wolltest ihn als Kind immer haben. Ich musste ihn dir vor dem Einschlafen in die Hand geben und immer dieselbe Geschichte erzählen vom traurigen Schutzengel."

Pauline hörte plötzlich das Holz knacken in der Stube über der Buchhandlung. Ihr Bruder lag an ihrer Seite, der Vater saß an ihrem Bett. Sie erinnerte sich an Geborgenheit, sie betastete diese Geborgenheit Perle für Perle. Sie erinnerte sich daran, dass sie vor ihrer Mutter immer eine leise Furcht empfunden hatte, weil sie flink mit dem Riemen war. Flink und manchmal auch ungerecht. Ihrem Vater aber hatte sie vertraut. An ihn hatte sie gedacht, wenn sie sich fragte, ob etwas richtig oder falsch war. Vor ihm hatte sie ein schlechtes Gewissen, wenn sie sich von einem kindlichen Übermut hatte hinreißen lassen. Sein Wohlwollen hatte sie gesucht.

Diesen anderen Mann, den Mörder, kannte sie nicht. Wer von beiden stand nun vor ihr? Pauline begriff in einem schmerzhaften Moment, dass es nicht der Mord war, den sie ihm nachtrug. Nein, dass er sie verlassen hatte, das war ihr unbegreiflich gewesen. Die Erklärungen, die Schwester Maria ihr schon als Kind gegeben hatte, waren wie mit blasser Tinte geschrieben: das Leben als gesuchter Mörder, die Cholera-Epidemien in den Hafenstädten, die Gefahren der Neuen Welt – und dass er sie und ihren Bruder bei Maria in guten Händen wusste; das Geld, das er schickte, sodass Markus zum Studium nach Frankfurt gehen konnte. Sie aber wollte keine Sicherheit, sie wollte ihren Vater! Irgendwann hatte sie aufgegeben. Sie hatte sich selbst beigebracht, dass es besser war, nicht in der Obhut eines Mörders groß zu werden. Aber das Kind, das den Rosenkranz in der Hand gehalten hatte, hatte ihr nie geglaubt.

„Wirst du mit mir kommen?", fragte er, noch bevor sie ein Wort gesagt hatte.

Als Pauline ihn ansah und sich wie in großer Angst fragte, was sie an ihm wiedererkannte, nickte sie nur. Sie wusste in diesem Moment, dass sie es ihm nicht zum Vorwurf machen konnte, wenn er vor beinahe zehn Jahren eine Entscheidung über ihr Wohlergehen getroffen hatte, die sie nicht hatte verstehen können.

„Kannst du mir das Grab deiner Mutter zeigen?"

Wieder nickte sie nur.

„Und die Gräber von Johann und Theodor? Ich wäre an all diesen Gräbern erstickt, hätte ich euch nicht gehabt."

„Schwester Maria hat oft von dir gesprochen", sagte sie. Es waren die ersten Worte, die sie nach zehn Jahren an ihren Vater richtete.

30

Im Haus am Domhof fanden sich an diesem 9. August all jene ein, die von Schwester Maria Abschied nehmen wollten. Der Andrang wurde schließlich so groß, dass man die Leute fortschicken musste. Sie sollten in ihrer Pfarrkirche für die Sterbende beten, wie es die Klosterfrau oft für andere getan hatte. Dennoch knieten zahlreiche Frauen auf dem Pflaster vor ihrem Haus zum Gebet nieder. Man hatte einige Wachen geschickt, um die Ordnung zu wahren. Ansonsten hatte man im Polizeipräsidium beschlossen, der Sache keine Aufmerksamkeit zu schenken, auch wenn es einer Demonstration nahekam.

Die Zeiten hatten sich geändert. Im Vorjahr hatte der neue König von Preußen, Friedrich Wilhelm IV., der Grundsteinlegung zum Weiterbau des Doms beigewohnt. Dadurch wollte er deutlich machen, wie sehr das Königshaus sich auch für seine katholischen Untertanen zuständig fühlte. Die Festredner hatten sich beeilt zu betonen, dass die Vollendung dieses Gotteshauses ein Akt der nationalen Erneuerung sei, also weniger ein katholisches, als vielmehr ein deutsches Ereignis. Eine große gotische Trutzburg sollte es werden, Trutz gegen die immer wieder aus Frankreich erklingende Forderung nach dem Rhein. Mit Frankreich wollte man sich nicht aussöhnen, mit den katholischen Untertanen schon – folglich wurde man nachsichtiger gegenüber ihren Riten und ihrer Frömmigkeit.

Viele Passanten blieben stehen und schlossen sich dem Gebet an. Das Gemurmel wurde von den Hammerschlägen aus der wieder erwachten Dombaustelle untermalt. Zu der Menge kamen Neugierige, die einfach dabei gewesen sein wollten. Sie reckten ihre Hälse, um später im kleinen Kreis darüber zu berichten, wer sich alles eingefunden hatte. Natürlich sah man wieder den betagten Stadtphysikus Dr. Elkendorf, auch der ein oder andere Professor der Universität ließ es sich nicht nehmen, der kundigen Nonne eine letzte Aufwartung zu machen.

Einige Mitglieder der Familie von Groote sah man, den Bürgermeister, einige aus dem Umfeld des Erzbischofs Droste-Vischering, natürlich Otto Hardung, der es als Anwalt und Freund ihrer letzten Jahre übernommen hatte, Marias Testament zu vollstrecken. Sogar der Bonner Professor und preußische Geheimrat Johann Harless war nach Köln gekommen und erwies ihr seine Referenz. Natürlich waren die Angehörigen aus der Familie Schaeben zum Domhof gekommen. Schwester Maria hatte Peter Gustav Schaeben, ihren langjährigen Gehilfen, als Erben eingesetzt, *„im Vertrauen, dass derselbe die seither bewiesene fromme Gesinnung sein Leben hindurch treu bewahren werde."*

Über einen Besucher jedoch gab es augenblicklich wissbegieriges Gerede: Ein amerikanischer Geschäftsmann, der am Vortag in Köln eingetroffen war, bahnte sich mit großer Selbstverständlichkeit den Weg zum Wohn- und Geschäftshaus der Nonne und verlangte, zu ihr vorgelassen zu werden. Man erklärte ihm, alle geschäftlichen Entscheidungen lägen schon seit Längerem in den Händen von Gustav Schaeben und der heutige Tag sei kaum der geeignete Zeitpunkt. Der Mann beharrte aber und sprach mit Gustav unter vier Augen. Gustav erschien mit roten Wangen, ging in das Sterbezimmer der Nonne hinein und sagte ihr etwas ins Ohr. In ihren Augen zeigte sich ein kurzes Aufleuchten. Sie nickte. Daraufhin schickte man alle aus dem Raum, selbst den Beichtvater.

Der Fremde trat ins Zimmer und schloss die Tür.

Maria streckte ihm die Hand entgegen. Sie saß in viele Kissen gebettet, um ihren Kopf lag immer noch der dunkle Schleier, den sie trug, obwohl sie schon lange keinem Kloster mehr angehörte.

„Du bringst dich in Gefahr", sagte sie, aber ihr Gesicht verriet die Freude darüber, dass Gottfried das Wagnis auf sich genommen hatte. „Es gibt immer noch einen Steckbrief gegen dich. Jemand könnte dich erkennen." Das Sprechen bereitete ihr hörbar Mühe.

Gottfried setzte sich auf das blanke, rissige Leder des Sessels neben ihrem Bett. „Gustav weiß ohnehin, wer ich bin, aber er wird wohl kaum zu den Behörden gehen."

Maria schüttelte bestätigend den Kopf.

„Vielleicht erkennt mich auch der Elkendorf. Aber der hat mir ja damals geholfen, dass ich nach Kanada komme, wo sein Ersatzmann aus dem Krieg lebt. Er würde mich sicher nicht verraten."

Zu Elkendorf war Gottfried gegangen, nachdem Johann tot zu Boden gesunken war. Er musste fort und brauchte Geld, denn er befürchtete, dass man ihm die Geschichte von dem meuchlerischen Angriff nicht glaubte. Maria hatte er nicht aufsuchen können. Sie war ihm an der Kreuzung der beiden Gassen entgegengekommen, und er war vor ihr geflohen – blutbesudelt und gepeitscht von der Schuld, den Bruder seines besten Freundes getötet zu haben. Theodor hatte ihm Johann einst anvertraut. Nun hatte Johann das Messer im Körper, mit dem er hatte zum Mörder werden wollen.

Gottfried hatte Elkendorf aufgesucht, denn der war wohlhabend und hatte ein schlechtes Gewissen gegenüber dem Mann aus Bonn, den er als Ersatzmann für die Kriege bezahlt hatte. Das machte Gottfried sich zunutze und ließ sich Geld geben für eine Passage in die Neue Welt. Er hatte noch zwei Briefe geschrieben: einen für Maria und einen für Marianne. Dann hatte er alles zurückgelassen, was ihm vertraut war.

„Vielleicht mag mich auch keiner mehr anzeigen", sagte er. „Sie wissen doch alle, wie schlimm allein die Strafe ist, dass Johann durch mich umgekommen ist."

Maria legte ihre rechte Hand auf die seine. Die Berührung half ihm nicht, sie schmerzte.

„Jetzt, wo ich wieder hier bin, ist es, als wäre es erst gestern geschehen …" Er brach ab. Er konnte sie nicht ansehen. Es war eine seltsame Schuld, die er empfand: Er hatte sich gegen Johann gestellt, um sie zu beschützen. Lastete das auch auf ihr?

„Es bedeutet mir sehr viel, dass Anna mir verziehen hat. Von allen, die wegen dieser Tat über mich richten könnten, hat sie das meiste Recht … sie und Theodor." Der Name des verstorbenen Freundes erdrückte alles, was er noch hatte sagen wollen.

Marias Finger vergruben sich in seinen. Sie waren schmal und knochig, trotzdem hatten sie noch Kraft. Gottfried konnte sich nicht daran erinnern, sie jemals auf so innige Weise berührt zu haben. Er spürte darin die Gegenwart des Todes, der die Gewohnheiten und Verbote des Lebens aufhob.

„Ich danke dir für alles, was du für Pauline und Markus getan hast!"

„Gott!", brachte Maria hervor. Er verstand sehr wohl, dass sie ihm damit sagen wollte, dass er Gott danken sollte und nicht ihr, aber er schüttelte den Kopf. Er schüttelte den Kopf und sah sie an.

„Ich danke *dir*."

In ihren Augen lag Nachsicht. „Gottfried", sagte sie und er ahnte, dass er sie falsch verstanden hatte. „Gottfried", sagte sie noch einmal „… hast den schönsten Namen, den ich mir denken kann!"

Mit dem Lächeln kamen ihm die Tränen. Ihre Augen waren blass geworden, die Augen einer Greisin, deren Blick längst auf etwas anderes gerichtet war als auf das Leben.

Er hob seine linke Hand, näherte sie langsam ihrem Kopf. Er hatte ihre Haare nie gesehen. Selbst damals auf dem Schlachtfeld hatte sie ein Tuch fest um den Kopf gebunden getragen. Er wusste nicht, welche Farbe ihre Haare hatten und ob sie nun grau oder weiß waren, ob sie lang waren oder kurz in Art der Nonnentonsur. Maria aber hielt seine Hand fest. Ihr Blick sagte, dass er warten sollte.

Es überfiel ihn plötzlich, dass er dabei war, sie für immer zu verlieren.

„Du wirst deinen Platz unter den Gerechten haben", sagte er. „Und wenn es wohl zutrifft, was die Kirche uns lehrt, werde ich im Tod ohne dich sein müssen, wie ich es im Leben war."

Sie lächelte wie jemand, der sich an Bord eines Schiffes langsam vom Ufer entfernte. „Wir werden in Gott sein", sagte sie und die Worte waren kaum voneinander zu unterscheiden. „Wir werden in Gott *zu Hause sein*."

Er wartete. Er wartete, bis er sie nicht mehr erkennen konnte. Dann faltete er ihre Hände auf der Brust und legte den Rosenkranz aus ihrer Linken darüber. Er fasste das Tuch, das über ihrer Stirn lag, und zog es langsam zurück. Eine Weile sah er sie an und küsste sie auf ihren Haarscheitel.

„Ich danke dir, Maria!"

„Durch wahre Frömmigkeit ausgezeichnet, in christlicher Liebe durch Wohlthun beglückt und beglückend, in Thätigkeit des Geistes, ungeachtet ihres schon sinkenden Lebens oft wundersam gekräftigt, schaffte sie, selber eine vielgeprüfte Dulderin, Armen und Bedrängten Linderung und Hülfe, vervollkommnete die Fabrication des so berühmten Carmeliter Melissengeistes, wie des Kölnischen Wassers, und hatte vor wenigen Wochen die große Freude, ihre an des Königs Majestät gerichtete letzte Bitte, daß das für die Fabrication des Melissen-Wassers und Kölnischen Wassers ihr allergnädigst verliehene Privilegium auf ihren Gehülfen Peter Gustav Schaeben übergehe, huldreichst gewährt zu sehen."

Dieser Nachruf erschien in der Kölnischen Zeitung. Aber schon bevor diese Notiz gedruckt war, wusste jeder in der Stadt, dass die Klosterfrau Maria Clementine von Martin im Alter von achtundsechzig Jahren zu ihrem himmlischen Vater heimgegangen war. In den folgenden Tagen sah man zahlreiche Kölner mit der Trauerbinde am Arm. In fast jeder Pfarrgemeinde wurde zu ihrem Andenken gebetet.

An dem Tag, da der Trauerzug nach Melaten hinausging, ruhte beinahe jede Arbeit in der Stadt. Die „arme, alte Nonne" hatte ein Gefolge wie eine verblichene Herrscherin. Einer aber fehlte bei dem Leichenzug: Gottfried nahm nicht daran teil. Er fürchtete, dass ihn jemand erkennen könnte. Noch stärker aber wog das Gefühl, dass seine Beziehung zu ihr auf eine Weise besonders war, die es ihm unmöglich machte, sich in jene große Gruppe einzureihen, die hinter dem Leichenwagen herging.

Erst zwei Tage nach der Beerdigung spazierte er mit Pauline zum Friedhof hinaus. Er wusste, dass er Marias Grab nur dieses eine Mal besuchen würde, denn er musste, nein, er *wollte* Köln verlassen. Die Grabstätte lag hinter einer der Totenkapellen und war mit Blumen und bestickten Segenstüchern bedeckt. Sie bekreuzigten sich, beteten gemeinsam einen Rosenkranz und blieben noch eine Weile am Grab stehen – schweigend in ihrer Erinnerung versunken.

Gottfried setzte seinen Hut wieder auf und gab damit das Zeichen zum Aufbruch. Zwischen jungen und alten Bäumen durchquerten sie den Friedhof, der auf Geheiß des Kaisers Napoleon vor den Toren der Stadt Köln angelegt worden war, weil die Kirchhöfe die Toten nicht mehr hatten aufnehmen können. Durch das unselige Umgraben waren immer wieder Gebeine aus der ewigen Ruhe gerissen worden. Sie suchten auch noch die Gräber der anderen auf, sprachen jeweils ein Gebet. Ansonsten schwiegen sie, bis sie den Totenacker verlassen hatten.

Gottfried spürte, wie die unterschiedliche Gestimmtheit ihn während dieses Weges von seiner Tochter trennte: Für sie war es ein Ort des Gedenkens, der auf ihrer eigenen inneren Landkarte wenig Raum einnehmen mochte; für ihn, der die sechzig bereits überschritten hatte, war es ein Ort, der längst mehr als die Hälfte seines Inneren einnahm. Was er noch an Plänen und Wünschen hatte, sah sich zunehmend davon bedrängt. Es gibt hier zu viele Tote, dachte Gottfried. Es gibt hier zu vieles, was mir gestorben ist.

„Pauline, du musst wissen, dass ich wieder nach Amerika zurückgehen werde", sagte er, als sie den Friedhof verließen. „Ich bin mit Gustav Schaeben übereingekommen, dass ich das Melissenwasser nun auch in New York unter der Bezeichnung *Klosterfraus Melissenwasser* vertreiben werde. Ich kann weder dich noch Markus zwingen, mit mir zu kommen, aber ich denke, euer Leben wird dort ein besseres sein."

„Markus wird nicht mitgehen", sagte Pauline. „Er schreibt in seinen Briefen sehr viel Politisches. Ich denke, er hat eine Aufgabe hier."

„Wir werden nach Frankfurt reisen und mit ihm sprechen", entgegnete Gottfried. In ihm mischte sich leiser Stolz mit der Befürchtung, sein Sohn könnte dieselbe Enttäuschung erleiden wie er. „Nach Köln werde ich jedenfalls nicht mehr zurückkommen", fuhr er fort. „Meine Heimat ist es ja doch nicht mehr."

Aber in den Jahren in Amerika hatte er erkannt, dass er nicht in der Lage war, sich woanders eine Heimat zu schaffen. Würde Pauline ihm nun dabei helfen, war sie die Saat des Vertrauten, die in der Fremde aufgehen würde? Vielleicht war er zu alt dafür, vielleicht war es aber nie sein Naturell gewesen. Es gab auch unter den Pflanzen solche, die nach dem Umsetzen eingingen, während andere aufblühten.

Die Melisse, das wusste er von Maria und von den Anpflanzungen, die er in der Neuen Welt in Auftrag gegeben hatte, war in dieser Hinsicht ein ganz genügsames Kraut. Ein wenig kam sie ihm vor wie die pflanzliche Schwester Marias, die so oft den Ort hatte verlassen müssen, der ihr zur Heimat geworden war. Maria hatte an jedem Ort etwas erschaffen, an das man sich halten konnte, selbst auf den Schlachtfeldern. Ihr Vermächtnis lag daher für Gottfried weniger in der Rezeptur des Melissengeistes als in den Worten des Korintherbriefes, die auf ihren letzten Wunsch hin am Grab verlesen worden waren:

Wir wissen: Wenn unser irdisches Zelt abgebrochen wird,
dann haben wir eine Wohnung von Gott,
ein nicht von Menschenhand errichtetes
ewiges Haus im Himmel.

Nachwort

„Ich bin nur eine arme, alte Klosterfrau"

Ein Kloster, ein Schlachtfeld, ein Unternehmenssitz, eine Grabstätte auf dem Melatenfriedhof in Köln – das sind die nachweisbaren Lebensstationen von Maria Clementine (eigentlich Wilhelmine) Martin, und sie lassen die Dramatik ihres Lebensweges erahnen.

Sie war Zeitzeugin des großen europäischen Umbruchs. Geboren wurde sie 1775 in einer Zeit, in der die Macht der Klöster und Fürstbischöfe noch tief in mittelalterlichen Privilegien verwurzelt war. Mit siebzehn Jahren trat Maria in das Annunziaten-Kloster bei Coesfeld ein. Aus tiefer Gläubigkeit? Um ein Versprechen der Eltern zu erfüllen? Um einer missliebigen Ehe zu entgehen? Aus Wissensdurst? (Die Klöster waren immer noch fast der einzige Ort, an dem Frauen höhere Bildung finden konnten, die – insbesondere bei den privilegierten Adelsstiften – einer akademischen Laufbahn glich.) Maria scheint eine eifrige „Studentin" gewesen zu sein, denn schon bald wurde sie von ihrem Kloster auf Reisen geschickt, die offenbar dem „Wissenstransfer" dienten. In ihrer Geburtsstadt Brüssel wurde sie in die Herstellung des „Carmeliterinnen-Wassers" eingewiesen, ein Rezept, das seinen Ursprung in den spanischen Klöstern des Mittelalters hatte und in vielen Formen abgewandelt („Aqua Mirabilis", „Eau de Cologne", „Ungarisch Wasser") medizinischen und kosmetischen Zwecken diente. Die große Französische Revolution beendete ihre Zeit im Kloster, der Besitz wurde im Zuge der Säkularisierung einer weltlichen Herrscherin zugeschlagen. Es ist davon auszugehen, dass Maria sich der gesundheitsfördernden Wirkung der alten Klosterrezepte widmete, wo immer sie in den kommenden bewegten Jahren sesshaft wurde.

Ich „begegnete" Maria Clementine Martin an ihrem Grab auf dem Melatenfriedhof: ein schlichter Grabstein, eine schmiedeeiserne Einfassung im Schatten einer kleinen Totenkapelle und ein Hinweis in einer Broschüre über den 1810 geweihten Friedhof: Maria Clementine Martin, die Nonne und Unternehmerin. Natürlich kannte ich die blau-weiße Packung mit den drei Nonnen darauf, der Klosterfrau Melissengeist gehörte zur Hausapotheke meiner Großmutter. Bei Bauchweh gab es ein paar Tropfen in den Kamillentee. Vielleicht hatte ich die Gestalt der heiltätigen Ordensschwester deswegen mehr als Werbefigur im Gedächtnis denn als wahre Person – doch die kurze Skizze ihres Lebens machte mich neugierig.

Wie die meisten, die einen Blick in ihre Biografie werfen, fragte ich mich: Warum kommt eine ehemalige Nonne im Alter von fünfzig Jahren auf den Gedanken, eine Firma zu gründen und sich einen Platz auf dem hart umkämpften Markt für verschiedene „Kölnisch Wasser" zu erstreiten? Finanzielle Not kann nicht der Grund gewesen sein. Sie erhielt vom preußischen König eine Jahresrente von 160 Goldtalern als Dank für ihren Einsatz bei Waterloo. Maria hatte sich im Juli 1815 scheinbar unaufgefordert zum Schauplatz des Geschehens begeben und – teils sogar unter Beschuss – vorgewagt, um Verwundete zu bergen und zu versorgen.

Nicht allen wurde solcher Mut gedankt. Helmina von Chézy etwa, die sich ebenfalls in der Verwundetenpflege hervortat, wurde das als Kritik am preußischen Militär ausgelegt, für die sie sich verantworten musste. Warum wurde der Nonne Maria Clementine Martin der besondere Dank des protestantischen Königs Friedrich Wilhelm III. zuteil? Darüber gibt es keine Unterlagen.

Ihre vermeintlich enge Beziehung zum preußischen Königshaus machte sich die Unternehmerin später zunutze, indem sie sich (mit dem im Roman zitierten Brief) das Staatswappen für ihre Etiketten erbat. In einer Zeit, in der es keinen gesetzlichen Markenschutz gab, verschaffte sie ihren Produkten so eine Unverwechselbarkeit, die wesentlich zum geschäftlichen Erfolg beitrug. Nachahmungsversuche meldete sie sogleich beim zuständigen Ministerium in Berlin. Darin hat man seit Langem ein gutes Einvernehmen mit dem preußischen Königshaus gesehen, so betitelte DIE ZEIT einen Beitrag über sie: „Mit Gott und den Preußen".

Neuere Forschung (unter anderem in dem nicht mehr existierenden Kölner Stadtarchiv) zeigt auch eine andere, politische Seite der ehemaligen Nonne. Insbesondere nach dem sogenannten „Kölner Ereignis", der Verhaftung des Erzbischofs durch die preußische Polizei 1837, gehörte sie zu den Personen, die unter besonderer Beobachtung standen. Die Behörden verdächtigten sie, ein harsches Flugblatt abgefasst zu haben, in dem den Preußen „ewiger Hass" geschworen wurde. Dieses Flugblatt habe ich in dem vorliegenden Roman in den Kontext der Revolution von 1830 gestellt. In ihren Briefen an Joseph Görres verwehrte sich Maria Clementine gegen den Verdacht, die Schrift abgefasst zu haben („Ich bin nur eine arme, alte Klosterfrau"). Sie beklagte sich bei dem Publizisten, dass die katholische Geistlichkeit im Rheinland besonderer Nachstellung ausgesetzt sei und äußerte den Wunsch, dass sich König Ludwig von Bayern doch der Rheinländer annehmen möge – angesichts der streitbaren Gebietsaufteilungen des Wiener Kongresses nicht nur eine politische, sondern auch eine brisante Aussage.

Ebenso verbürgt ist die Affäre um den Kölner Lesezirkel. Seine Mitglieder lasse ich zum Teil im Buch zu Wort kommen. Auch die Anzeige, die auf das Wunderkind hinweist, in dessen Augen „Napoleon empéreur" zu lesen gewesen sein soll, ist einer Ausgabe der damaligen *Kölnischen Zeitung* entnommen. Ob es sich dabei um eine geschickte Manipulation mit Glaslinsen gehandelt hat oder um ein tatsächlich medizinisches Phänomen, bleibt den Mutmaßungen überlassen.

Maria wusste ihre Beziehungen zu den preußischen Machthabern zu nutzen, aber sie blieb doch eine Tochter der untergegangenen Kirchenstaaten. Für sie war es kein Konflikt zwischen katholischem und protestantischem Bekenntnis, sondern das Bemühen, einen frommen Lebensentwurf gegen den säkularen Staat zu behaupten. Und vielleicht kommt man ihrem Antrieb zur Firmengründung am nächsten, wenn man es als Versuch sieht, die heilkundliche Weisheit der Klöster in das moderne Wirtschaftsleben zu übertragen.

Diese „aktive Anpassungsfähigkeit" ist eine Eigenschaft, die mich an Maria Clementine am meisten beeindruckt hat. Der (erzwungene) Schritt von einem weitestgehend kontemplativen Leben hinter Klostermauern in den weltlichen Kranken- und Verwundetendienst und schließlich der Sprung in ein Firmenkontor scheint nur auf den ersten Blick wie eine Abkehr. Das Urteil ihrer Zeitgenossen und die große Anteilnahme an ihrer Beisetzung 1843 zeigen, dass sie tief genug im Glauben verwurzelt war, um in viele Richtungen zu wachsen.

Die Klosterfrau von Köln hat wenig Selbstzeugnisse hinterlassen. Die Gebäude der Firma wurden im 2. Weltkrieg völlig zerstört. Für das Firmenarchiv hat Günter Garlet in seiner Schrift „Die Klosterfrau und ihre Zeit" die biografischen Zeugnisse über sie zusammengetragen. Darüber hinaus konnte mir die *Klosterfrau Healthcare Group* leider keine Dokumente zur Verfügung stellen. Auch die Firma Schaeben existiert heute noch; ihr erster Inhaber war Peter Gustav Schaeben, der Gehilfe Maria Clementines.

Marias Biografie weist große Lücken auf. So gibt es keine Zeugnisse darüber, wo sie sich vor ihrem Wirken bei Waterloo aufgehalten hat. Auch über einige Jahre vor ihrer Ankunft in Köln (1825) wissen wir wenig Gesichertes. Ich habe diesen biografischen Roman daher auf ihrer Kölner Zeit aufgebaut, nicht zuletzt, weil mich diese Epoche meiner Heimatstadt besonders interessiert.

Eine umfangreiche Darstellung dieser Zeit liefert der 9. Band der Geschichte der Stadt Köln, „Köln in preußischer Zeit 1815-1871" von Jürgen Herres, der noch die Bestände des eingestürzten Kölner Stadtarchivs verwenden konnte.

Für den medizinischen Blick auf Köln war die Schrift „Köln um 1825 – ein Arzt sieht seine Stadt. Die medizinische Topographie der Stadt Köln von Dr. Bernhard Elkendorf", ergänzt durch den Herausgebertext von Barbara Becker-Jäkli eine wichtige Quelle.

Elkendorf gehört somit zu den verbürgten Figuren in dieser Geschichte, ebenso wie der Polizeipräsident Struensee, der, wie geschildert, von den erzürnten Kölner Bürgern aus der Stadt vertrieben wurde. Marias Rolle in dieser „Affäre Struensee" ist jedoch erfunden. Inspiriert dazu haben mich ihre Briefe, die im Görres-Archiv liegen. Joseph Görres hat sie übrigens nie beantwortet.

Abschließend möchte ich mich bei all den Menschen bedanken, die mich in der Arbeit an diesem Buch unterstützt haben, sei es durch Gespräche, die mir geholfen haben, das Thema zu vertiefen, oder durch ihre Sachkenntnis. Mitunter kann die Beantwortung einer Recherchefrage eine Geschichte den entscheidenden Schritt vorwärtsbringen. Hier bin ich u. a. den Kennern des preußischen Militärs und insbesondere der Kölner Festungswerke zum Dank verpflichtet sowie dem Deutschen medizinhistorischen Archiv in Ingolstadt.

Tanja Schurkus, im September 2013

Lebensdaten

1775   5. Mai: Maria Clementine wird als Wilhelmine von Martin, Tochter des Offiziers Johann Heinrich von Martin und dessen Frau Christine, in Brüssel geboren.

1792   2. Oktober: Maria tritt in das Annunziatinnen-Kloster St. Anna bei Coesfeld ein. Hier erhält sie u. a. eine Ausbildung in der Klosterapotheke und erlernt dabei vermutlich auch die Herstellung des „Karmeliterinnen-Wassers".

1803   Das Kloster kommt in weltlichen Besitz (Säkularisation). Für Maria beginnt das Leben außerhalb der Klostermauern.

1811   Sie lebt wieder in der Nähe von Brüssel. Über diese Zeit ist wenig verbürgt, vermutlich war sie als Krankenpflegerin tätig.

1815   18. Juni: Schlacht bei Waterloo. Maria versorgt die Verwundeten auf dem Schlachtfeld und erhält zum Dank vom preußischen König eine jährliche Leibrente von 160 Goldtalern.

1821-25   Maria lebt in Münster.

1825   25. April: Sie kommt nach Köln und pflegt den Domvikar Gumpertz bis zu dessen Tod.

        6. November: Die erste Anzeige erscheint, in der sie für den Verkauf des „Karmeliter-Melissenwassers" wirbt.

        Sie trägt ihre Firma in das Register des Magistrats ein und erwirbt das Haus am Domhof.

1829   31. Dezember: Sie erhält die Erlaubnis, das königlich-preußische Wappen auf ihre Etiketten drucken zu lassen, und macht ihre Produkte dadurch unverwechselbar.

1831   Sie eröffnet mehrere Depots, um der steigenden Nachfrage nach ihren Produkten zu begegnen.

1843   9. August: Sie stirbt im Alter von 68 Jahren und wird auf dem Kölner Melatenfriedhof begraben.

Von derselben Autorin

Matthias Claudius

Romanbiografie

256 Seiten
gebunden
mit Schutzumschlag
ISBN 978-3-7655-1180-6

„Der Mond ist aufgegangen ..." – Das bekannte Abendlied von Matthias Claudius klingt so idyllisch, so romantisch. Dabei ist die Zeit, in der Claudius lebt, alles andere als friedlich. Hamburg ist von den Franzosen besetzt und Claudius' Schwiegersohn gerät als Widerstandskämpfer in höchste Gefahr. Dazu quälen den freischaffenden Dichter stetig die Geldsorgen, denn seine Zeitschrift „Der Wandsbeker Bote" wirft nicht genügend Gewinn ab. Wie soll er seine große Familie ernähren? Mit zahlreichen Gelehrten seiner Zeit steht Claudius in regem Austausch. Und doch bleibt er ein bodenständiger Mensch, der fest zu seinen Überzeugungen steht.

Die Romanbiografie gibt Einblick in das Leben des Dichters, dessen Verse so beliebt sind, weil sie so viel Menschlichkeit und Gottvertrauen ausstrahlen.

BRUNNEN VERLAG GIESSEN
www.brunnen-verlag.de

Christoph Born

Der Gutenbergkomplott

Historischer Roman

320 Seiten
Taschenbuch
7. Auflage
ISBN 978-3-7655-4048-6

Mainz im Jahr 1453. Der Patriziersohn Johannes Gutenberg perfektioniert seine Erfindung, die die Welt verändern wird: Mit Hilfe beweglicher Lettern druckt er die Bibel, wodurch die Heilige Schrift eine weite Verbreitung im Volk finden kann. In dieser Zeit kommt der Jurist Thomas Berger nach Mainz, um ein Richteramt anzutreten. Kurz darauf ereignen sich zwei Verbrechen in der Stadt, die offenbar in Zusammenhang mit Gutenbergs Erfindung stehen. Der Richter leitet die Ermittlungen ein und gerät dabei selbst in Lebensgefahr.

Der Autor versteht es, historische Fakten und technische Details mit einer spannenden Handlung zu einer Einheit zu verbinden. Vor den Augen des Lesers entsteht ein farbenprächtiger historischer Roman aus dem Alltagsleben der ehrwürdigen Handels- und Bischofsstadt Mainz.

BRUNNEN VERLAG GIESSEN
www.brunnen-verlag.de